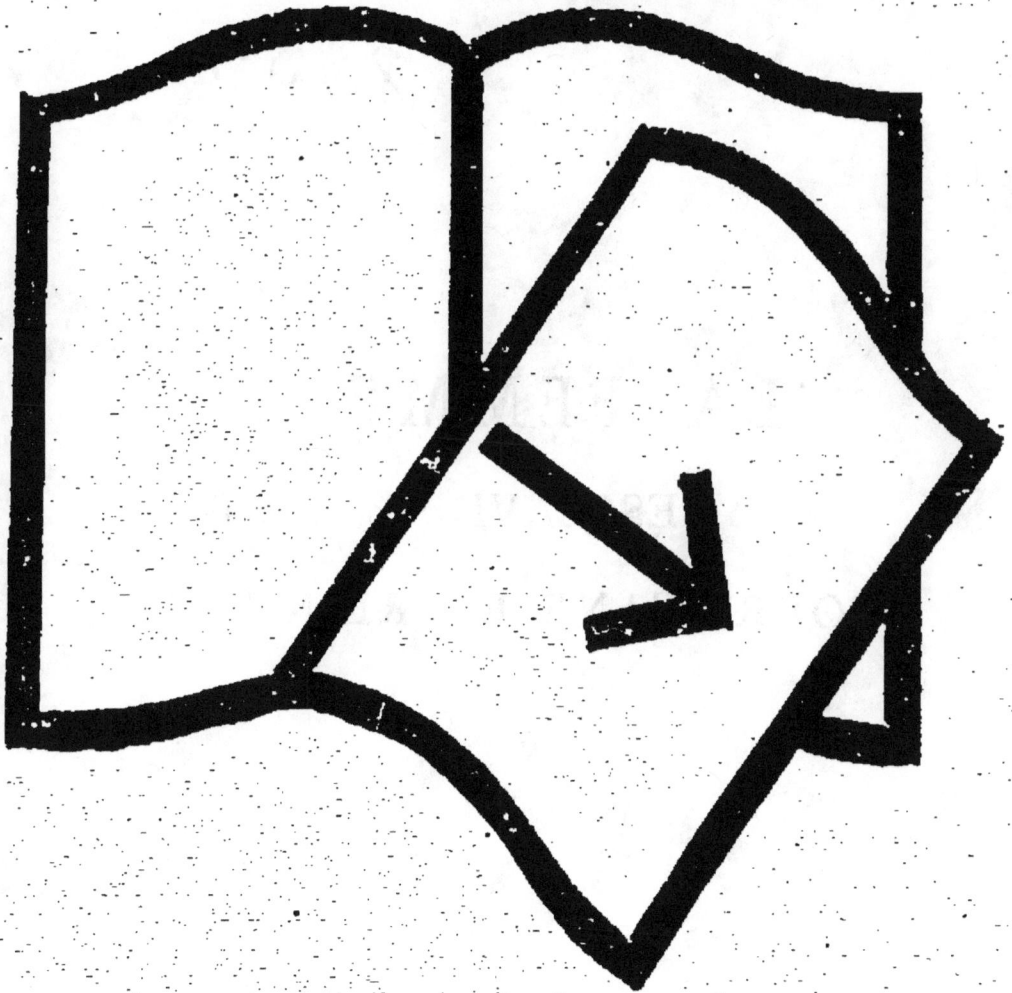

Couvertures supérieure et inférieure
manquantes

LA FEMME

ESCLAVE

COURTISANE ET REINE

OUVRAGES DU MÊME AUTEUR

Les Voyageurs au pôle nord.

Histoire de la guerre franco-allemande.

La politique féminine.

Mazarin et Richelieu.

Les grandes souveraines.

Charlemagne et son temps.

Les grands conquérants.

LA

FEMME

ESCLAVE

COURTISANE & REINE

PAR

ADRIEN DESPREZ

> Les hommes de race puissante
> demeureraient barbares s'ils n'a-
> vaient pas de compagnes.
> (FIRDOUSI.)

PARIS

E. DENTU, ÉDITEUR

LIBRAIRE DE LA SOCIÉTÉ DES GENS DE LETTRES

PALAIS-ROYAL, 15-17-19, GALERIE D'ORLÉANS

—

1885

A

MADAME MARIE MAGNAN

ADRIEN DESPREZ.

PRÉFACE

Quel but s'est proposé l'auteur de ce livre?
Le voici.

On s'occupe beaucoup en ce moment de la position sociale de la femme, qui est en voie de transformation. Elle réclame, et on paraît disposé à lui accorder l'égalité et la responsabilité qui lui avaient été refusées jusqu'à ce jour.

Quelle était la cause de ce qu'elle appelle un déni de justice?

L'auteur a interrogé l'histoire, et voici ce qu'il y a trouvé.

L'homme a commencé par abuser du droit de la force vis-à-vis de la femme comme vis-à-vis de ses semblables. Il l'a tout d'abord réduite à l'état d'esclave, la regardant à la fois comme une bête de somme et comme un instrument destiné à la satisfaction de ses sens : ânesse le jour, femme la nuit.

A mesure que ses goûts sont devenus plus raffinés, il a voulu trouver près d'elle plus de plaisir et plus d'agrément. Il l'a affranchie du travail manuel, et il en a fait la courtisane. Dès lors il a divisé les femmes en deux catégories : celle à qui il a demandé des enfants pour perpétuer sa race, et qu'il enfermait dans le gynécée ; celle auprès desquelles il allait chercher plaisir et distraction et pour lesquelles il prodiguait son or et ses complaisances.

La facilité du plaisir finit par l'émousser ; l'homme se lassa vite d'un fruit qu'il pouvait cueillir sans fatigue, sans même avoir besoin d'étendre le bras. Alors vint la réaction naturelle à toutes les choses humaines : celle qu'il avait ravalée au-dessous de la condition humaine, il l'éleva bien au-dessus. Il la plaça sur un autel, et devant elle il vint frapper la terre de son front ; non point par un sentiment de vénération et de respect ; mais par une sorte de raffinement voluptueux. S'il l'entourait de barrières inaccessibles, c'était pour avoir le plaisir de les faire tomber ; s'il la couvrait de tous les voiles de la déesse Isis, c'était pour éprouver des sensations plus multipliées en les enlevant l'un après l'autre.

Cette fois aussi son attente a été trompée. Cette fausse idée que la galanterie chevaleresque était l'unique but de la vie a conduit au même résultat que le sensualisme antique : le sigisbéisme en Italie, la spirituelle débauche du dix-huitième siècle en France.

L'homme est revenu à des idées plus saines, il essaie une nouvelle voie. Il comprend que la femme ne doit être ni son esclave ni sa dominatrice, mais sa compagne et son amie. Il a entendu Pythagore dire un jour : « L'amitié, c'est l'égalité ! » C'est pour cela qu'il veut donner à celle qui doit traverser la vie avec lui égalité de droit, égalité d'instruction, égalité de responsabilité.

LA FEMME

I

LA JEUNE FILLE

Un sermon de Bossuet. — La femme et la queue du singe. — Corps de femme, tête de diable. — Anesse le jour, femme la nuit. — Les jeunes filles au temple de Babylone. — Les courtisanes sacrées. — La communauté des femmes et Platon. — Sparte et le dix-huitième siècle. — La femme unité monétaire. — De la pudeur et de ses variations. — La femme turque et l'Espagnole. — Les indignations d'une Japonaise. — Phryné et les baigneuses de Trouville. — Gygès et madame d'Épinay. — L'homme a plus de pudeur que la femme. — Ulysse et Pénélope. — L'amour et la statue d'Isis. — Les Arabes et la virginité. — Un *Mystère* du quinzième siècle — Le *morgencap* et la corbeille de noces. — La fiancée à l'autel de Diane. — Iphigénie et la fille de Jephté. — Les trois furies. — La belle Hélène et les vieillards de Troie. — Les noces de Thétis et de Pélée. — Platon et Henri Heine.

« Souvenez-vous, mesdames, que vous êtes faites de la côte d'Adam », criait Bossuet du haut de la chaire. Et il n'avait pas pour lui répondre des auditrices aussi avisées que cette fille d'un rabbin dont la repartie est restée célèbre, parce qu'elle résume l'opinion que les femmes ont toujours eue de leur excellence et de leur supériorité. Comme elle était très

entendue dans les matières théologiques, un hébraï-
sant de sa connaissance lui posa la question suivante:

— Que pensa Adam à son réveil, ne fut-il pas très
ennuyé d'avoir perdu une de ses côtes ?

— Cette nuit, pendant mon sommeil, un voleur
est entré chez moi, répliqua la jeune doctoresse ; il a
pris un vase de bois qui était sur ma table, il en a
laissé un d'or à la place : je ne me suis pas trouvée
lésée.

On écrirait un volume, si l'on voulait rassembler
toutes les légendes qui se rapportent à l'origine de la
femme. Dans chacun de ces récits inspirés par la malice, et souvent d'une forme très ingénieuse, se retrouve le caractère du peuple qui l'a inventé. Un des
plus curieux est certainement celui qui est né en
Orient, contrée où cependant la femme est honorée,
où les conteurs ne terminent pas un récit sans y
ajouter cette phrase devenue presque obligatoire :
Gloire à Dieu qui a créé la femme ! Or, voici de
quelle façon il la créa. Lorsqu'il l'eut formée avec
une côte d'Adam, il se prit à examiner son œuvre,
et, la trouvant parfaite, il appela ses anges pour la
leur faire admirer. Tous étaient occupés à cette con-
templation, lorsque le diable, faisant, sous la forme
d'un grand singe, irruption dans le cercle, s'empara
d'Ève et l'emporta dans ses bras. Si grande fut la
stupéfaction, que pas un des assistants ne s'opposa à
ce rapt, que pas un ne songea même à en poursuivre
l'auteur. « Mais courez donc, s'écria alors le Grand Esprit, mettez-vous à sa poursuite, rapportez-moi l'œuvre
de mes mains. » Aussitôt les anges de se précipiter,

de franchir les montagnes, les vallées et les rivières ;
mais le Malin avait une agilité extraordinaire, et une
de ses gambades le mettait hors de leur portée alors
qu'ils croyaient le tenir. Enfin un dernier effort vient
leur permettre de l'atteindre et ils le saisissent par sa
queue ; mais on était arrivé aux limites de l'horizon,
et le diable se précipite dans l'abîme, emportant sa
proie avec lui, laissant sa queue dans la main des
anges ébahis. Ceux-ci, honteux de leur déconvenue,
reviennent vers le Tout-Puissant, lui montrant ce
trophée, témoignage de leur incomplète victoire.
Pour réparer cette mésaventure, Dieu créa une nouvelle femme avec la queue du grand singe, comme il
en avait créé une avec la côte d'Adam, lequel ne
s'aperçut jamais de rien pendant ses neuf cent quarante ans d'union conjugale. Voilà pourquoi, ajoutent les Orientaux, la femme a tant d'instincts, tant
de penchants, tant de défauts qui la rapprochent du
singe : le système de Darwin ne date pas d'aujour-
d'hui !

Voulez-vous voir combien, dans un même sujet,
la nature de l'inspiration peut varier ? écoutez le
conte suivant. Un jour saint Pierre et Jésus-Christ
se promenaient sur le bord de la mer, discutant sur
des questions de théologie. Auprès d'eux la femme
se disputait avec le diable, et ce dernier n'avait pas le
dessus ; ils faisaient un tel bruit que les augustes
interlocuteurs parvenaient à peine à suivre le fil de
leurs idées. Saint Pierre, qui a toujours eu la main
très vive, saisit l'épée avec laquelle il avait coupé
l'oreille de Malchus, et trancha la tête du diable ainsi

que celle de la femme. La conversation finie, Jésus-
Christ, apercevant ces deux troncs gisant sur le sable
et privés de leur tête, ordonna à saint Pierre de remettre à chacun la sienne et de leur rendre la vie, ce
que le disciple fit aussitôt : il ranima les deux corps,
qui recommencèrent à se disputer de plus belle ; seulement, par une méprise bien singulière chez celui qui
devait être le gardien du paradis, il s'était trompé de
tête, mettant sur le corps de la femme la tête du
diable, et sur le corps du diable la tête de la femme.
A quelque temps de là Jésus-Christ et saint Pierre,
passant par le même endroit, trouvèrent la femme et
le diable dont la dispute n'était pas terminée ; saint
Pierre, s'apercevant alors de son erreur, proposa à son
maître de rétablir les choses dans leur état normal.
Celui-ci réfléchit un moment : « Pas besoin, répliqua-t-il ; tout est bien ainsi et les deux têtes se valent. » C'est de cette époque que date la locution :
corps de femme, tête de diable !

On s'aperçoit au tour plus vif de l'épigramme qu'on
n'est plus en Orient ; on se sent dans ce pays gaulois,
où la femme domine en souveraine maîtresse, mais
aussi où elle est le plus vivement attaquée : n'est-ce
pas le sort de tous ceux qui règnent, et surtout de
ceux qui règnent avec une autorité indiscutée ? Ne
vous y trompez pas, c'est là qu'il faut chercher la
cause de tant d'épigrammes, de tant de satires contre
la femme, qui hier encore était esclave, qui est aujourd'hui une reine adorée à genoux. Pour qui veut
mesurer la marche de la civilisation, marquer le progrès des idées morales, nulle comparaison n'est plus

instructive que celle de l'état social de la femme au dix-neuvième siècle, avec celui qu'elle avait aux siècles précédents.

Il y a loin de la reine brillante qui trône dans nos salons, tranchant avec autorité sur toutes les questions politiques, littéraires et historiques qu'elle ne connaît pas ; se mêlant à toutes les intrigues, dirigeant toutes les élections politiques, académiques ou religieuses, au gré de ses petites passions, de ses mesquines rancunes ; de la femme en un mot dont Diderot écrivait : « Mon ami, le plus sage d'entre nous est bien heureux de n'avoir pas rencontré la femme belle ou laide, spirituelle ou sotte, qui l'aurait rendu fou à enfermer aux Petites Maisons. » Il y a loin de cette femme à la matrone du moyen âge, qui demandait permission à son mari avant de parler ; à la châtelaine du treizième siècle, que les romanciers ont présentée sous de fausses couleurs et qui n'était qu'une grosse fermière disant ses patenôtres ; à la matrone romaine, qui filait de la laine et qui était sévèrement châtiée quand elle buvait du vin ; à la femme grecque, qui passait sa vie dans le gynécée, entourée d'esclaves babillardes ; à la femme orientale prisonnière dans le harem ; à la femme de tous les peuples nomades, dont on disait : ânesse le jour, femme la nuit ! à la femme primitive enfin, qui était commune à tous les membres de la tribu, usage dont on trouve encore des traces sur plusieurs points du globe.

Oui, la communauté des femmes se retrouve à l'origine de presque toutes les sociétés, et, dans la

Grèce qui devait être le centre de la civilisation, elle subsiste jusqu'à Cécrops. L'homme primitif n'a rien de cette sentimentalité chevaleresque qui, pour venger la femme de son ancien abaissement, lui fait un piédestal et l'élève au-dessus de la condition humaine ; il ne voit en elle qu'une machine à faire des enfants, à multiplier les membres de la tribu, et comme telle appartenant à tous, pouvant servir à tous. Le jour où le sentiment de la propriété s'éveille en lui, où il veut une femme n'appartenant qu'à lui, ce jour-là il va à la guerre, il en ramène une captive et la renferme dans une cabane. Celle-là ne doit rien à personne, tandis que la femme de sa tribu doit le service de son corps, comme la Lacédémonienne le doit à la république, comme la femme féodale le doit à son suzerain : « Dame, vous me devez le service de vous marier ! » lui dit celui-ci en lui présentant trois chevaliers, et, si elle refuse d'épouser l'un des trois, elle perd son fief.

Cette dette de la femme vis-à-vis des membres de sa tribu est devenue un devoir religieux, comme presque toutes les prescriptions légales des sociétés primitives : les législateurs, ne pouvant s'adresser à la raison d'hommes grossiers et violents, frappent leur imagination superstitieuse et invoquent le témoignage de la Divinité, aussi bien pour les préceptes les plus élevés de la morale que pour les simples prescriptions d'hygiène. C'est ce qui explique une coutume religieuse de l'antiquité qui semble monstrueuse à nos yeux. A certains jours de l'année, le temple de Babylone présentait un singulier spectacle : des rangées de femmes l'entouraient. Les unes se prélassaient dans leur riche litière, les autres s'accroupissaient à terre, formant des allées séparées par des cordes. Dans ces allées circulaient des hommes de tout âge et de toute nationalité; ils examinaient attentivement toutes les femmes présentes, comme les acheteurs examinent les esclaves sur le marché du Caire; quand ils en voyaient une à leur convenance, ils jetaient sur ses genoux une pièce de monnaie, et aussitôt celle-ci se levait et les suivait dans le temple. Ces femmes étaient les jeunes filles de Babylone qui ne pouvaient se marier qu'après s'être livrées à un étranger; les jolies n'attendaient pas longtemps; pour les laides, c'était une autre affaire, et il leur fallait parfois revenir quatre ou cinq ans de suite, afin de se libérer de ce devoir que leur imposait la religion, et, qui était une sorte de rachat de leur première servitude corporelle.

Ailleurs ce rachat eut lieu d'une autre façon; de même que les Hébreux avaient le bouc émissaire qui s'enfuyait au désert chargé de toutes les iniquités d'Israël, de même on trouva des prêtresses qui se dévouèrent à la prostitution pour en délivrer leurs concitoyennes. Ces courtisanes sacrées s'appelèrent des hétaïres, et elles jouèrent un grand rôle dans la Grèce. Ce sont les sœurs des bayadères, ces courtisanes sacrées des temples indiens, qui n'encourent aucun blâme pour exercer un métier qui déshonorerait une matrone, et dont l'institution doit remonter à une origine semblable. Plaisante manière, dira-t-on, d'honorer la Divinité! Mais est-ce la seule fois que l'homme se soit trompé en voulant adorer l'Auteur de son être?

De semblables coutumes ne s'éteignent pas en un jour, pendant de longs siècles on en retrouve des traces, et il n'est pas certain qu'elles aient entièrement disparu aujourd'hui. Rappelez-vous ce qui se passait à Sparte, où le point de vue utilitaire l'emportait sur la morale telle que nous l'entendons. Une guerre avait-elle décimé les citoyens, un décret ordonnait aux jeunes gens de s'approcher des femmes mariées pour réparer les pertes de la république. Un homme ne pouvait-il avoir d'enfants, soit à cause de son âge, soit pour toute autre raison, il devait prêter sa femme à son voisin ; un des châtiments imposés à celui qui ne se montrait pas brave dans le combat, c'était de ne pouvoir emprunter la femme d'un autre. Le sentiment de la personnalité est presque aussi peu développé que chez les tribus primitives ; ce que nous appelons jalousie est complètement ignoré. Un jour que les Lacédémoniens sont partis en expédition, les Laconiens arrivent pour surprendre la ville ; les femmes revêtent des armures, se défendent avec courage et les repoussent. Au même instant arrivent les Lacédémoniens qui ont été avertis du péril que courait la cité. Ils aperçoivent des guerriers armés et se précipitent sur eux : ce sont leurs femmes, qui n'ont qu'un moyen de se faire reconnaître, c'est de mettre bas leurs casques et leurs boucliers. Étonnement et joie des Lacédémoniens, qui se précipitent sur les belles guerrières, les couvrent d'embrassements sans même savoir à qui s'adressent leurs caresses. Comme en ce moment la population de la république se trouvait à son niveau normal, les enfants qui devaient la naissance à ce hasard furent envoyés au loin fonder une colonie, et sur l'endroit même où l'événement avait eu lieu on éleva un temple à Vénus armée.

Étonnez-vous, après cela, de voir Platon établir la communauté des femmes dans sa *République!* Il ne faisait qu'obéir aux idées de son temps, que suivre des exemples consacrés par l'usage. Ce qui doit plutôt surprendre, c'est l'indignation hypocrite de notre civilisation qui se sent révoltée plus encore par le mot que par la chose. Qu'a donc fait le dix-huitième siècle, sinon mettre en pratique la communauté des femmes usitée à Sparte, et sans même avoir l'excuse de l'intérêt public ? Que se passait-il donc à Corinthe ou à Khéné, que nous ne retrouvions dans nos grands centres de population, où les courtisanes se comptent par centaines de mille ?

Cette espèce de mépris dans lequel on a si longtemps tenu la femme en ne la considérant que sous le point de vue utilitaire, explique des faits qui nous choquent aujourd'hui, mais qu'il faut juger seulement d'après les idées du temps. La femme, étant souvent enlevée comme butin, ou bien vendue comme marchandise, elle devint une unité monétaire ; en Irlande, au commencement du second siècle de notre ère, la femme était la première unité monétaire, elle valait trois vaches, une vache valait trois porcs, et ainsi de suite. L'habitude de vendre ou d'acheter une femme existe encore de l'autre côté de la Manche ; il y a quelques années, un boucher de Londres vendit solennellement sa femme pour quelques schellings ; une ancienne loi, qui n'a pas été abrogée, autorise cet acte qui est en si complète contradiction avec les mœurs modernes.

Une autre coutume résultait de cet état d'esclavage qui faisait de la femme une servante pendant le jour, un instrument de plaisir pendant la nuit. Sa compagnie paraissait si indispensable à l'homme qu'on la procurait toujours à l'hôte accueilli dans la maison ; c'était une esclave, c'était une concubine, c'était une servante, c'était quelquefois la fille ou même la femme du maître de la maison, selon le pays et selon le degré de civilisation. Mais la coutume était générale, et Régnard l'a retrouvée jusqu'en Laponie ; quelques voyageurs prétendent qu'elle existait au commencement de ce siècle dans les montagnes de la Suisse, et tous ceux qui ont visité l'Amérique du Sud, et surtout les Antilles, se souviennent de la créole accroupie au pied de leur lit et attendant leur arrivée. Il ne faudrait pas voir là le fait d'une grossière débauche, mais bien une sorte de simplicité patriarcale, chez des hommes qui suivent de près la nature et qui ignorent également le progrès moral de la civilisation, ainsi que le respect dû aux femmes.

Ce cas était celui des hommes du moyen âge, entièrement livrés à leurs passions grossières ; cette hospitalité complète, si elle n'était pas due par le vassal à son suzerain, était du moins souvent exigée par ce dernier. Guillaume le Conquérant doit la naissance à une aventure de ce genre. Le duc de Normandie, égaré à la chasse et recevant l'hospitalité dans le château d'un de ses vassaux, voit à table sa fille qu'il trouve jolie, et lui ordonne de la faire monter dans sa chambre après le souper. Le père, qu'un ordre semblable n'étonne pas, puisqu'il était dans les idées du temps, le transmet à sa fille; celle-ci se trouve peu flattée de la préférence; mais, ne pouvant désobéir, elle prie sa suivante, nommée Arlotte, de la remplacer dans le lit du duc, lui promettant une bonne récompense. Arlotte y consent, et le duc ne s'aperçut de la substitution que le lendemain matin; la suivante s'était montrée si vive, si amusante, que, loin de se fâcher, le duc de Normandie l'emmena avec lui et en eut Guillaume le Bâtard qui conquit l'Angleterre.

De semblables mœurs n'étaient pas trouvées plus étranges par les contemporains que ne le sont par nous les nôtres, qui subiront pourtant les reproches de la postérité; elles font comprendre comment pouvait exister le droit du seigneur contre lequel on s'est tant récrié : sa réalité est hors de tout conteste. Ce n'était point une loi, ce n'était point une coutume générale, c'était un fait isolé si l'on veut, mais qui se renouvelait souvent et qui n'a rien de contradictoire avec les mœurs et les idées de l'époque. Que ceux qui protestent si fort se rappellent donc le spectacle dont fut témoin la cour de Berlin au commencement du siècle dernier et dont la margrave de Bareith, sœur du Grand Frédéric, nous a conservé le souvenir. Le czar Pierre le Grand arriva avec sa femme, Catherine, suivi d'une quarantaine de servantes, qui, dans les voyages du czar, lui servaient de coussin d'oreiller, et d'autre chose encore. Lorsqu'on les félicitait sur la beauté des enfants qu'elles portaient dans leurs bras : « C'est Sa Majesté qui a bien voulu nous les faire ! » répondaient-elles avec une grande révérence, sans que Catherine en parût offensée le moins du monde. En parlant du passé, nous voulons toujours le juger d'après des idées morales qui n'étaient pas les siennes, idées morales qui sont un progrès que chaque jour développe, idées morales qui ne sont encore le patrimoine que de quelques esprits d'élite. Il n'y aurait qu'à regarder autour de nous, dans la campagne, dans la classe ouvrière, dans la population domestique surtout, pour retrouver tous les états successifs par lesquels la femme a passé pour arriver au degré d'affranchissement qu'elle a atteint aujourd'hui, pour compter toutes les stations de ce douloureux calvaire qui commence au communisme brutal et qui va jusqu'à la servitude corporelle de l'industrie, cette féodalité moderne non moins tyrannique, non moins oppressive que l'autre.

Cette manière d'envisager la femme au point de vue utilitaire amène une autre conséquence, c'est que de tous les biens que possède l'homme, la femme est celui auquel il tient le moins. Un jour un homme se présenta aux Athéniens et leur proposa d'établir la communauté des femmes : ils se mirent à rire. Continuant son discours, il proposa que tous les enfants fussent communs : ils rirent encore, mais de moins bonne grâce. Il en arriva enfin à parler du partage des terres et de la communauté des biens: cette fois ils lui jetèrent des pierres et le chassèrent de la tribune.

Ils sont plus vrais qu'on ne le pense les vers de la chanson de Pierre Dupont :

> J'aime Jeanne, ma femme, eh bien ! j'aimerais mieux
> La voir mourir, que voir mourir mes bœufs.

Les Limousins ont une vieille prière qui en est le pendant :

> Monsieur saint Marsa,
> Nostre bon fondatour,
> Prega pour nous Nostre-Seignour,
> Qu'il veilla garda
> Nostra castagna,
> Nostra raba (rave),
> Nostra femma.

Le paysan qui n'a pas été frotté au vernis de la civilisation, qui ne sait dire que ce qu'il pense, qui voit dans sa femme une bête de somme plus encore que sa compagne, qui ne juge enfin des choses qu'au point de vue de son intérêt matériel, tient infiniment plus à ses vaches ou à ses bœufs qu'à sa femme, il va chercher le vétérinaire bien plus que le médecin ; et la différence entre lui et l'homme des villes, c'est qu'il avoue tout haut ce que l'autre pense souvent tout bas.

Les femmes sont-elles bien venues à protester contre cet abus du droit de la force, n'en ont-elles pas usé plus rigoureusement encore lorsque le hasard leur a donné la domination ? Rappelez-vous les Amazones et leurs barbares coutumes. Moins sociables que les hommes, heureuses dans leur isolement, elles ne se livraient à des unions passagères que lors-

que l'intérêt de leur république le demandait. On a
appelé barbares les vieillards de Sparte qui jetaient
dans le Barathrum les enfants mal constitués ; les
Amazones se montraient plus cruelles encore, tous les
enfants mâles étaient sacrifiés, ou bien on leur bri-
sait les jambes. Toutes les fois que les femmes ont été
mêlées directement à la politique, elles ont fait preuve
d'une cruauté plus sauvage, plus impitoyable que les
hommes. Pour satisfaire leurs passions, aucun excès
ne leur a coûté. Sémiramis faisait précipiter dans
l'Euphrate les soldats qui avaient été ses amants ;
la Tour de Nesles a gardé chez nous un sinistre souvenir ; la fille du terrible Méhémet-Ali faisait venir
dans son palais les étrangers qui lui plaisaient, et le
jour où, épuisés, ils ne pouvaient plus satisfaire à ses
plaisirs, elle les faisait noyer dans le Nil.

Bien peu, heureusement, ont pu se payer ce luxe
royal ; mais toutes ont fait preuve dans leurs liai-
sons d'un laisser-aller, d'un sans-gêne plus que cavalier. L'homme le plus grossier éprouve un certain
embarras à quitter une femme qui a été sa maîtresse,
il met des formes à la renvoyer ; la femme chasse son
amant comme un laquais, et cela par suite de son
caractère hautain et superbe, par suite de son irrésistible propension à abuser du droit de la force quand
elle l'a en main. Le sentiment de galanterie qui a in-
cliné l'homme devant la femme, qui a donné un nouveau charme à leurs relations, n'a pas eu de pendant
du côté de la femme, qui est restée maîtresse dure et
impérieuse. Sa sensibilité est le plus souvent de la
sensiblerie ; beaucoup ressemblent à cette femme d'un

fermier général qui assistait au supplice de Damiens, et qui, voyant les chevaux tirant avec effort les quatre membres du patient, s'écriait avec commisération : « Les pauvres chevaux ! » Les moralistes prétendent que celui qui ne domine pas la femme est écrasé par elle : alors il faut rendre grâce au ciel de n'avoir pas mis en ses mains les affaires humaines ; et tout en regrettant la longue servitude dans laquelle elle a vécu, il faut se dire que sa domination n'eût été ni plus sage ni plus modérée.

Deux choses contribuèrent à relever la femme ; deux sentiments inconnus tout d'abord vinrent donner du prix à la jeune fille, faire rechercher et désirer sa possession d'une façon autre qu'elle n'avait été recherchée jusqu'alors : la pudeur et la virginité. On a beaucoup disputé sur la pudeur ; on s'est livré à des digressions sans nombre sur cette vertu, sans s'apercevoir qu'on prenait des vérités de sentiment pour des raisons scientifiques ; on a dit que de toutes les vertus celle-là était la plus naturelle à la femme, qui l'apportait en naissant ; tandis qu'au contraire elle est un sentiment entièrement factice, un produit et un progrès de la civilisation. La preuve, c'est que la pudeur est inconnue des tribus sauvages ou simplement privées de civilisation ; c'est que chaque pays, chaque siècle l'entendent à leur façon. Aujourd'hui encore, dans beaucoup de pays, les femmes vont entièrement nues : Speke, Grand, Baker et bien d'autres ont été témoins de ce spectacle, notamment dans l'Ouganda, dont le roi Mtésa se pique de civilisation. Les femmes portent parfois un petit tablier en guise de ceinture, mais les jeunes filles sont dans un état de nudité complète, et ne paraissent pas plus embarrassées que ne l'était Ève dans le paradis terrestre. Les missionnaires peuvent bien enseigner aux femmes à se vêtir, mais ils sont impuissants à les pénétrer d'une nécessité dont la nature n'a pas fait une loi, et qui suppose un certain degré de développement moral. C'est alors qu'on voit les Taïtiennes s'approcher des vaisseaux des Européens en nageant, elles portent leur costume sur leur tête, et, une fois arrivées sur le navire, elles s'en parent aux yeux de tous. Du Chaillu, visitant l'Afrique, donne une pièce d'étoffe à la reine des Apinges, et celle-ci aussitôt de se dévêtir en présence de toute sa cour pour essayer l'effet de ce nouvel habillement. Voilà ce que la nature a appris à la femme ; elle lui a donné le goût de la parure, elle ne lui a pas enseigné à rougir de sa nudité.

Si le sentiment de la pudeur était un sentiment donné par la nature, il se retrouverait le même à toutes les époques et sous toutes les latitudes, comme le sentiment de la reconnaissance pour les bienfaits reçus, comme le sentiment de la vengeance pour les injures subies. Or, il est loin d'en être ainsi. En Orient et dans toute l'Asie, pourvu que la femme ait la figure voilée, elle croit obéir aux exigences les plus grandes de la pudeur ; peu lui importe le reste du corps. C'est ainsi que les Persanes et les Hindoues vont la tête soigneusement couverte, mais le ventre et la poitrine entièrement nus. Lady Montague, qui a longtemps vécu à Constantinople, qui a pénétré dans les harems, qui s'est mêlée aux femmes turques dans les bains publics, dit que lorsque le corps est entièrement nu on ne fait attention qu'à la figure. Les Orientaux ont raison de la cacher et de peu se soucier du reste du corps, n'est-ce pas là que réside la personnalité? n'est-ce pas là qu'est le miroir de l'âme qui laisse apercevoir ses impressions les plus secrètes? « Courage, jeune homme, c'est la couleur de la vertu »! disait Diogène à un de ses interlocuteurs qu'il voyait rougir. Eût-il pu parler ainsi s'il n'avait vu que sa jambe ou sa poitrine ?

Cette défense absolue faite à toute femme musulmane de montrer son visage à un homme autre que son mari la conduit parfois à certains actes qui lui paraissent tout naturels, et qui nous semblent plus que singuliers. Gleyre a pris pour sujet d'un tableau une aventure qui est arrivée à lui et à plusieurs autres Européens. En se promenant le long du Nil, il rencontre une jeune fille fellah occupée à puiser de l'eau, et vêtue seulement, selon la mode du pays, d'une chemise en étoffe grossière qui lui descend jusqu'aux pieds. La jeune fille, qui avait jeté son voile de côté pour travailler plus librement, se trouve surprise à la vue de l'étranger ; son premier mouvement est de relever sa longue chemise pour se voiler la face ; peu lui importe d'exposer aux regards du giaour son corps presque entier, la figure est couverte, la pudeur est sauvée. Ce n'est pas seulement vis-à-vis des étrangers, c'est vis-à-vis de leurs coreligionnaires que ces prescriptions sont d'observation stricte. Lady Anstin, morte naguère en Égypte, où elle avait séjourné longtemps pour sa santé, raconte un fait dont elle fut té-

moin. Un fellah, chargé de la garde d'un champ
de haricots, aperçoit une femme en train d'en faire
une ample provision ; il s'approche d'elle pour la
faire sortir, mais la malicieuse fille enlève aussitôt son
voile, ce qui le force à rétrograder et à tourner les
yeux d'un autre côté. La loi religieuse qui défend de
regarder une femme au visage, n'interdit pas de lui
jeter des pierres et de lui lancer des injures, ce dont
le fellah ne se fit pas faute.

Au Japon, où l'on ne porte pas de linge de corps,
où l'on prend jusqu'à trois bains par jour, hommes,
femmes, enfants, vieillards se baignent tous ensemble et dans le costume le plus simple et le plus primitif; il a fallu l'arrivée des Européens pour faire
condamner cet usage qu'on ne s'était pas encore
avisé de trouver immoral ni contraire à la pudeur ;
il faudra encore bien des années avant de faire disparaître de tout l'empire du Nipon cette coutume qui
prouverait plutôt l'innocence des mœurs que leur dépravation. Eh bien, ces femmes qui ne voyaient aucun mal à se baigner sans voiles au milieu d'une société nombreuse, qui causaient et plaisantaient avec
autant de liberté d'esprit que nos compatriotes peuvent le faire dans un salon, se trouvèrent très scandalisées en assistant à un bal donné par le consul
anglais : la vue des femmes décolletées leur sembla
une monstruosité, et elles se retirèrent en emportant
une très mauvaise idée des mœurs européennes.

C'est que chaque peuple a sur la pudeur ses idées
et ses préjugés à lui. L'Orientale met son honneur
à ne pas découvrir sa figure; jusqu'au commence-

ment du siècle dernier l'Espagnole fit consister le sien à ne pas montrer son pied. La dernière faveur qu'une femme accordait à son amant, après lui avoir laissé prendre toutes les autres libertés, c'était de lui laisser voir son pied. Pour voiler ce pied, soustrait aux regards indiscrets avec non moins de précaution que le visage des musulmanes, les femmes portaient des robes très longues par devant et traînant sans cesse dans la poussière, ce qui les usait très vite. Lorsque la femme de Philippe V voulut abolir cette coutume, qu'elle trouvait très incommode, elle rencontra une résistance désespérée ; une nouvelle invasion eût menacé l'Espagne que la consternation n'eût pas été plus grande, et quelques maris s'écrièrent qu'ils aimeraient mieux voir mourir leurs femmes plutôt que de les laisser porter les robes françaises si indécentes. Un des crimes les plus irrémissibles était de toucher au pied de la reine. Louise de Savoie, femme de Philippe V, chassant avec lui, tomba le pied pris dans son étrier qui l'entraînait ; le premier écuyer, duc del Arco, eut l'adresse de se jeter à bas de son cheval et de dégager le pied de la reine ; aussitôt après, il remonta à cheval et s'enfuit au galop se réfugier dans un couvent, pour échapper à la mort qu'il avait méritée.

Singulier contraste et qui montre la bizarrerie de l'esprit humain. Dans un pays où l'étiquette exigeait qu'on laissât mourir la reine plutôt que de dégager son pied pris dans l'étrier, avait lieu une fête, que le marquis de Louville raconte ainsi dans ses *Mémoires* : « La reine vient d'avoir l'agrément de ses quatorze ans accomplis. La fête, en pareille occasion, est grande en ce pays. On l'a célébrée, comme vous l'allez voir, avec un haut éclat. Il y eut baise-main général, et Vastet entra solennellement au milieu du cercle de la cour en disant à haute voix : *La reyna tiena sus reglas*. Je crus qu'il était devenu fou, mais j'étais seul à le croire. »

Combien les idées que chaque époque se fait sur la pudeur ont changé en un siècle ! Et il ne faut pas les rejeter sur la différence des mœurs ou des nationalités : en France existaient de nombreuses coutumes qui nous sembleraient inconvenantes aujourd'hui. Rappelez-vous les mariages des enfants de France qui avaient lieu à Versailles ; au moment du coucher, toute la cour venait voir et féliciter les deux époux étendus dans leur lit. L'ambassadeur qui épousait une princesse pour son maître, mettait devant toute l'assemblée sa jambe nue dans le lit où se trouvait couchée la fiancée. Dans les mœurs bourgeoises la bénédiction du lit précédait le coucher des mariés, auxquels on apportait en grande cérémonie, au matin, la rôtie au vin, pour les remettre des fatigues qu'ils avaient dû supporter. Rapprochez ces mœurs de celles des Anglaises et des Américaines, qui ne laissent pas même entrer leurs parents les plus intimes dans leurs chambres à coucher. Le dix-huitième siècle disait de la pudeur : « Belle vertu qu'on attache le matin avec une épingle ! » Si on l'attache d'une façon si légère, c'est que l'idée conventionnelle dont elle dépend change chaque jour ; c'est que pour la pudeur comme pour la toilette il y a une mode reçue et acceptée par toutes. Il faut bien qu'il en soit ainsi pour que des femmes chastes, réservées, pudiques, consentent à jouer un rôle dans la singulière exhibition des bains de mer. Elles sentent le rouge leur monter à la figure quand elles lisent dans les historiens de l'antiquité que Phryné se baignait toute nue dans la mer, en présence de la Grèce entière venue pour la contempler; elles ne pensent pas que le spectacle qu'elles offrent elles-mêmes aux centaines de curieux, armés de lorgnettes, est plus contraire à la pudeur que l'action de Phryné, qui vivait dans un temps où le culte et l'adoration de la beauté physique rendaient tout excusable. Si la mode venait d'aller sans vêtements, les femmes l'adopteraient sans hésitation, l'expérience faite sous le Directoire est là pour le prouver.

De ces faits et de plusieurs autres du même genre, certains moralistes ont voulu conclure que l'homme avait plus de pudeur que la femme. Ils ont rappelé le mot de Gygès au roi Candaule : « Ne savez-vous pas que la femme dépouille sa pudeur avec son dernier vêtement. » Cette pudeur est de la même famille que celle que le dix-huitième siècle attachait avec une épingle. Ils ont invoqué le témoignage des médecins et de ceux qui sont appelés à s'occuper plus spécialement des femmes; tous, prétendent-ils, auraient trouvé chez l'homme un plus grand embarras à se dépouiller de ses vêtements et à paraître dans un état complet de nudité. Les anthropologistes chargés d'une mission en Afrique et qui ont eu à prendre des mesures sur les diverses races qui peuplent ce pays, ont constaté des faits de ce genre. N'est-ce point parce que la femme est comme Vénus, qui ne sentait aucune honte à laisser tomber ses voiles pour apparaître aux yeux de tous dans sa triomphante beauté?

Quels que soient les changements que l'avenir apporte aux relations entre les deux sexes, changements qui ne seront peut-être pas moins grands qu'ils ne l'ont été dans le passé et dont ce livre est destiné à faire l'histoire, la pudeur n'en restera pas moins la qualité distinctive des âmes d'élite. Cette pudeur, qui n'a rien de commun avec la pudeur conventionnelle, qui est le sentiment que toute femme a de sa dignité, le respect pour sa personne, cette pudeur était la même il y a trois mille ans qu'aujourd'hui; et dans trois mille ans elle n'aura pas d'autre manière de se manifester. L'antiquité nous a légué une scène trop jolie pour ne pas la rappeler ici. Pénélope, qui venait d'épouser Ulysse, s'en allait avec lui à Ithaque; au milieu de la route, les deux époux se voient soudain arrêter, c'est Icare, le père de Pénélope, qui les poursuit. Ne pouvant se faire à l'idée de quitter sa fille, et cédant à un sentiment d'égoïsme aussi naturel que violent, il arrête son char et la somme de choisir entre lui et Ulysse. Pour toute réponse, la jeune femme se couvrit la tête de son voile et se tourna silencieusement du côté de son époux. Icare les laissa partir, et à l'endroit même où s'était passée cette scène, il éleva un autel à la pudeur. L'antiquité avait compris que la pudeur peut seule donner un charme durable aux liens du mariage; elle avait une fable très ingénieuse pour exprimer cette idée. Vénus, lasse d'entendre les plaintes qu'on lui apportait chaque

jour contre les ruses et les larcins de l'Amour, lui
donna la Pudeur pour gardienne. Le malin enfant,
gêné par cette surveillance, battit et chassa la Pudeur;
dès lors, il ne lui resta plus que l'Ennui pour compagnon. N'est-ce pas aussi ce qu'enseignaient les
sages de l'Égypte? L'amour, disaient-ils, est comme
la déesse Isis; revêtue de ses voiles brillants, elle
commande le respect et l'adoration; enlevez-les jusqu'au dernier, et vous ne trouvez plus qu'un tronc
de bois sans forme et sans couleur.

Dès que la jeune fille n'appartint plus à la communauté, dès qu'elle devint la propriété de celui qui s'en
emparait par force ou qui l'achetait à ses parents, car
ce furent là les deux premières formes du mariage,
une qualité nouvelle fut recherchée chez elle et rendit sa possession plus désirable, la virginité. Ce qui
devait être plus tard une des plus belles vertus de la
femme, fut tout d'abord le résultat de la brutale et
grossière jalousie de l'homme; et le sentiment de la
pudeur, inséparable à nos yeux de celui de la virginité, en fut complètement indépendant. Aujourd'hui
encore, en Polynésie, la virginité de la fille du chef
est soigneusement gardée, et la veille de son mariage
on en fait l'examen public. Ainsi en agit-on encore
maintenant chez les Arabes et chez les musulmans,
qui recherchent et qui étalent aux yeux de tous
les preuves matérielles de la virginité de leurs femmes :
ne la trouvent-ils pas, ils accablent celle-ci de coups,
ils lui balafrent la figure, et la renvoient honteuse-
ment chez elle. La loi est aussi indulgente pour eux
en cette occasion, qu'elle l'est chez nous pour le mari

surprenant sa femme en flagrant délit. Cette condition de la virginité est pour eux une préoccupation continuelle, et ils croient que les houris qui font les délices de leur paradis doivent renaître vierges chaque matin. « Pourquoi refuses-tu de croire que les houris redeviennent vierges, je crois bien à ton Dieu en trois personnes »? disait un musulman à un missionnaire. L'antiquité était poursuivie par les mêmes préoccupations ; elle parlait d'une fontaine merveilleuse dans laquelle Junon s'était baignée après avoir été séduite par Jupiter, et dont les eaux lui avaient rendu son innocence première ; et un procès récent est venu démontrer que des préoccupations de ce genre se retrouvent encore dans le pays le plus civilisé.

Ce préjugé (la science a prouvé combien était peu fondée la brutale jalousie de l'homme) régna longtemps dans l'Europe chrétienne, dont les mœurs se ressentaient encore de l'ignorance et de la barbarie. Une des accusations portées par Henri VIII contre Catherine Howard, lorsqu'il la fit monter sur l'échafaud, était qu'il ne l'avait pas trouvée vierge. Le théâtre et la littérature sont les miroirs fidèles des idées et des mœurs d'une époque. Or, parmi les Mystères joués au quinzième siècle par les confrères de la Passion, il en est un qui est tiré des *Miracles de Notre-Dame*, recueil de contes composés par le moine Gautier de Coinsy pour l'édification des fidèles. Il est intitulé « Comment la royne de Portugal tua le seneschal du roy et sa propre cousine, dont elle fut condamnée à ardoir, et Notre-Dame l'en garantit. »

Or, voici l'analyse de cette composition dramatique

qui se jouait aux jours de fête et de solennité religieuse. Le roi de Portugal, se trouvant à la chasse, s'égare dans la forêt de Compiègne (les anachronismes ne coûtent rien aux poëtes du quinzième siècle) et va frapper à la porte d'un gentilhomme, son vassal. Celui-ci est trop heureux de lui offrir l'hospitalité; il le fait mettre à table, où il le sert lui-même, puis il lui présente sa femme, sa fille et sa nièce. Séduit par l'éclatante beauté de la jeune fille, le roi la demande en mariage, demande à laquelle le père s'empresse de souscrire. Le roi, prenant à part sa fiancée, lui représente que son amour est grand, que les délais nécessaires à la célébration du mariage dureront au moins un mois, et finit par obtenir qu'elle lui donne la clef de sa chambre. Là-dessus arrivent le sénéchal et la suite du roi qui ont fini par retrouver ses traces. Le roi raconte à son sénéchal ce qu'il vient de faire et lui confie le bonheur qui l'attend le soir même. Celui-ci, qui a d'autres vues pour son maître, le détourne d'agir ainsi, lui représente qu'il perdra de réputation celle qui doit être sa femme et le décide à lui donner la clef. Mais, au lieu de la rendre à la jeune fille, comme la chose avait été convenue, il va prendre la place du roi dans le lit virginal. C'est aux premières lueurs de l'aube seulement que la pauvrette s'aperçoit de la substitution; elle va trouver sa cousine, toutes les deux étranglent le sénéchal et jettent son corps dans un puits.

Cependant, le roi est parti, d'autant plus amoureux qu'il n'a pas satisfait sa passion; un mois après, ses ambassadeurs viennent chercher sa fiancée, et le mariage se fait. Le soir, grand embarras de la jeune épousée qui ne veut pas entrer dans le lit du roi : il s'apercevrait qu'elle n'est plus vierge. Elle a encore recours à sa cousine, et la prie de prendre sa place une partie de la nuit, lui promettant de la marier richement ensuite. Au milieu de la nuit elle se glisse silencieusement vers le lit royal, et presse sa cousine d'en sortir; mais celle-ci, qui s'y trouve bien, veut y rester et devenir reine entièrement. Quoi voyant, la reine attache sa cousine dans le lit, y met le feu, réveille le roi et se sauve avec lui. Au bout de quelques années, ses remords deviennent si grands, qu'elle avoue ses deux crimes à son mari, qui la condamne à être brûlée vive. Mais Notre-Dame, pour laquelle elle a toujours eu beaucoup de dévotion, la sauve du supplice et l'absout aux yeux de tous.

Rien ne peut mieux faire saisir le progrès des idées morales que l'analyse de ce Mystère, fait pour l'édification des auditeurs, et dont la donnée principale repose sur une idée tellement scabreuse qu'on n'oserait aujourd'hui y faire allusion dans les conversations les plus libres. Il ne faut plus s'étonner de certains usages qui paraissent si choquants pour notre délicatesse, comme, par exemple, de la ceinture de virginité dont on voit un modèle au musée de Cluny; des sonnettes qu'on attachait, en Pologne, à la robe des jeunes filles, afin que leur bruit indiquât toujours le lieu où elles étaient. L'Orient avait conservé la claustration de la femme; l'Occident, tout en lui rendant une liberté relative, se souvenait encore qu'elle était une esclave affranchie de la veille et à la foi de laquelle il était imprudent de se confier. De cette estime accordée à la virginité venait l'usage du don du matin; sorte de prix de virginité, qui s'octroyait à l'épousée au lendemain du mariage, qui se donnait à la jeune fille et jamais à la veuve. Cette coutume se retrouve presque chez tous les peuples, qui avaient chacun un mot spécial pour la désigner : les Scandinaves l'appelaient *Hindra Dagrgaf*, et les Allemands le nomment encore *Morgencap*. « Pourquoi ces dons de la première nuit, ces pièces d'or qui brillent dans un bassin? » écrit Juvénal. Aujourd'hui, le don du matin est remplacé par la corbeille de noces. C'est la même chose, l'intention est la même, mais il y a quelque chose de plus délicat dans l'expression, de moins blessant pour la dignité de la femme.

Mais à côté de cette façon toute matérielle d'envisager la virginité, façon qui n'était que le témoignage d'une convoitise brutale, on commença à la regarder comme une lutte contre les penchants de la nature, à lui accorder le tribut d'admiration donné à l'héroïsme, au désintéressement et à tous les nobles sentiments qui sont une victoire de l'homme sur lui-même. Dès lors, celles-là même qui devaient en faire le sacrifice parurent le faire à regret; les jeunes filles allèrent entourer l'autel de Diane, lui demandant pardon de déserter son culte; les fiancées voulurent paraître enlevées, prises de force et ne céder qu'à la violence. Ce sentiment nouveau fut un lien de plus pour le mariage; la jeune fille s'attacha davantage à celui auquel elle croyait avoir fait un sacrifice qu'elle savait ne plus pouvoir faire à d'autres. Il se retrouve non seulement chez les nations civilisées, mais chez les peuplades encore grossières : « Chose qui a été, qui jamais ne reviendra ce qu'elle fut et mangera des cerises dans la saison », dit une énigme zouloue, en parlant de la jeune épousée, qui mangera des cerises, c'est-à-dire qui sera grosse.

Quant à celles qui, faisant violence à la nature, gardèrent intact ce précieux trésor, les honneurs et l'admiration ne leur firent pas défaut. Rappelez-vous, dans l'hymne homérique, Vesta qui s'avance dans l'Olympe, tous les immortels se lèvent pour aller à sa rencontre, et la place d'honneur lui a été réservée parce qu'elle garde une chasteté éternelle. C'est d'elle que prennent leur nom les vestales de Rome, qu'on retrouve sous d'autres appellations dans différents pays : druidesses chez les Gaulois, sagas chez les Scandinaves, prêtresses du soleil au Pérou. En Chine, on élève des arcs de triomphe aux vierges comme aux veuves qui ne se remarient pas. Dans un seul pays la femme ne peut faire vœu de virginité, c'est dans l'Inde, parce que cette vertu lui donnerait l'indépendance et qu'elle doit rester esclave. Quand les dieux irrités demandent un sacrifice, c'est une vierge qu'il leur faut : Agamemnon offre sa fille Iphigénie, Aristomène également. Un jeune homme, amoureux de cette dernière et croyant la sauver, s'avance et déclare devant l'assemblée du peuple que cette jeune fille est enceinte. Aristomène, qui tient plus à la réputation de sa fille qu'à sa vie, lui ouvre le ventre et montre qu'elle a été calomniée. Pour accomplir son vœu téméraire, Jephté voue sa fille, non à la mort, mais à la virginité, qui était regardée comme honteuse chez les Juifs.

Le christianisme naissant s'empara de cette idée; il exalta la virginité et la continence autant que jusqu'alors on avait exalté le mariage et la fécondité. C'est alors qu'on vit les Pères de l'Église appeler le mariage un état imparfait, le permettre à peine une fois pour compatir aux faiblesses de la chair; dire qu'un second mariage était indigne d'un chrétien, et que, quant à un troisième et un quatrième, il ne pouvait être contracté que par des pourceaux; en un mot, faire de la virginité pour la femme, de la continence pour l'homme, l'idéal du chrétien. Singuliers principes, chez les héritiers de ces Hébreux qui faisaient du mariage une loi obligatoire, qui autorisaient la polygamie pour obtenir des familles nombreuses, et chez lesquels on entendait Noémi répondre à ses belles-filles, qui voulaient la suivre sur la terre de Moab : « Pourquoi voulez-vous venir avec moi? Ai-je encore dans mon sein des fils qui puissent vous servir de maris ? Quand même cette nuit je serais avec un homme et que je puisse concevoir des fils, voudriez-vous attendre qu'ils aient grandi? »

Les résultats de ces principes sont faciles à deviner. Les couvents se peuplèrent d'hommes et de femmes au moment où l'empire romain manquait de bras pour résister aux invasions barbares, au moment où il aurait fallu plutôt renouveler les lois d'Auguste contre le célibat, et imposer le mariage comme un devoir, selon l'usage de toutes les républiques anciennes. Les conséquences ne furent pas moins appré-

ciables pour les individus que pour la société : ce
n'est pas impunément qu'on détourne un individu
des lois mêmes de son être, qu'on l'éloigne du but
pour lequel il a été créé : la nature inexorable se
venge toujours. Au traité de saint Basile sur la virginité, aux lettres de saint Jérôme, aux homélies de
tant d'autres bouches éloquentes, il faut opposer, non
l'histoire des couvents et des béguinages, mais l'ingénieux apologue de Lessing intitulé *les Trois Furies*.
Un jour, raconte le poète, Junon voulut se donner
des demoiselles d'honneur. « Va, dit-elle à Iris,
cherche-moi des jeunes filles qui soient non seulement vierges de corps, mais aussi vierges d'esprit, de
cœur et d'imagination, des jeunes filles, en un mot,
dont aucune pensée mauvaise n'ait jamais approché. »
La brillante messagère prit son vol ; elle parcourut
les terres et les mers, elle fouilla les cavernes et les
grottes profondes, puis elle revint à l'Olympe toute
seule et harassée de fatigue. « Eh bien ? lui demanda
Junon. — Maîtresse, j'ai parcouru les terres et les
mers pour trouver des jeunes filles telles que vous
me les demandiez : il n'en restait plus que trois, et
Pluton venait de les prendre pour en faire les furies. »

Alors, parée de ce double attrait de la pudeur et de
la virginité, qu'elle tient non de la nature, puisque
ces sentiments restent inconnus aux autres animaux,
mais qu'elle doit à la civilisation, au progrès des
idées morales, la fiancée apparaît comme l'objet le
plus désirable, comme l'être le plus élevé dans l'é-
chelle humaine ; celui qui attire tous les regards, qui
excite tous les désirs, qui fait naître tous les dévoue-

ments et tous les sacrifices. Que la femme mariée
n'essaie pas de lutter de prestige et de séduction avec
elle : c'est en vain qu'elle ferait appel à cet épanouis-
sement complet de la beauté que l'âge peut seul donner, c'est en vain qu'elle s'armerait de toute l'habileté
d'une coquetterie raffinée, d'une expérience consom-
mée. Pas un regard ne se détournera vers elle ; tous
resteront fixés sur cet être mystérieux, promesse de
plaisir et de bonheur. Non seulement les jeunes gens,
les hommes ignorants des choses de la vie, se précipi-
teront à travers les flammes pour conquérir un bonheur d'autant plus grand qu'il est inconnu, feront le
sacrifice de leur nom, de leur vie, de leur fortune
pour deviner cette énigme irritante ; mais ceux mêmes
qui ont fait la dure expérience des choses, ceux qui
ont été déçus bien des fois, se demanderont s'ils ne se
sont pas trompés, et si un nouvel essai ne leur sera
pas plus heureux ; les vieillards eux-mêmes se lève-
ront avec admiration, comme les anciens de Troie au
passage de la belle Hélène, et c'est à ce moment que
la vieillesse leur paraîtra la plus pesante, la plus en-
nemie.

C'est sa conquête que raconteront les romans de
toutes les époques et de toutes les nations. Au temps
de la guerre de Troie, la femme n'avait pour mérite
que sa beauté, c'est pour cela qu'Hélène est l'héroïne
du plus grand roman d'aventure de l'antiquité. Mais l'i-
déal de la femme a changé ; plus précieux que la beauté
même, sont ces nobles sentiments qui la transfor-
ment, qui l'élèvent au-dessus de la condition humaine,
qui la rendent désirable même aux immortels. Aussi

c'est en parlant d'elle, c'est en disant les efforts et les travaux accomplis pour la mériter, que les conteurs tiendront les auditeurs enchaînés à leurs lèvres. L'histoire qu'ils rediront est toujours la même; qu'importe? puisque les sentiments qu'ils éveillent au fond de l'âme humaine ne sauraient changer. Et, à tous, il arrivera la même aventure qu'à Froissart, présentant au roi Édouard son poème de *Meliador* : « De quoi parle-t-il? demanda le roi. — D'amour », répondit le poète, et Édouard inclina vers lui sa tête en souriant.

L'antiquité, vers laquelle il faut toujours revenir, parce qu'elle a éprouvé tous les sentiments et qu'elle les a exprimés sous une forme si ingénieuse qu'il est difficile de dire mieux, l'antiquité avait aussi son mythe sur la fiancée et sur l'irrésistible attrait qu'elle exerce sur tous : c'était le mariage de Thétis et de Pélée. Un jour, le bruit se répand qu'une Néréide vient d'apparaître plus brillante et plus fraîche que l'aurore. Aussitôt les dieux de se mettre sur les rangs, de briguer les honneurs de cette union, à commencer par Neptune et par Jupiter : l'émulation est grande, et une bataille va s'engager dans l'Olympe à l'occasion de la belle Océanide. Soudain une voix se fait entendre : c'est celle du Destin, annonçant que le fils né de cette union sera plus célèbre et plus puissant que son père. Ce mot suffit pour calmer les passions les plus violentes; l'amour-propre l'emporte sur l'amour, et les dieux, les demi-dieux, les héros même, se retirent tour à tour. Mais un homme paraît, noble et valeureux entre tous : c'est Pélée. Les sacrifices les plus grands ne le font pas reculer : que lui importe que son fils le fasse oublier dans la mémoire des hommes ? que lui importe que son nom et son souvenir périssent, pourvu qu'il ait l'amour de la belle Néréide ? Ce qu'il regrette, c'est de n'avoir pas de plus grand sacrifice à lui offrir, c'est de ne pouvoir accomplir un anéantissement plus complet : qu'elle noue ses bras d'ivoire autour de son cou, et il oubliera toutes les richesses de la terre, et il dédaignera les honneurs de Jupiter.

Platon pensait sans doute à cette fable, qui peint si bien le complet sacrifice que l'amour fait de lui-même, quand il écrivit : « Il y a quelque chose de plus divin dans celui qui aime que dans celui qui est aimé, parce qu'il est possédé d'un dieu. » Phrase que ce malin singe d'Henri Heine a traduite d'une façon plus prosaïque peut-être, mais plus vraie malheureusement : « Celui qui aime pour la première fois sans être aimé, celui-là est un dieu ; mais celui qui aime pour la seconde fois sans être payé de retour, celui-là n'est qu'un sot. »

II

LA FEMME MARIÉE

La lutte du mariage. — Madame de Sévigné et saint Augustin. — La jalousie n'a rien d'absolu. — La stérilité en Orient. — A quoi servent les enfants. — *Fate figliuoli in ogni modo.* — Comment Frédéric II fabriquait les princes du sang. — Le prix des femmes aux diverses époques. — Trois femmes pour un pourboire. — Une scène de Molière chez les Bassoutos. — Un mobilier de bonheur. — Une femme empruntée. — La naissance de Mahomet. — Hortensius et madame de Staël. — Sarah et Abraham. — Une infidélité conjugale légitime. — Couchez M. Godard, sa femme vient d'accoucher. — Epictète et l'adultère. — De l'usage de battre sa femme. — Se marier à M. Du Verger. — Les jeux innocents au quinzième siècle. — Le jurisconsulte Beaumanoir et les almanachs. — Le pont aux ânes. — L'hymen et l'amour. — Mentor et Télémaque. — L'art d'être heureux en ménage. — L'amitié, c'est l'égalité. — Fiancée au berceau. — Un mariage à Versailles. — La fiancée de Roland. — Aimer n'est pas sans amer. — La loterie du mariage. — Le renard sait beaucoup de choses, la femme amoureuse en sait plus encore. — Un mari de cinq ans. — La foire aux jeunes filles. — La liberté de mariage. — Les reines n'ont jamais épousé des bergers. — La femme forte de Salomon. — *Domum servavit, lanam fecit.* — « Que fait-on de cela à la maison ? » — Les cheveux longs et l'intelligence courte. — Sans dot. — Un divorce pour une poire. — Le mari de sa femme. — La beauté fatale. — La dette du mariage. — Pourquoi les musulmanes ne changent jamais de religion. — Le roi chez la reine. — Une infusion d'*agnus castus*. — Une épigramme de Montesquieu. — Un conseil de saint Paul. — La femme de Job. — Mule hier et mule demain. — La femme la plus malheureuse du monde. — Le mariage par

« Ma mère, raconte saint Augustin, obéissait aveuglément à celui qu'on lui fit épouser; aussi, lorsqu'il venait chez elle des femmes dont le mari était
bien moins emporté que le sien, mais qui ne laissaient
pas de porter, jusque sur le visage, des marques de
la colère maritale, ma mère leur disait: « C'est votre
faute, prenez-vous-en à votre langue; il n'appartient
pas à des servantes de tenir tête à leurs maîtres.
Cela n'arriverait pas si, lorsqu'on vous lut votre contrat de mariage, vous aviez compris que c'était un
contrat de servitude que vous passiez. » Voilà le grand
mot lâché: *servitude !* C'est lui, à en croire les femmes, qui caractérise tous les contrats; depuis celui
où la femme est achetée pour quelques bœufs, pour
quelques verres d'eau-de-vie, jusqu'à celui où elle apporte une dot brillante et enviée. Toujours et partout
elle se plaint d'être une esclave opprimée, aussi bien
sous la hutte du Bassouto, où sa vie est celle d'une
bête de somme, que dans nos salons dorés, où elle
règne en souveraine dominatrice, en tyrannique des-
pote. Les hommes, eux, ont d'autres revendications
à faire entendre; et, chose singulière, c'est une femme

qui s'est chargée de les formuler. On prête le mot
suivant à madame de Sévigné et, s'il n'est pas vrai, il
est du moins vraisemblable, quand on connaît la liberté de plume, l'indépendance d'esprit de la spirituelle marquise. Le jour où elle maria sa fille au
comte de Grignan, elle contemplait, étalés sur sa
table, les cinquante mille écus de dot qu'elle lui donnait : « Et penser, disait-elle, que je dois donner
cinquante mille écus à M. de Grignan pour qu'il
couche ce soir avec ma fille !... Oui, mais il couchera
avec elle demain, puis après-demain, puis dans dix
ans, puis dans vingt ans ! Décidément ce n'est pas
trop payé ! »

Voilà le cri qui s'élance de toutes les poitrines !
voilà les récriminations que fait entendre chacune
des parties depuis que les relations entre les deux
sexes ont été réglées par le mariage. Et pourtant, les
formes de ces relations ont bien changé, ont souvent
été modifiées. Après avoir cessé d'être commune, la
femme fut achetée : rien de plus naturel, c'était une
servante qui devait répondre à une double utilité,
faire le service intérieur de la maison, et donner des
enfants. C'est la femme qui prépare la nourriture,
c'est elle qui laboure le champ, qui remplit toutes les
grosses besognes. Et il n'est pas besoin de remonter
bien loin pour retrouver cette forme primitive du mariage : chez les Monténégrins, le mari ne s'occupe que
de la chasse et de la guerre, tous les autres soins domestiques regardent sa femme ; en Suisse, en France
même, on trouve encore souvent la femme faisant le
métier de bête de somme. Qu'importait à la femme

3

réduite à cet état de misère qu'une autre vînt s'asseoir
au foyer et prendre place dans le lit du maître? C'était
une compagne qui la déchargeait d'une partie de la
besogne, et sur laquelle elle avait autorité, comme
étant plus ancienne. La jalousie n'a rien d'absolu;
elle ne se meurt que dans les limites du possible et de
la convention sociale.

La grande affaire de la femme, ce qu'on attend
d'elle surtout, ce sont des enfants qui seront la fortune de celui à qui elle les donnera. Si ce sont des
fils, il les emploiera à l'aider dans ses travaux ; il
pourra les louer, les vendre comme esclaves, en user
comme de sa chose propre. « Eh quoi! il faut que je
meure de faim, lorsque ma sœur a des enfants qu'elle
pourrait vendre? » disait un sauvage à un missionnaire qui essayait vainement de lui faire comprendre
notre civilisation. Si c'est une fille, quoique l'affaire
soit moins bonne, il pourra tout de même en tirer
parti. Il la vendra à son fiancé, et il la vendra le plus
cher possible. Ou bien il la louera pour ces mariages
temporaires que contractent les Orientaux pendant la
durée d'un pèlerinage, pendant le temps de leur séjour dans leurs divers comptoirs, usages auxquels se
sont faits les Européens. Car les Orientaux n'ont
rien de l'esprit chevaleresque ; ils regardent à la fois
la femme comme un capital productif et comme un
objet de nécessité première. Aux navires qui abor-
daient sur leurs côtes, les Japonais ont longtemps
envoyé des rafraîchissements et des femmes, considérant les uns comme aussi indispensables que les autres. Dans les pays où l'on n'avait pas pour les filles

la ressource de ce fructueux placement, leur naissance était regardée comme un malheur ; et cela, non seulement chez les sauvages et chez les idolâtres, mais en pleine terre chrétienne. Jusqu'à la fin du siècle dernier, en Espagne et en Italie, la survenance d'un enfant féminin était une douleur pour la famille ; on se gardait bien d'en faire compliment à son père ; et dans certains endroits, à Naples particulièrement, cet événement était annoncé par un drapeau noir.

Aussi à la femme on ne demande qu'une qualité, qui lui tient lieu de toutes les autres, la fécondité. A la fiancée, on donne un berceau pour tout présent, et malheur à celle qui ne le remplit pas. Elle sent qu'elle perd peu à peu l'amour de son époux ; elle prévoit que d'autres plus jeunes et plus heureuses viendront s'asseoir auprès de lui ; que, si elle n'est pas renvoyée, elle sera reléguée dans un coin, et vieillira objet de pitié et de mépris pour tous ; elle se voit accablée par cette stérilité, malédiction la plus forte que puissent prononcer les Orientaux, qui ont mis au nombre des vertus les qualités qu'ils avaient le plus besoin de rencontrer, la fécondité et l'hospitalité. C'est sous l'influence de ce sentiment seul qu'elle éprouve les tortures de la jalousie : d'abord parce qu'une sorte de réprobation s'attache à elle, ensuite parce que toute femme est naturellement jalouse d'une femme qui possède un objet dont elle se voit privée ; puis enfin parce qu'elle sent sa situation matérielle amoindrie. Sara met Agar dans le lit d'Abraham, et elle la chasse quand elle la voit mère heureuse et triomphante. Rachel dit à Jacob : « Donne-moi

des fils, ou je mourrai. » Et la mère de Samson ne se
trouve pas consolée lorsqu'elle entend son mari lui
dire : « Pourquoi pleures-tu ? un mari ne vaut-il pas
dix fils ? »

Et ce sentiment est resté aussi vivace qu'autrefois,
ce besoin d'enfant aussi impérieux. Visitez l'Orient,
causez avec des chrétiens aussi bien qu'avec des musulmans, avec des cheiks aussi bien qu'avec de
simples bourgeois, vous leur entendrez dire à leurs
femmes, quand ils vous les montrent, ce qui arriva
parfois: « Voilà la dernière, elle est bien gentille, il
faut espérer qu'elle me donnera bientôt des enfants,
et qu'elle ne me mettra pas dans la nécessité d'en
prendre une cinquième. » Et ces paroles seront dites
comme la chose la plus naturelle et la plus ordinaire.
Ces enfants, si avidement désirés, sont recherchés pour
divers motifs, selon le caractère des peuples et leur
degré de civilisation. Les peuplades barbares, les Zoulous et les Bassoutos aujourd'hui encore en veulent
pour en tirer lucre et profit. Les Spartiates en avaient
besoin pour grossir le nombre des citoyens qui dimi-
nuait sans cesse, tandis que celui des ilotes allait toujours en croissant ; les Chinois en veulent pour offrir
les sacrifices funéraires après leur mort, et pour assurer le repos de leur âme dans l'autre monde; les aristocraties féodales en sentent l'absolue nécessité pour
perpétuer leur nom et leur fortune.

Aussi, est-il naturel que devant des nécessités semblables fléchissent les principes qui avaient dicté les
lois sur le mariage. Chez les Bassoutos, comme chez
tous les autres peuples, l'adultère est sévèrement in-

terdit ; mais les femmes vont flirter sur les confins des
tribus voisines, et les maris ferment les yeux sur des
infidélités qui vont les enrichir en augmentant leurs
enfants. A Sparte, où les mœurs sont si sévères, une
guerre a décimé la fleur des guerriers, les jeunes
gens s'approcheront de leurs veuves pour ne pas les
laisser infécondes et inutiles à la république ; un citoyen n'a pas d'enfant de sa femme, il la conduira
chez son voisin dont il implorera l'assistance. Les citoyens lâches, ceux qui auront fui du champ de bataille ne pourront s'approcher des femmes des autres.
Et ne voyez pas là une de ces peines qu'aurait pu
imposer une cour d'amour ; la loi spartiate ne connaît pas la galanterie ; elle impose cet acte, non
comme un plaisir, mais comme un devoir, et si elle
l'interdit aux citoyens peu courageux, c'est parce que
d'eux il ne naîtrait que des enfants mous et effé-
minés.

Et l'antiquité n'est pas la seule à envisager l'union
conjugale uniquement au point de vue pratique, à
faire céder toutes les autres considérations devant
celle-là. Sans parler de la commune de Nuremberg
qui voulait qu'on donnât deux femmes à chaque
bourgeois, afin de mettre la ville en état de mieux
résister aux invasions des Turcs, l'aristocratie féodale
n'est-elle pas le pendant de la démocratie lacédémonienne ? Là aussi il y a une caste à perpétuer, et on
ne le peut qu'au moyen des enfants, des enfants
mâles surtout. Aussi, à chaque union qui se con-
tracte, la femme croit entendre à ses oreilles ces paroles que le grand-duc de Toscane adressait à Marie de

Médicis partant pour la France : « *Fate figliuoli in
ogni modo*, ayez des enfants par n'importe quels
moyens. Et ce précepte a souvent été mis en pratique. Rappelez-vous ce que raconte le président de
Brosses des nobles familles vénitiennes : « En se ma-
riant, une noble vénitienne devient un meuble de
communauté pour toute la famille, chose assez bien
imaginée puisque cela supprime l'embarras de la précaution, et que l'on est sûr d'avoir des héritiers du
sang. C'est souvent l'apanage du cadet de porter le
nom de mari. »

Rappelez-vous ce qu'en semblable occurrence fit
Frédéric II de Prusse : voyant qu'il n'avait pas d'enfant, que sa sœur n'en avait pas non plus, il ordonna
à un des plus beaux hommes de son régiment d'aller
lui faire la cour. Celui-ci obéit avec la ponctualité mi-
litaire, et au bout d'un an il venait annoncer la
naissance d'un enfant à Frédéric, qui le gratifiait
d'une bourse pleine de ducats. Trois ans de suite
la même cérémonie se renouvela : « Assez ! » dit
alors le roi caporal, et le soldat obéissant rentra dans
les rangs. Aujourd'hui la famille a perdu ce caractère factice que les conventions sociales lui avaient
donné ; elle s'est rapprochée de la nature et de la vérité. La stérilité n'est plus qu'une douleur morale, et
aucune idée de honte ni de réprobation n'y est attachée. L'enfant est le résultat de l'union des corps et
des âmes, il est le lien qui rattache ces deux existences
l'une à l'autre ; aussi l'adultère est-il devenu pour la
famille moderne aussi odieux, aussi funeste, qu'il
pouvait être autrefois insignifiant, sinon presque né-

cessaire, quand le divorce ne venait pas trancher le nœud de la question.

Et, ne vous y trompez pas, c'est dans cet amour, c'est dans ce besoin impérieux des enfants qu'il faut chercher les causes véritables de la polygamie, et non dans le débordement des sens, comme tant de rhéteurs l'ont soutenu. La polygamie se retrouve partout, aussi bien chez les Hébreux que chez les autres peuples, et il était peu d'entre eux qui s'en tinssent à une seule femme, sans que jamais les prophètes le leur aient reproché. David en avait une vingtaine ; on ne lui fit un crime que d'avoir enlevé Abigaïl à son mari. Si Salomon fut blâmé par l'opinion, ce fut pour avoir pris l'usage des harems aux peuples voisins plus encore que pour le nombre multiplié de ses femmes. Et ces mœurs se renouvellent si bien partout, qu'aujourd'hui encore dans le royaume de Siam, comme dans tout l'Orient d'ailleurs, le harem du roi appartient à son successeur, et que toucher à ses femmes, c'est faire acte de royauté. Pourquoi nous étonner d'un état social qui a duré longtemps et qui a eu sa raison d'être ? Pourquoi ne pas nous contenter de jouir des progrès accomplis, sans jeter sur le passé une réprobation qu'il ne mérite pas ? Pourquoi nous apitoyer sur le sort de femmes qui ne se trouvaient nullement malheureuses ? Dans les romans chinois le bonheur idéal rêvé pour deux amies, c'est d'épouser le même mari afin de ne jamais se quitter. L'éducation les avait habituées à ce partage, comme la volonté de Louis XIV avait habitué Marie-Thérèse à monter dans le même carrosse que les maîtresses de son mari. Et leur sort n'avait rien de bien misérable : elles avaient la même maison, le même nombre de domestiques, les mêmes bijoux, et chacune leur semaine à obtenir les faveurs du maître. De quoi se seraient-elles montrées jalouses ? et les maris de l'Occident tiennent-ils une balance aussi exacte entre leur femme et leur maîtresse ?

Dans un siècle où la statistique est en honneur, on pourrait dresser celle du prix des femmes aux diverses époques et dans les différents pays. Dans les tribus agricoles on donnait des vaches dont le nombre était débattu entre les parties contractantes ; chez les Groënlandais le prix ordinaire était d'un attelage de huit chiens ; chez les Lapons, un nombre de rennes proportionné à la beauté de la fiancée et à la richesse du fiancé. Dans d'autres endroits c'était un canot fabriqué par le futur mari. Chez les peuplades qui avaient été en rapport avec les Européens, les goûts devenaient plus raffinés, on ne pourrait dire plus civilisés. Le soupirant allait chaque soir chez son beau-père, qu'il abreuvait d'eau-de-vie, et celui-ci faisait durer la cour et multipliait les concurrents le plus possible. Voilà qui se rapproche tout à fait de la civilisation ; voilà qui rappelle le grec Phocus exigeant de magnifiques repas des concurrents à la main de sa fille, jusqu'au jour où ceux-ci, lassés de se voir ainsi exploités, le massacrèrent sans pitié. Voilà qui rappelle le beau-père moderne reculant sans cesse l'époque du mariage afin de conserver un partenaire pour faire sa partie le soir. Voilà qui rappelle surtout le père cherchant dans l'établissement de sa fille sa commodité et son propre intérêt : ce n'est pas seulement dans les familles royales que les mariages se font ainsi et que les intérêts des enfants sont sacrifiés à ceux des parents, nous en avons chaque jour des exemples sous les yeux.

La femme, pour dire le mot propre, était une vraie marchandise qui s'achetait, s'échangeait, se donnait. Un jour, Denys le Tyran, voulant récompenser le philosophe Aristippe, fait venir trois belles esclaves et lui dit de choisir celle qui lui conviendra : « Par Jupiter ! répondit le philosophe, il en a coûté trop cher à Pâris pour avoir choisi entre les trois déesses. » Et il les emmena toutes les trois chez lui. Les mœurs sont les mêmes sous toutes les latitudes : aux étrangers qui visitent sa cour, Mtésa, roi de l'Ouganda, fait présent de deux ou trois des femmes qui remplissent son palais. Speke, qu'il honora d'une semblable faveur, accepta les femmes et les donna aux gens de sa suite en guise de pourboire. Il faudrait comparer le prix des belles Circassiennes à celui des esclaves africaines, dont on fait la traite aujourd'hui encore, malgré les progrès de la civilisation. Il faudrait comparer les ventes qui se faisaient sur l'agora ou sur le forum, à celles qui avaient lieu naguère sur le marché du Caire ou sur celui de Rio ; et l'on serait tout étonné de trouver les prix presque identiquement les mêmes à deux mille ans de distance.

Nos pères (n'en rougissons pas) achetaient souvent leurs femmes, témoin la pièce d'or qu'Aurélien porta à Clotilde de la part de Clovis. Ils les vendaient non moins souvent : au commencement de ce siècle les

3.

journaux russes contenaient des annonces ainsi con-
çues : « A vendre : trois cochers bien dressés et d'une
belle corpulence ; deux filles, l'une de dix-huit ans
et l'autre de quinze ans, toutes deux de bonne apparence et habiles aux travaux manuels; pianos et
orgues. » Il y a quelques années à peine, un boucher mettait sa femme en vente publique sur le marché de Manchester, et cela en vertu d'une ancienne
coutume non encore abolie et ayant par conséquent
force de loi. Il trouva acquéreur pour trois schellings.
Ce n'est pas beaucoup, diront les uns ; c'est bien
cher, penseront les autres, qui répéteraient volontiers
avec Saint-Gelais :

> Bonnes gens, j'ai perdu ma dame :
> Qui la trouvera, sur mon âme,
> Encor qu'elle soit belle et bonne,
> De très grand cœur je la lui donne.

Néanmoins, il y a une différence à établir, il y a
une nuance qui montre le progrès des idées morales.
On a pu voir au dix-neuvième siècle une femme
vendue publiquement en Angleterre ; mais on n'aurait
pu voir le procès qui fut porté un jour devant les juges athéniens. Deux citoyens avaient acheté de moitié
une de ces belles esclaves que l'Asie Mineure envoyait
sur l'agora, et il y avait dispute sur la manière dont
chacun des associés devait en avoir la possession. Le
tribunal discuta la question aussi gravement que s'il
se fût agi d'un héritage important, et décida que chacun des deux maîtres aurait pendant une semaine
l'esclave en sa puissance. Ce qu'on a pu croire l'in-

vention d'un poète grivois, a été un fait incontesté, et qui n'a excité aucun étonnement chez les contemporains de Périclès.

Toutes ces ventes donnent lieu à des comédies qui sont les mêmes dans tous les pays, et qui rappellent ce que nous voyons chaque jour à la signature des contrats de mariage. Pour n'en citer qu'un exemple, voici comment les choses se passent chez les Bassoutos, peuples qui habitent l'Afrique méridionale dans le voisinage des Zoulous. Lorsqu'un jeune homme a obtenu la permission du roi et le consentement de la jeune fille, il va présenter le bétail requis pour l'acquisition de la fiancée. Ce jour-là, le chef de la famille, recouvert de ses plus riches habits, se fait accompagner de ses proches et de ses amis. La sœur de l'époux ouvre le cortège; elle tient à la main un long bâton blanc qu'elle va jeter, sans dire mot, à la porte de la cabane où demeure sa future belle-sœur. Le père de la jeune fille ne tarde pas à se montrer; il sort avec sa famille et s'assoit à quelques pas de ses hôtes. Ceux-ci députent alors le plus jeune d'entre eux pour faire avancer le bétail qu'on a laissé dans un endroit voisin. Les animaux défilent entre les deux parties; si l'un d'eux déplaît, le père branle la tête, et il est écarté. Le berger arrive le dernier.

Les parents du fiancé commencent à faire l'éloge du bétail, disent qu'ils sont pauvres, qu'ils ne peuvent donner davantage et font appel à la générosité de la famille; personne ne bouge, car on sait qu'il se trouve, non loin de là, quelques têtes de bétail mises en réserve. Les parents de la fiancée montrent

alors leur mécontentement : ils s'étaient attendus
à plus que cela, une fille coûte cher à élever et ils
ne sont pas pressés de se défaire de la leur. Un
signe imperceptible met de nouveau le pâtre en
mouvement, qui reparaît bientôt traînant après lui
deux ou trois bêtes cornées. Alors arrive une troupe
de femmes couvertes de manteaux déchirés. C'est
la mère qui vient, avec ses amies, se lamenter de
ce qu'on lui enlève sa fille, en demandant que,
puisqu'on la prive de son soutien, on la mette à même
de renouveler ses vêtements. On sait ce que cela veut
dire, et on ajoute un bœuf désigné à l'avance, qui
porte le nom de bœuf de la nourrice. La cérémonie
se termine par un bœuf qu'on sacrifie et qu'on mange.
Il y a dans l'*Avare* de Molière une scène qui est
le pendant de celle-là.

La femme ainsi achetée appartient en entier à la famille, elle fait partie de l'héritage et se transmet comme
lui. A Sparte, celui qui héritait du mort devait épouser sa fille, lors même qu'il était marié ; si pourtant
il était trop vieux, le roi désignait un époux plus
jeune capable de donner des enfants à la république.
Dans l'Orient, le sérail, que Camille Desmoulin appelait un mobilier de bonheur, appartenait de droit à
l'héritier du prince régnant : Salomon fit mourir son
frère Adoniram, parce que celui-ci avait voulu s'emparer des concubines de David, ce qui était faire acte
de souveraineté. Absalon, voulant montrer qu'il avait
réellement succédé à David, dormit avec ses femmes
en présence de tout Israël. Pour qu'elle ne sortît pas
de la famille à laquelle elle appartenait, la femme

devait épouser un des frères de son mari défunt : tout le monde sait à quelle ruse Thamar eut recours pour ne pas être exclue de l'héritage de son mari, ruse qui peut donner une idée des mœurs de la société primitive.

De nombreuses conséquences découlent de cette absorption complète de la femme par sa nouvelle famille ; le mari a hérité de tous les droits du père, il regarde sa femme comme sa chose propre, dont il peut user et abuser, qu'il peut à son gré vendre, prêter et échanger et, à plus forte raison, corriger : en un mot, dont il doit tirer tout le parti possible pour son utilité et pour son agrément. C'est parce que nous ne nous rendons pas compte de la constitution première de la famille que tant de choses nous étonnent dans le passé. Un jour Agis, roi de Lacédémone, rencontre un de ses amis nommé Agastus : « Donne-moi ce que je te demanderai, et je te donnerai ce que tu me demanderas », lui dit-il à brûle-pourpoint. Celui-ci y consent, et Agis lui demande sa femme, qu'Agastus lui prête aussitôt. Ce qui, dans l'état de notre civilisation, serait une plaisanterie indécente, était dans la bouche du roi lacédémonien un acte tout naturel et plein d'un sage patriotisme. Deux fois il s'était marié sans avoir d'enfants, et la population assiégeait le temple des dieux, leur demandant de perpétuer sa postérité. La femme d'Agastus opéra ce miracle ; et, grâce à ce prêt d'un genre tout à fait nouveau, la race des Héraclides ne s'éteignit pas.

Et ces idées étaient celles des plus graves, des plus austères personnages de l'antiquité. Le grand orateur

Hortensius était un admirateur passionné de Caton ; voulant s'unir de plus près à lui, voulant infuser dans sa famille quelques gouttes de son sang généreux, il alla lui demander de lui prêter sa fille Porcia, déjà mariée à Bibulus auquel elle avait donné deux enfants. « A consulter la nature, lui dit-il, il était aussi honnête que profitable qu'une femme belle, à la fleur de l'âge, ne restât pas inutile en laissant passer l'âge d'avoir des enfants, et qu'elle ne fût pas non plus à charge à son mari et ne l'appauvrît pas en lui donnant plus d'enfants qu'il ne voulait en avoir ; qu'en communiquant ainsi les femmes aux citoyens honnêtes, la vertu se multiplierait et deviendrait commune dans les familles. Si Bibulus, ajoutait-il, veut absolument conserver sa femme, je la lui rendrai dès qu'elle sera mère, et que par cette communauté d'enfants je me serai plus étroitement uni à Caton et à Bibulus. » Caton trouva le raisonnement tout naturel ; mais il objecta à Hortensius l'attachement de Bibulus pour Porcia. « Alors, raconte Plutarque, Hortensius ne craignit pas de demander à Caton sa propre femme Marcia, qui était encore en âge d'avoir des enfants, et qui en avait donné suffisamment à Caton. Celui-ci, voyant la passion d'Hortensius, et son désir extrême d'avoir Marcia pour femme, ne refusa pas de la lui céder. » Ce langage, tenu par les hommes les plus sages de la République, suffit à nous faire connaître la transformation qui s'est opérée dans les idées.

Est-ce autre chose au fond que la sélection sexuelle de Darwin, qui s'est borné à formuler en axiome un

fait qu'on rencontre souvent dans l'histoire? Les
femmes surtout, attirées invinciblement vers tout ce
qui brille, vers tout ce qui porte la marque de la
force, de la supériorité, de la puissance, font une ap-
plication constante et inconsciente de ce principe.
Un jour, le père de Mahomet sort du temple ; une
femme voit sur sa figure un éclat extraordinaire et
lui propose cent chameaux s'il veut passer la nuit
avec elle. Il venait de se marier et il refuse. Le lendemain il se présente à celle qui lui avait adressé des
sollicitations si pressantes, mais la flamme avait disparu de son visage et elle lui tourne le dos ; en effet,
dans la nuit même Mahomet avait été conçu. Ce n'est
qu'une légende sans doute, comme tout ce qui vient
de l'Orient ; mais c'est une légende qui pourrait servir
d'explication à de nombreux faits rapportés par l'histoire. Quelle différence y a-t-il entre le langage tenu
par Hortensius et celui de madame de Staël, alors
qu'elle fatiguait Bonaparte de ses assiduités? A dix-
huit siècles de distance les faits sont identiques et le
raisonnement est le même.

Et il ne faut pas dire que ces sentiments soient seulement ceux des païens, gens que nous affectons de
mépriser pour nous dispenser de leur rendre la justice
qui leur est due. Ils étaient partagés par ceux dont
nous avons reçu notre foi religieuse, dont nous sommes habitués à respecter la conduite. Rappelez-vous
l'histoire d'Abraham et de Sara. Chassé du pays de
Chanaan par la famine, le patriarche entre en
Égypte et tient ce langage à Sara : « Tu es belle ; les
gens de ce pays me tueront et te garderont s'ils savent

que je suis ton mari. Dis donc que tu es ma sœur, et
ils me feront bon accueil pour mériter ta grâce. » Les
choses se passèrent en effet ainsi. Pharaon voulut
placer Sara dans son sérail, et il ne fallut rien moins
que l'intervention de Dieu pour l'empêcher. Il pas-
serait pour un pauvre sire le mari contemporain qui
ferait bon marché de l'honneur de sa femme pour
conserver sa vie; Abraham, en agissant ainsi, ne
faisait que suivre les idées de son temps : Sara était
sa chose et il pouvait en disposer à son gré.

Le cas de conscience rapporté par saint Augustin
est plus caractéristique encore. Acydnus, gouverneur
d'Hippone, condamne un citoyen à payer une livre
d'or ou à perdre la vie. Or, ce citoyen avait une très
belle femme, qu'un vieillard poursuivait de ses assiduités, lui promettant une livre d'or en échange de
ses faveurs. Celle-ci raconte la chose à son mari, qui
lui ordonne d'accepter les offres du vieux libertin et
de lui sauver la vie. Mais une fois sa passion satisfaite, le vieillard refusa de payer la livre d'or convenue,
et le pauvre mari perdit à la fois et la vie et l'honneur
de sa femme. Saint Augustin argumente longuement
pour démontrer que cette femme n'avait pas été coupable, n'ayant fait autre chose qu'obéir aux ordres de
son mari; d'autres pères de l'Église avaient également
disculpé Abraham. Pour que cette défense sortît de
bouches aussi sages, aussi éloquentes, il fallait que
les idées qui avaient cours alors fussent bien différentes de celles que nous professons aujourd'hui.

Avec des idées semblables rien de plus naturel que
la conduite des Japonais; le jour où leur femme les

fatigue par son bavardage, ils la renvoient avec une lettre divorcée portant que désormais elle est libre et qu'elle peut faire ce qu'elle veut de sa personne. Ils lui mettent sous le bras son paquet de hardes, et ils gardent les enfants, seule chose qu'ils aient voulue d'elle : les fruits cueillis, ils délaissent ou ils abattent l'arbre. C'est aussi ce qui sert à expliquer la coutume à laquelle le proverbe suivant fait allusion : « Couchez M. Godard, sa femme vient d'accoucher ! » Dans beaucoup d'endroits, dans l'Europe moderne même, lorsqu'une femme a accouché, c'est son mari qui se met au lit, c'est lui qu'on soigne, c'est à lui qu'on fait les visites et les compliments. Lui seul est pour quelque chose dans cet enfantement, à lui seul en revient le mérite ; et cela est si vrai que, pendant tout le temps de la gestation, il s'abstient des viandes qui pourraient être nuisibles à l'enfant.

Ne serait-ce pas le cas de remarquer combien les idées ont varié sur l'adultère, et quelle part de convention il y a toujours eu dans ce mot qui semble représenter un principe immuable ? La jalousie et l'amour-propre furent les premiers à réprouver la communauté des femmes, à faire du mariage une institution stable. Épictète répondait à ceux de ses contemporains qui soutenaient le principe de la communauté des femmes : « Les femmes sont communes, c'est la loi de nature, disait à Diogène un débauché surpris en adultère. » Diogène lui répondit : « Les viandes qu'on sert à table sont communes d'abord, mais dès que les portions sont faites et distribuées, tu aurais perdu toute pudeur et toute honte si tu allais

prendre sur son assiette la part de ton voisin. Le
théâtre est commun à tous les citoyens, mais sitôt que
les places sont prises, tu ne peux ni ne dois déplacer
ton voisin pour prendre la sienne. Les femmes sont
communes d'abord, mais sitôt que le législateur les a
distribuées et qu'elles ont chacune leur mari, en
bonne vérité t'est-il permis de ne pas te contenter de
la tienne et d'aller prendre celle de ton voisin ? Si tu
le fais, tu n'es plus un homme, mais un singe ou un
loup carnassier. » N'est-ce pas là que Molière aurait
pris la comparaison dans laquelle il fait de la femme
le potage de l'homme.

C'était très bien raisonné ; mais dans la pratique les
choses se passaient autrement ; et chez ces Grecs, qui
avaient fait une guerre de dix ans pour reconquérir
la belle Hélène, tous répétaient avec Hérodote :
« Enlever des femmes est sans doute le fait d'hommes coupables ; mais se venger de l'enlèvement est
d'un sot, car il est clair que, si elle a été enlevée, elle
l'a voulu. » Ce qui n'empêchait pas les peuples de
tous les pays de publier contre l'adultère des lois
draconiennes qui offraient de singulières variantes.
Ainsi, à Athènes, la marchande n'était pas punie
pour cause d'adultère, on supposait que la coquetterie
était pour elle un moyen de commerce. A Cayenne,
le complice de la femme adultère était regardé comme
innocent, il n'avait rien promis, elle seule s'était engagée à rester fidèle. C'était imiter la subtilité de cette
belle et honnête Espagnole, qui laissait prendre à son
amant toutes les libertés, lui défendant seulement de
l'embrasser sur la bouche, le seul de ses membres

qui eût juré fidélité à son mari. Chez les Canaques, au contraire, l'amant était mangé, et le mari prenait le meilleur morceau. D'après les coutumes de Paris et de Gascogne, le mari était puni de l'adultère de sa femme, on lui faisait un crime de ne pas l'avoir mieux surveillée, de ne pas lui avoir donné de meilleurs principes; tandis qu'en Abyssinie la femme était punie de l'adultère de son mari, qu'elle était censée n'avoir pas su retenir auprès d'elle par son humeur douce et agréable.

La seule opinion qu'on puisse trouver raisonnable est celle des Arabes qui se regardent comme déshonorés, non par la mauvaise conduite de leur femme, qu'ils sont toujours libres de renvoyer, mais par celle de leur sœur, qu'ils ne peuvent que tuer au moindre soupçon. Certains peuples portent ce sentiment de jalousie à un degré singulier; et le Druse, à qui un Européen, ignorant des coutumes du pays, aura demandé des nouvelles de sa femme, rentrera chez lui immédiatement pour la tuer. L'Oriental, en général, ne parle pas de sa femme, et, quand par hasard il lui arrive de prononcer son nom, il s'en excuse aussitôt comme d'une incongruité.

C'est la conséquence de la mauvaise idée qu'on avait des femmes et de leur fidélité. Tous les pays, toutes les littératures ont une fable, un apologue satirique contre leur inconstante mobilité; depuis l'aventure de ce roi d'Égypte dont parle Hérodote, lequel ayant perdu la vue et ne pouvant la recouvrer qu'en se lavant les yeux avec l'urine d'une femme fidèle à son mari, fut obligé d'en essayer des milliers avant d'en trouver une qui remplît ces conditions, jusqu'à ce manteau mal taillé qui ne pouvait aller qu'aux épouses chastes, et à cette coupe enchantée qui ne restait sans déborder que dans leurs mains. Cela venait surtout de l'état d'infériorité dans lequel on tenait les femmes : « Une femme peut être bonne, et même un esclave, quoiqu'à vrai dire les femmes soient moins bonnes en général, et les esclaves toujours mauvais », dit Aristote. Réduite à l'état d'esclave, la femme en prenait tous les vices, et elle disait comme lui : « Je n'éprouve pas de plus grand bonheur que lorsque je trompe mon maître. »

Et, l'expérience l'a démontré, l'adultère a toujours été le plus fréquent là où l'on a pris pour l'empêcher les précautions les plus multipliées. Dans les tentes ouvertes de tous côtés, la femme arabe trouve le moyen de tromper son maître ; derrière les grilles des harems, sous les yeux des eunuques, la sultane se procure des rendez-vous galants ; l'Espagnole met en défaut la vigilance des duègnes les plus exercées ; l'Italienne se moque de son mari dont toutes les facultés sont mises au service de sa jalousie ; tandis que les Anglaises, les Américaines, se promènent librement à travers le monde, sans songer même à des intrigues qui n'ont plus de prix depuis qu'elles ne sont plus l'objet d'une interdiction sans cesse renaissante. C'est toujours l'histoire de la précaution inutile, si bien exprimée par l'apologue oriental de l'éléphant. Un magicien, très jaloux de sa femme, s'est déguisé en éléphant, il la porte sans cesse sur son dos et il la promène au milieu des forêts. Or elle le trompe avec tous ceux qu'elle rencontre, qu'elle fait monter dans son palanquin, et qu'elle fait promener par ce mari commode. Celui à qui elle raconte son histoire est son quatre-vingt-dix-neuvième amant, et pourtant elle ne traverse que des déserts.

Et, d'ailleurs, tous ceux qui écrivaient des lois terribles contre l'adultère, étaient-ils bien fondés à le condamner d'une façon aussi absolue? Étaient-ils sans péché pour lui jeter la première pierre? Tous sans doute n'avaient pas fait montre de ce cynisme des Bassoutos, qui toléraient la mauvaise conduite de leurs femmes pour voir augmenter leur famille; ou des Gabonais, qui avaient réglé par une loi les conditions à remplir pour celui qui voulait légalement devenir l'amant d'une femme mariée, et chez lesquels on pratiquait ouvertement ce principe, suivi seulement en secret par des peuples plus civilisés: « Les cornes sont comme les dents: elles font mal quand elles commencent à pousser, ensuite elles servent à manger. » Mais tous avaient fait fléchir le principe de l'immutabilité du mariage ; ils avaient montré que, semblable à toutes les autres, cette loi pouvait souffrir de nombreuses exceptions.

Étaient-ils bienvenus à se plaindre de l'adultère, ces Spartiates qui, de temps à autre, mettaient les femmes dans les bras d'hommes qui n'étaient pas leurs maris? Pouvaient-ils se plaindre, ces Romains chez lesquels on avait eu l'idée d'autoriser César à épouser toutes les femmes qu'il voudrait, dans l'intérêt de la république et par le même motif qui poussait Hortensius à emprunter la femme de Caton?

Méritaient-ils d'être écoutés, ces chevaliers du moyen âge qui proclamaient que n'avoir pas de *mie* était chose honteuse pour un guerrier, et qui ajoutaient que la *mie* devait absolument être la femme d'un autre, et que celui qui épousait sa mie devait choisir une autre maîtresse? Aurait-on écouté les doléances des seigneurs de Versailles, qui offraient si gaiement leurs femmes à Louis XV, et qui vivaient dans une cour où l'étiquette exigeait que la maîtresse du roi fût mariée, ce qui fit qu'on fut obligé de marier madame du Barry avant de la présenter? Comment croire à la jalousie des Espagnols et des Italiens qui passaient toute leur vie à faire la cour à la femme de leur voisin, et qui croyaient toutes les femmes fragiles, excepté la leur? Il y avait là une immense hypocrisie, dont ces hommes ne pouvaient être dupes; et le mot de la situation est celui-ci, qu'un prédicateur criait à ses ouailles du haut de la chaire : « A en croire vos femmes, au confessionnal, elles sont toutes vertueuses; à vous en croire, au contraire, vous êtes tous des débauchés. A qui faut-il ajouter foi? »

La seule société entièrement logique fut celle du dix-huitième siècle, qui ne se lança pas dans des déclamations hypocrites, qui n'affecta pas une jalousie inconséquente. La Fontaine avait dit, pour résumer l'opinion de son temps :

> Quand on le sait, c'est peu de chose;
> Quand on l'ignore, ce n'est rien.

Le dix-huitième siècle repoussa même cette réticence. Il accepta franchement la communauté libre des femmes; et quand on demandait d'une nouvelle mariée : « Que sera-t-elle? — Cela dépendra de son premier amant », répondait-on. Aujourd'hui les conditions de la famille ont changé, le sens moral s'est perfectionné ; aussi l'adultère est-il devenu une chose grave, un crime contre les personnes et contre la société. Jadis il n'en était pas de même, et nous n'éprouvons pas beaucoup de pitié pour les doléances de gens qui avaient tout fait pour mériter leur malheur.

Mais de tous les droits que l'homme s'était arrogés, celui de correction était le plus étendu, le plus universellement mis en pratique. Il n'était pas étonnant que l'homme pût corriger sa femme puisqu'il avait le droit de la prêter, de l'échanger, de la vendre, voire même de la tuer. Les premiers Romains condamnaient à mort celle qui avait bu du vin ; les sultans faisaient jeter dans le Bosphore la femme soupçonnée d'infidélité, sans obéir aux prescriptions du Coran, qui exige pour l'adultère l'attestation de quatre témoins oculaires ; l'Australien mangeait sa femme coupable de désobéissance ou de révolte, et les commentateurs qui rapportent ce fait ajoutent que ce jour-là seulement il la trouvait bonne.

Le comte de Caylus a écrit une spirituelle boutade sous ce titre : *De l'usage de battre sa maîtresse.* On pourrait écrire tout un volume qui s'appellerait : *De l'habitude de battre sa femme,* et ce serait presque une histoire complète du mariage. Pour ne pas s'en étonner, il faut se souvenir que longtemps la femme a été regardée comme un être inférieur à l'homme, et que cette opinion règne encore dans beaucoup de pays.

Au neuvième siècle, le concile de Mâcon discutait la
question de savoir, non si la femme avait une âme,
comme quelques-uns l'ont prétendu, mais bien si
cette phrase « Jésus-Christ est mort pour racheter les
hommes », pouvait s'appliquer également aux femmes. Cette infériorité, les Turcs ont une légende
grossière et sensuelle pour l'exprimer : « Adam,
disent-ils, prit une maîtresse parmi ses filles, Ève
voulut faire la même chose avec ses fils, mais ceux-ci
la repoussèrent brutalement, lui disant qu'elle n'était
pas assez jeune, et elle fut obligée de rester sage. »
Cette différence que l'âge met entre les deux sexes a
été exprimée avec plus d'ingéniosité et de délicatesse
par madame de Genlis : « Lorsqu'un chêne devient
vieux, on dit qu'il se couronne; lorsqu'une rose perd
ses couleurs, on dit qu'elle se flétrit. »

Il faut se souvenir enfin que l'usage des corrections
manuelles fut très répandu jusqu'à la fin du siècle
dernier, et cela à tous les degrés de l'échelle sociale :
la reine Elisabeth donnait des soufflets à ses filles
d'honneur ; un jour elle en donna un au comte d'Essex ; Louis XIV battait ses valets quand il était en
colère, et il jeta sa canne par la fenêtre pour ne pas
en frapper Lauzun. Louis XIII s'assurait que ses
valets de chambre n'étaient pas gentilshommes afin
de pouvoir les bâtonner à son aise. Cela tenait à ce
que les habitudes étaient plus grossières, les corps
plus habitués à la fatigue, la forme de la famille plus
patriarcale. L'éducation se faisait par les verges et par
la férule, aussi bien dans l'antiquité grecque et romaine que chez les jésuites du dix-septième siècle ; les

princes eux-mêmes étaient soumis à cette loi universelle, et Marie de Médicis faisait de grandes révéren-
ces à Louis XIII lorsqu'elle était obligée de lui faire
donner le fouet. On juge que les filles ne devaient pas
en être exemptes, et le chanoine Fulbert engageait
Abélard à user de corrections manuelles avec Héloïse.
Une locution passée en proverbe atteste l'usage de
donner le fouet, même aux filles devenues grandes :
on appelait cela *les marier à M. Du Verger*. Il y
avait même une coutume assez singulière, qui ne
s'explique que par la naïveté et la liberté des mœurs
du moyen âge. Le matin des saints Innocents, les
jeunes gens allaient surprendre les jeunes filles dans
leur lit et leur donnaient le fouet ; on appelait cela
les *innocenter*. Clément Marot écrit à une dame dont
il recherchait les faveurs :

> Très chère sœur, si je sçavois où couche
> Votre personne, au jour des Innocents,
> De bon matin j'irois dans votre couche
> Voir ce gent corps que j'aime entre cinq cents.
> Adonc ma main, vu l'ardeur que je sens,
> Ne se pourroit nullement contenter
> De vous tenir, toucher, taster, tenter.
> Et si quelqu'un survenoit d'aventure,
> Ferois semblant de vous innocenter :
> Seroit-ce pas honneste couverture ?

Encore un des jeux innocents du passé dont nous
avons perdu l'habitude !

Une fois mariées, les femmes étaient traitées
comme lorsqu'elles étaient jeunes filles. Elles partici-
paient aux mœurs grossières de l'époque ; quoi d'étonnant ! elles n'avaient rien de commun avec les petites

maîtresses de nos jours. Les voitures n'étaient pas inventées, les litières étaient réservées aux princesses,
aussi les femmes faisaient à cheval de longues courses
qui n'étaient pas sans péril. Elles devaient se défendre
contre les agressions, contre les sièges, contre les surprises de ceux qui en voulaient à leur fortune ou à
leur personne, ce qui faisait de la vie une lutte continuelle, alors qu'aucune existence n'était en sûreté,
pas plus derrière les hautes murailles d'un couvent
que sur les hauteurs d'un manoir féodal. Sur des
organisations semblables que pouvaient produire
quelques coups de bâton? ils ne déchiraient ni l'épi-
derme ni l'amour-propre.

En un mot, la femme était traitée comme un enfant
ignorant et capricieux. Si le légiste Beaumanoir dit
qu'il est permis « de battre sa femme jusqu'à effusion
de sang, et sans que, la mort s'ensuive », c'est parce
que le mari est responsable de sa conduite, et qu'il
doit avoir un moyen de coercition. Ce droit est af-
firmé par cent textes divers; il était adouci dans la
pratique, il est vrai, et les confesseurs expliquaient à
leurs pénitents que, lorsque saint Paul avait conseillé
aux maris de corriger leurs femmes, il entendait par
là la correction au moyen de l'Écriture sainte. Mais
le droit n'en subsistait pas moins en entier; et lorsqu'un seigneur voulait attirer des habitants dans une
ville qu'il fondait, il leur accordait diverses franchises,
parmi lesquelles figurait le droit de battre sa femme.
Telle est l'origine de toutes les cités portant le nom
de *Villefranche*, et dans les chartes desquelles vous
retrouverez cette mention. Les proverbes, les apolo-

gues, les contes, les comédies témoignent de la géné-
ralité de cet usage : « Les châtaignes mises au feu
pètent et crèvent si elles ne sont pas fendues, les
femmes pleurent si elles ne sont point battues », disait-on à Montpellier. « Les femmes sont comme les
côtelettes, plus elles sont battues plus elles sont tendres », disait-on ailleurs. Les prédicateurs du
treizième siècle récitaient en chaire le fabliau du *Vilain mire*, d'où Molière a tiré son *Médecin malgré
lui;* et le conte du *Pont aux ânes,* le plus populaire
de tous, était répété à toutes les veillées.

Or, voici ce que disait ce conte : C'est l'histoire
d'un mari qui a une femme acariâtre et incorri-
gible, et qui va consulter l'ermite. « Rends-toi
près du pont, lui dit le saint homme, et là tu appren-
dras ce que tu dois faire. » Notre homme y court, se
poste à l'entrée du pont, et passe la journée sans
apercevoir personne. Il commençait à désespérer,
lorsqu'il voit venir un paysan accompagné de son
âne. Arrivé sur le bord du pont, l'animal s'arrête et
refuse obstinément d'aller plus loin. Son maître a
beau le caresser, le menacer, lui offrir des chardons,
rien n'y fait. Saisissant alors un gros gourdin, le
paysan frappe à tour de bras sur le dos de l'âne, qui
se montre sensible à ces arguments et qui passe le
pont sans broncher.

Pour ne pas trop se scandaliser de pareils procédés,
il faut se souvenir combien les femmes de cette époque étaient ignorantes, paresseuses, gourmandes et
babillardes, n'ayant pour faire contrepoids à tous
leurs défauts naturels qu'une dévotion routinière et

mal entendue ; vivant presque toujours entre elles,
comme les Athéniennes dans le gynécée, privées de
cet élément civilisateur que leur apporte le contact
régulier de l'homme, et par les idées plus sérieuses
qu'elles en reçoivent, et par le désir de plaire qui les
transforme et les perfectionne. Ces mœurs ne sont pas
si éloignées de nous. Ne rencontrons-nous pas chaque jour des femmes qui se rapprochent de ce type
auquel elles ont été ramenées par le milieu dans lequel elles vivent ? En les voyant si sottes, si futiles, si
vaines, et en même temps si présomptueuses, on serait tenté d'imiter ce bourgeois du treizième siècle,
qui écrivait chaque matin sur son journal : « Deux
deniers pour le logement ; deux deniers pour la
nourriture ; deux deniers pour l'habillement ; deux
deniers perdus, donnés à ma femme. » Et on n'est
plus étonné de voir les almanachs, qui étaient alors
la sagesse des nations, porter les rubriques suivantes : *Bon se purger.* — *Bon se faire les ongles.*
— *Bon mettre des ventouses.* — *Bon battre sa
femme.*

Et puis, d'ailleurs, les femmes aiment à être battues ; ce n'est point là un paradoxe, mais un fait at-
testé par de nombreux témoignages historiques. Aujourd'hui encore, dans l'Albanie et dans certaines
parties de la Russie, les femmes regardent les coups
comme une preuve d'affection, et ne se croiraient pas
aimées de leur mari s'il ne recourait de temps à
autre à cet argument irrésistible. « Encore s'il m'aimait ! » s'écriait une femme qui venait d'être rudement corrigée. Cela vient-il de ce qu'il ne déplaît pas

aux femmes de voir l'homme agir en souverain maître ? Faut-il en chercher la cause dans leur prédilection pour les sensations vives, pour les émotions
extrêmes ? Ou bien la satisfaction de voir le coupable
s'agenouiller et demander pardon, le plaisir d'être
aimée avec tant de violence, les délices de la réconci-
liation procurent-ils des jouissances qui l'emportent
sur toute autre considération ?

Peu importe la cause : un fait certain c'est que les
femmes les plus altières, les plus hautaines, n'ont été
domptées que par ce moyen, et tous les grands séducteurs y ont recouru avec succès. Riom, qui était le
garçon le plus doux, le plus égal dans toutes ses
relations, battait impitoyablement la duchesse de
Berry : il n'avait trouvé que ce moyen de triompher
de son caractère impérieux. Tilly, un des séducteurs
les plus célèbres du siècle dernier, donnait devant
témoins des coups de cravache à la belle madame de
Craven, et se l'attachait de cette façon. Biren repoussait à coups de pied l'impératrice Anne, qui se traî-
nait à ses genoux pour obtenir la grâce de quelques
condamnés. Le prince de la Paix battait Marie-
Louise, femme de Charles IV, et par ce moyen main-
tenait l'ascendant qu'il avait sur elle. Guillaume le
Conquérant avait vainement épuisé toute son éloquence pour décider la belle Mathilde, comtesse de
Flandre, à lui donner sa main ; un jour il la rencontre dans les rues de Bruges, il la rosse comme il
aurait rossé un de ses valets, et elle consent à l'é-
pouser. Aux psychologues à expliquer ces faits en apparence contradictoires, surtout chez un sexe dont on

peut plus impunément froisser la robe que l'amour-
propre, ce qui n'est pas peu dire.

Depuis que le mariage existe, un problème lui a
été posé, qu'il n'a pas encore résolu, celui de lui faire
tenir toutes les promesses qu'il semblait faire, d'obtenir de cette union de deux individus de sexe différent la réalisation de tous les désirs qui les poussaient
l'un vers l'autre. Rien n'a été inventé de plus ingénieux et de plus vrai que l'histoire de ce jeune homme
qui va se marier et qui vient demander à un peintre
une figure allégorique représentant l'Hymen. Le tableau achevé, il vient le voir : « Mais ce n'est pas
cela ! s'écrie-t-il ; l'Hymen est bien plus beau que
cela, il faut le retoucher. » Le peintre met le tableau
dans un coin, sans s'en occuper autrement. Au bout
d'un mois, nouvelle visite de l'amateur. « Voilà qui
est mieux, s'écrie-t-il en regardant le tableau auquel
pas un coup de pinceau n'avait été ajouté ; mais
il me semble quelque chose qui ne ressemble pas
bien : revoyez ça ! » Au bout de trois mois, il revient
chercher son tableau, toujours resté intact. « Qu'avez-
vous fait, malheureux ! vous avez exagéré en sens
contraire, et jamais l'Hymen ne fut aussi beau que
vous l'avez fait ! »

En d'autres termes, la nature nous a tendu un
piège ; elle a imité Mentor qui pousse Télémaque
dans les flots, certain que l'instinct de la conservation
lui apprendra à nager ; elle a poussé les deux sexes
l'un vers l'autre par un attrait irrésistible ; puis elle
les a abandonnés à eux-mêmes, leur laissant le soin
de se débrouiller. On a bien essayé, on a tordu le

nœud conjugal de cent façons différentes, et, malgré cela, tous les siècles sont venus se plaindre les uns après les autres. « Avant d'être marié il léchait la trace de mes pas, aujourd'hui il me fait labourer », répètent les femmes avec la jeune Arabe du désert.

> Elle a l'esprit, elle a le cœur,
> La nature a paré son âme
> De mille vertus. En honneur,
> C'est un trésor... mais c'est ma femme!

disent les hommes avec Demoustier. Ceux qui les ont le plus aimées, ceux qui ont fait d'elles leur société habituelle, sont forcés d'avouer que leur compagnie offre toujours une lacune. « J'apprends que vous avez épousé une très jolie femme, et de plus une très bonne créature, écrivait Byron à un de ses amis. Mais, dites-moi, comment passez-vous vos soirées ? voilà une question diabolique, et peut-être aussi difficile à résoudre avec une maîtresse qu'avec une femme. » C'est ce Byron dont le domestique disait : « C'est drôle, je n'ai jamais connu de femme qui ne menât mon maître à sa guise, excepté milady. »

Cette désillusion et cette lassitude presque fatales et inévitables tiendraient-elles à la nature même du mariage, que Diogène traitait si cavalièrement, lorsque, répondant à quelqu'un qui lui demandait s'il fallait prendre femme, il disait : « Si elle est riche, elle te dominera ; si elle est pauvre, elle te ruinera ; si elle est laide, elle te déplaira ; si elle est belle, elle te trompera. » Cela tiendrait-il à l'inconstance même de notre nature, qui n'attache plus de prix à un objet qu'il possède ? « Voulez-vous cesser d'aimer ? possédez l'objet aimé », disait Marguerite de Navarre. Et saint Augustin, qui, lui aussi, connaissait le cœur humain, écrivait en parlant de nos désirs : « *Eunt ut non sint*, ils vont afin de ne plus être. » Le comte de Montausier fait pendant dix ans la cour à la belle Julie d'Angennes, et, quelques mois après l'avoir épousée, il la trompe avec sa servante. Cela viendrait-il de ce que notre imagination a prêté à la femme désirée des qualités et des vertus qu'elle n'a pas ? « Nous prenons les femmes pour ce qu'elles ne sont pas, nous les laissons pour ce qu'elles sont », a dit un philosophe. Rien ne résume mieux l'histoire du mariage que celle de cet individu qui depuis vingt ans allait passer la soirée chez une vieille amie. Sa femme meurt, et il s'empresse de l'épouser. Le matin même du mariage, il se dit tout pensif : « Et maintenant, où passerai-je mes soirées ? »

Cette soif d'imprévu, de nouveau, d'inconnu, que les femmes doivent bien connaître, puisque c'est elle qui allume dans leur imagination les rêves romanesques, ce besoin de renouveau que Louis XIV exprimait d'une façon si vive à Bossuet par son histoire du pâté d'anguilles, les femmes se mettent-elles assez en peine de le satisfaire ? Beaucoup s'installent comme des reines fainéantes, attendant les adorations, immobiles comme une statue hindoue. Beaucoup répondraient comme la fille de Diderot : « Nous aimons mieux être aimées un peu par beaucoup de gens, que beaucoup par un seul. » Quelques-unes, il est vrai, se donnent souci pour plaire à leur mari, tout comme si le lien conjugal ne les liait pas ; et voici le témoignage d'une femme d'esprit, madame Fuzin de la Martinière, qui écrivait à une de ses amies : « J'entends le cher époux qui gratte à la porte. Eh ! mon Dieu ! que me veut-il, à une heure après minuit ?... J'ai échappé au séducteur ! C'est une bonne politique en ménage de savoir s'éclipser à propos. Mon système est qu'une femme doit toujours commencer par se défendre avec une apparence de sincérité, et puis se rendre de bonne grâce. Alors le mari se fait illusion ; il croit jouir de tout le bonheur que procure une amante délicate et sensible ; dans l'examen il reconnaît qu'il a une épouse tendre et ingénieuse. Ah ! ma chère, que tous ces raffinements font adorer les entraves de l'hymen ! Mais qu'ils font aussi éclore de sujets à l'État ! »

Mais, hélas ! ces femmes ne sont que l'exception ; la majeure partie s'écrient avec Marie Leczinska : « Toujours coucher ! toujours grosse ! toujours accoucher ! » Ce n'est point la race de ces femmes vaillantes qui répètent ce que Porcie disait à Brutus : « Quand je t'ai épousé, ce n'est pas seulemen pour être à côté de toi au lit et à table, mais pour prendre ma part du bien et du mal qui pourrait t'arriver. » Bien peu se souviennent de ce beau serment qu'elles avaient prononcé en recevant l'anneau nuptial : « Je te prends à mon époux et mari, et je te promets que je te porterai foy et loyauté de mon corps et de mes biens, et cy te garderai sain et malade, en quelque estat qu'il plaise à Dieu que tu sois : ne pour pire, ne pour meilleur ne te changerai jusqu'à la mort. » A

quoi le mari répondait : « De cet anel t'épouse, de
mon corps t'honore, de mon bien te doue ! » Le
moyen âge, qui avait trouvé des formules si poétiques,
ne trompait pas la femme sur l'avenir qui l'attendait.
« Ma mère, qu'est-ce que se marier ? demande une
fille dans un vieux proverbe. — Mon enfant, c'est
pleurer, enfanter et filer. »

Mais jamais les femmes n'ont voulu l'entendre de
cette façon ; aussi toutes pouvaient-elles dire avec
madame d'Houdetot : « Je me mariai pour aller dans
le monde, pour voir le bal, l'opéra, la promenade
et la comédie ; je n'allai point dans le monde, je
ne vis rien et j'en fus pour mes frais. » Des deux
côtés il y a eu désillusion, parce que des deux côtés
on a demandé au mariage ce qu'il ne pouvait pas
donner : « Un bon mariage, s'il en est, a dit Montaigne, refuse la compagnie et les conditions de
l'amour ; il tasche à représenter celles de l'amitié.
C'est une doulce société, pleine de constance, de
fiance et d'un nombre infini d'utiles et solides offices
et obligations mutuelles. » L'amitié, voilà la condition vraie du mariage ; cette manière de l'envisager
est un progrès sur celle de jadis, qui ne le considérait
que comme un contrat purement d'affaires. Mais
qu'est-ce que l'amitié ? Un jour qu'on posait cette
question à Pythagore, il répondit : « L'amitié, c'est
l'égalité. » Égalité dans la fortune, égalité dans la
naissance, égalité dans l'instruction surtout, afin que
les esprits et les âmes puissent être communes comme
le sont les corps. Or, c'est cette égalité vers laquelle
tendent aujourd'hui tous les efforts : n'est-ce pas cher-

cher à améliorer le sort de l'homme et de la famille
tout aussi bien que celui de la femme ?

De quelle façon ces mariages étaient-ils contractés ?
Quelle part y avaient l'amour et l'inclination réciproque ? Aucune ; et ceux qui vantent le passé, qui le
présentent comme un âge d'or où les cœurs se cherchaient, où les sentiments s'unissaient, commettent
une grosse erreur historique. Quand le père cessa de
vendre sa fille, alors il la donna, mais il la donna
selon les inspirations de son intérêt, de son amitié ou
de son caprice, en disposant toujours comme d'une
chose à lui appartenant. De là ces fiançailles dès le
berceau, si fréquentes qu'elles étaient la règle et non
l'exception. On les retrouve dans la Bible aussi bien
que dans Homère, chez les Grecs aussi bien que dans
l'Europe moderne. Le droit féodal avait hérité du
droit paternel, le seigneur mariait les filles de ses
vassaux, les rois mariaient les filles des seigneurs de
leur cour ; mais ce qui paraissait naturel et même
logique chez Louis XIV, était une monstrueuse usur-
pation de pouvoir chez Napoléon, car alors la constitution de la famille avait changé.

Quand nous nous plaçons au point de vue exclusif
de nos idées modernes, nous sommes toujours étonnés
par le récit des mariages qui se pratiquaient encore au
siècle dernier. On venait un jour chercher une jeune
fille dans son couvent, on lui mettait une robe de noce
et on la conduisait à l'église pour lui faire épouser un
mari qu'elle n'avait jamais vu. Parfois il arrivait
qu'au sortir de l'église, le mari disait à sa femme,
comme le fit le comte de Kiuski, dont madame Vigée

Lebrun parle dans ses Mémoires : « Madame, j'ai obéi à mes parents en vous épousant, mais comme ils ne m'avaient pas consulté et que j'avais des engagements antérieurs, vous trouverez bon que je suive mon inclination. » Et, montant dans une berline qui l'attendait et dans laquelle se trouvait une femme voilée, il disparaissait, abandonnant sa jeune femme au hasard de la vie. Cette scène, renouvelée tous les jours, n'éveillait pas chez celles qui en étaient victimes les plaintes et les déclamations que les romanciers et les dramaturges leur mettent dans la bouche. Habituées à cet état de choses, elles pouvaient en souffrir, mais sans penser même à la possibilité de son changement ; elles s'en arrangeaient comme elles pouvaient, se contentant de répondre comme les Italiennes auxquelles on reprochait d'avoir des amants : « Nos pères nous ont mariées comme ils ont voulu, maintenant à nous d'agir comme nous le voulons. »

Dès le jour où elle était promise, la fiancée appartenait à sa nouvelle famille ; souvent on la lui livrait tout enfant, et elle était élevée avec celui dont elle devait partager l'existence. Cet usage était fréquent pour les unions royales. Catherine d'Aragon fut dès l'âge de sept ans envoyée à la cour du roi d'Angleterre Henri VII, dont elle devait épouser le fils aîné. Ce prince étant mort, Henri VII la garda pour la marier à son second fils, qui fut Henri VIII. Les déboires, les privations, qu'elle eut à supporter dans cette cour étrangère, et qui étaient seulement un prélude des malheurs qui l'attendaient plus tard, ont fait une reine! Sainte Elisabeth de Hongrie passa également son enfance à la cour du roi de Thuringe, dont le fils lui était destiné, et elle eut beaucoup à souffrir de l'humeur impérieuse de sa belle-mère.

Et pourtant ces unions, qui semblaient offrir tant de garanties contre les revirements de la fortune, venaient parfois à se rompre pour des motifs identiques à ceux qui les avaient formées. L'infante espagnole qui devait épouser Louis XV était élevée avec lui à Versailles; les deux cours s'étant brouillées, la jeune princesse fut renvoyée, offense très vivement sentie par l'orgueil espagnol. Pour éviter de semblables hasards, quelquefois on mariait les enfants dans un âge très tendre; et le ministre Dumoulin, voyant venir à lui une petite mariée de six ans, demanda naïvement: « Présentez-vous cette enfant pour être baptisée? » Après le mariage, les deux époux étaient séparés: le mari retournait au collège, la femme à son couvent, avec tout l'attirail de poupées qui avaient figuré dans sa corbeille, jusqu'au jour où les parents jugeaient convenable de les livrer à eux-mêmes, situation qui donnait parfois au mariage tout le piquant du roman. Ainsi fut-il fait pour le duc de Bourgogne, et le récit de Saint-Simon montre combien les mœurs et les idées se sont modifiées.

« Dès que la duchesse de Bourgogne fut au lit, Mgr le duc de Bourgogne entra et se mit dans le lit à sa droite, en présence des rois et de toute la cour; puis tout le monde sortit de la chambre nuptiale, excepté monseigneur, les dames de la princesse et le duc de Beauvilliers, qui demeura toujours au chevet du

5

lit, du côté de son pupille, et la duchesse du Lude de l'autre. Monseigneur y demeura un quart d'heure avec eux à causer, sans quoi ils eussent été assez empêchés de leur personne; ensuite il fit relever monsieur son fils, et lui fit embrasser la princesse, malgré l'opposition de la duchesse du Lude. Il se trouva qu'elle n'avait pas tort; le roi le trouva mauvais et dit qu'il ne voulait pas que son petit-fils baisât le bout du doigt de sa femme avant qu'ils fussent tout à fait ensemble. Il se rhabilla dans l'antichambre, à cause du froid, et s'alla coucher chez lui à l'ordinaire. Le petit duc de Berry, gaillard et résolu, trouva bien mauvaise la docilité de monsieur son frère, et assura qu'il serait demeuré au lit. »

Le lien des fiançailles était presque aussi inviolable que celui du mariage; la fiancée qui devenait infidèle commettait une sorte d'adultère; celle qui perdait son fiancé restait plus fidèle à sa mémoire qu'une veuve à celle de son mari. Quoi de plus naturel? elle avait connu l'espérance et ignoré la désillusion! tandis que celle qui avait passé sa vie dans l'union, même la plus heureuse, avait pu se convaincre de la vérité de ce proverbe: « Aimer n'est pas sans amer! » Quand Aude, la belle fiancée de Roland, paraît devant Charlemagne, celui-ci, pour la consoler, lui offre la main d'un des plus riches seigneurs de sa cour; cette seule pensée fait monter l'indignation à sa face, et elle tombe morte aux pieds du roi, protestant ainsi de son inébranlable fidélité au souvenir de son amant. Dans une légende scandinave un guerrier mourant laisse tous ses biens à sa fiancée: « Mes sœurs et mes frères, dit-il, trouveront qui les console, mais elle, la voilà seule dans la vie. »

En Orient, où les deux sexes ne se voient pas, où le marié n'aperçoit la figure de sa fiancée qu'en soulevant son voile, le soir même des noces et alors que tout est irréparable, les mariages se font par des entremetteuses. Cet office, médiocrement estimé chez nous, apporte au contraire une grande considération à celle qui l'exerce, lui attire la confiance des familles dont elle possède les secrets, dont elle connaît la fortune. Et au fond, les mariages contractés de cette façon valent bien ceux contractés autrement. Toutefois il ne faudrait pas croire que l'Oriental se marie ainsi en aveugle; la plupart du temps il connaît les traits de celle qu'il doit épouser. Il n'est pas de voile si jaloux qui ne puisse s'abaisser à un moment donné; et c'est surtout en Orient qu'est vrai le proverbe : « Le renard sait bien des choses, mais la femme amoureuse en sait plus encore! » Or, en Orient toutes les femmes sont amoureuses, elles n'ont pas d'autre occupation. Elles savent montrer leur visage à l'amant qu'elles préfèrent, comme les Australiennes savent se laisser devancer à la course par celui qu'elles veulent favoriser dans cette épreuve, qui sert de prélude au mariage, comme les Lacédémoniennes savaient reconnaître leur amant dans le souterrain où on les faisait entrer pour les marier.

Cette coutume des Lacédémoniens est certainement une des formes les plus originales du mariage, une de celles qui prouvent le mieux à quel point de vue exclusivement pratique les législateurs le considéraient jadis. A certains jours donnés, on faisait entrer dans une vaste pièce obscure les jeunes gens et les jeunes filles ; chacun étendait la main, et celle qu'il avait saisie était l'épouse donnée par le sort. Si l'amour est aveugle, il y voit dans les ténèbres, et dans ces occasions jamais il ne se trompait. Comme les mêmes besoins font recourir aux mêmes façons d'agir ! Les intendants russes, gens également très pratiques et intéressés à augmenter la population, avaient imaginé un système à peu près semblable. A certains jours de fête, ils réunissaient les serfs et les serves, ils les enivraient et leur faisaient contracter un mariage que le pope bénissait séance tenante. L'intérêt particulier poussait à des mariages non moins étranges. Aujourd'hui encore dans le *mir* russe, c'est-à-dire dans la commune qui fait la base de toute l'organisation sociale, les terres sont partagées tous les cinq ans entre les diverses familles, et la quantité accordée à chacune est en proportion avec le nombre de ses membres. Or il n'est pas rare de voir, dans l'assemblée de partage, une jeune femme tenant un enfant sur ses bras : vous le prendriez pour son fils, erreur ! c'est son mari. Ne pouvant en trouver de plus âgé, elle s'est contentée de celui-là pour avoir un plus gros lot de terrain. Des mariages aussi singuliers, mais pour des motifs tout différents, se rencontrent également en Palestine. Dans cette région se trouve une secte de Samaritains, qui ont pour principe de ne se marier qu'entre eux ; là, on est obligé d'attendre qu'une femme soit disponible ; et il arrive parfois à un homme de vingt ans de prendre une femme de cinquante, et après elle une fillette de onze ans.

D'ailleurs sur ce sujet chaque peuple a ses habitudes et ses idées, qui nous semblent singulières uniquement parce qu'elles ne sont pas les nôtres. En Transylvanie, chaque année, au 13 juillet, a lieu une grande foire, à laquelle les pères amènent leur fille, traînant dans un immense chariot les objets qui constituent sa dot et son mobilier. « Qui veut se marier ? » crient-ils, et aussitôt les prétendants d'accourir, de discuter, de faire leurs conventions, de conclure et d'emmener leur acquisition. Ce mariage est peut-être plus sensé que beaucoup de ceux qui se pratiquent chez nous. Quelle différence y a-t-il entre voir sa fiancée dans la salle de l'Opéra-Comique ou dans un champ de foire? Dans ce dernier cas le futur du moins n'est jamais trompé, il palpe les objets qui serviront de dot à sa femme, il peut en prendre livraison tout de suite; les choses se passent-elles avec autant de régularité dans notre élégante civilisation? En Abyssinie, autre coutume qui a bien sa raison d'être: les fiancés sont enfermés six mois dans une cabane, afin de s'assurer qu'il n'y a pas d'incompatibilité d'humeur entre eux : le mariage se fait seulement après cette épreuve. En Suisse, en Allemagne, les fiancés voyagent ensemble, et vivent pendant trois ou quatre ans sur le pied de l'intimité: il est rare qu'un mariage vienne à se rompre.

Cette facilité accordée au père de famille de disposer en toute liberté du sort de sa fille avait des inconvénients de plus d'un genre. D'abord celle-ci ne se trouvait pas liée par des promesses qu'on avait faites en son nom et sans la consulter ; elle ne se croyait obligée à aucun sentiment vis-à-vis de l'homme auquel on l'avait unie sans lui demander son assentiment ; elle tenait le même raisonnement que les cadets de famille, destinés dès leur berceau aux dignités ecclésiastiques, et qui ne montraient nul souci d'observer des vœux qu'ils n'avaient pas librement prononcés. Ensuite, les pères de famille pouvaient céder plus facilement à ce mouvement d'égoïsme qui les pousse à ne pas marier leurs filles, afin de les garder plus longtemps près d'eux. Aussi, un proverbe leur disait : « Marie ta fille, ou elle se mariera ! » Et cette vérité était si généralement admise, que la jeune fille non mariée à vingt-cinq ans, et qui devenait grosse, ne pouvait être privée de sa terre par son suzerain, sur qui retombait la faute de ne pas l'avoir encore pourvue d'un mari. Avec la constitution actuelle de la famille, on ne doit plus craindre le retour de semblables faits ; les liens qui unissent les pères aux enfants sont tellement ténus qu'ils finiront par se rompre infailliblement. Plus nous irons et plus la femme deviendra maîtresse de sa destinée : liberté absolue pour elle de choisir son mari, ce qui la rendra plus sérieuse, ce qui moralisera le mariage, ce qui y ramènera cette égalité sans laquelle il ne saurait être qu'une union imparfaite. Les pessimistes diront que la femme se montrera légère et futile, ils répéteront ces vers du poète :

Pour une qui se prend par l'âme,
Mille se prennent par les yeux.

Ce sont là de vaines craintes; ce sont là des épigrammes plutôt que des raisons sérieuses. Lorsque
la femme sent une responsabilité peser sur elle, elle
devient grave et réfléchie; sa légèreté vient en grande
partie de l'état de sujétion ou d'infériorité dans lequel
elle a été tenue. Elle s'est permis des caprices tant
qu'elle n'en a pas supporté les conséquences; mais
dès qu'il en sera autrement on la verra changer du
tout au tout. C'est que les femmes sont plus pratiques
que les hommes, c'est qu'elles attachent à l'argent
un prix d'autant plus grand qu'elles n'ont pas la facilité d'en gagner et qu'elles en sentent un impérieux
besoin pour satisfaire leurs fantaisies. On a vu des
rois épouser des bergères, on n'a jamais vu de reines
épouser des bergers. Les hommes qui leur plaisent,
elles en font de grands seigneurs, comme les reines
d'Espagne, comme les impératrices de Russie; elles
les précipitent dans l'Euphrate, comme Sémiramis,
dans la Seine, comme la princesse de Bourgogne, dans
le Nil, comme la fille de Méhémet-Ali; elles les com-
blent d'honneurs et de dignités, elles leur abandonnent leurs peuples à piller et à pressurer, mais elles
se gardent bien de partager le trône avec eux. C'est
que pour elles il y a quelque chose au-dessus de l'a-
mour : c'est la domination.

Quel est l'idéal que chaque siècle s'est fait de la
femme? Car, avec les mœurs, les idées se sont trans-
formées; et cette sentence du poète grec : « C'est un
blâme secret que la louange d'une femme dans toute
autre bouche que celle de son mari » ; ou bien ce
vers de Sophocle : « Le silence est le plus bel orne-

ment de la femme », n'ont plus leur raison d'être
dans notre société moderne, où la vie de la femme est
aussi ouverte, aussi extérieure, qu'elle était autrefois
retirée et cachée. Ce type de la femme idéale a changé
bien des fois : « Il n'y a d'autre dieu sur la terre
pour la femme que son mari, disent les livres sacrés
de l'Inde ; la plus excellente de toutes les bonnes
œuvres qu'elle puisse faire, c'est de chercher à lui
plaire, en lui montrant la plus parfaite obéissance, ce
doit être là son unique dévotion. Qu'il soit contre-
fait, vieux, infirme, repoussant par ses manières
grossières ; qu'il soit violent, débauché, sans conduite,
ivrogne, joueur ; qu'il fréquente les mauvais lieux,
vive en concubinage avec d'autres femmes, ne prenne
aucun soin des affaires domestiques et coure sans
cesse de côté et d'autre comme un démon. Qu'il vive
sans honneur, qu'il soit aveugle, sourd, muet ou dif-
forme. En un mot, quelque défaut qu'il ait, quelque
méchant qu'il soit, une femme, toujours persuadée
qu'il est son dieu, doit lui prodiguer ses soins, ne
pas faire attention à son caractère, ne lui donner
aucun sujet de chagrin. »

Rapprochez de la femme hindoue la femme forte
des Proverbes de Salomon : « Qui trouvera la femme
forte ? Il n'est pas de trésor supérieur à celui-là ; en
elle se repose le cœur de son mari, et il n'est pas
trompé, elle le comble de joie tous les jours de sa vie.
Elle travaille la laine et le lin, et elle le fait avec des
mains joyeuses. Elle se lève quand il est encore nuit,
pour distribuer les provisions à sa maison, et le travail à ses servantes. Elle ceint ses reins de force, et

réconforte ses bras. La vertu et le courage lui servent de vêtement. Ses fils la proclameront heureuse, son mari lui donnera des louanges, ses filles recevront de grandes richesses. Trompeuse est la grâce, vaine est la beauté, mais la femme qui craint le Seigneur sera louée éternellement. » Cet idéal est supérieur à celui des livres sacrés de l'Inde. C'est que chez les Sémites la femme n'est pas esclave; c'est qu'elles sont fières et courageuses ces Juives qui ont compté dans leurs rangs Débora, Judith, Athalie, Jézabel, cruelles peut-être, mais pas plus que les prophètes qui leur faisaient de l'opposition. C'est que, il faut bien l'avouer, ce type si désirable, Salomon en parle avec une sorte de désespoir, répétant à chaque phrase : « La femme forte, qui la trouvera ? »

Les Lacédémoniens demandaient à la femme d'être grande et bien faite, d'exceller à la course et dans les autres exercices du corps, de donner à l'État des enfants bien constitués. A Athènes, au contraire, ainsi qu'à Rome, la femme n'avait que deux devoirs à remplir : garder la maison et filer la laine pour fabriquer des vêtements à son époux. La sœur d'Horace était en train de fabriquer un vêtement pour son fiancé Curiace quand elle apprit sa mort ; Lucrèce se livrait à la même occupation quand elle fut surprise par Tarquin. Auguste ne portait que des vêtements faits par sa femme ou sa sœur, et Charlemagne devait les siens à ses femmes et à ses filles. Une ancienne épitaphe nous trace le portrait de la matrone telle que la comprenaient les anciens : « Passant, bref est mon discours, arrête et lis. C'est ici le tombeau d'une

belle femme. Ses parents l'appelèrent Claudia. Elle
aima son mari de tout son amour ; elle mit au monde
deux fils ; elle laissa l'un sur la terre et l'autre déjà
enfermé dans le sein de la terre ; elle fut aimable dans
ses discours et noble dans sa démarche ; elle garda sa
maison et fila la laine. J'ai dit, passe. »

Combien différentes sont les règles de conduite
tracées par Christine de Pisan dans sa *Cité des
dames !* Elle leur recommande d'abord de bien observer les différences de rang, de ne pas autoriser par
leur toilette une confusion entre une dame noble et
une bourgeoise. La comtesse ou baronne doit rester
dans son manoir, tandis que son mari est occupé à
suivre la cour du prince, à voyager, à faire des expéditions guerrières. Pendant son absence elle doit
prendre autorité souveraine sur les baillifs et séné-
chaux, et de plus s'occuper de tout ce qui regarde la
terre : enfin, en cas d'agression, commander les hommes d'armes et veiller à la défense du château. Et la
plupart ne s'en acquittaient pas trop mal, et quelques-
unes soutinrent des sièges restés célèbres.

Quand l'état social est devenu plus paisible, quand
les rois ont formé une cour autour d'eux, à cette vie
militante succède une vie plus calme, dans laquelle
les exercices de l'esprit remplacent l'agitation du
corps. C'est alors qu'on demande à la femme d'être
élégante, spirituelle, de se mettre au goût du jour ;
de savoir le grec lorsque la Renaissance l'a mis en
vogue, lorsque Élisabeth d'Angleterre et les filles
de Bacon sont des hellénistes distinguées ; plus tard
elle devra devenir précieuse pour réagir contre ce qui

reste encore de l'ancienne grossièreté des mœurs. Au siècle suivant elle devra être légère, futile, toujours le sourire sur les lèvres, et Walpole dira en la voyant passer : « C'est très joli, mais que fait-on de cela à la maison? » On n'en exigera pas moins d'elle de nombreuses qualités, et le programme tracé par Henri IV à Sully était celui de beaucoup de gens. Il voulait que sa femme fût belle, sage, douce, spirituelle, féconde, riche et d'extraction royale. Et comme il sentait que de semblables conditions étaient peut-être difficiles à rencontrer, il ajoutait : « J'aimerais mieux une femme qui fît un peu l'amour qu'une qui ait mauvaise tête ! »

Heureusement que les autres peuples se montrent moins difficiles pour ces pauvres femmes. « Les cheveux longs, l'intelligence courte », disent les Turcs, qui, semblables à tous les Orientaux, recherchent chez les femmes un embonpoint que la vie du sérail est faite pour amener rapidement. Une Moldave, présentant au prince de Ligne sa fille, qui n'avait encore ni cette graisse ni ce gros ventre qui constituent la beauté, s'en excusait avec une sorte de désespoir : « Mais cela viendra bientôt, ajoutait-elle, car à présent c'est ma honte, elle est droite et mince comme un jonc. » Les Arabes n'ont qu'un mot pour faire l'éloge de la femme : « Elle n'a jamais tourné le dos à son mari », disent-ils. Quant aux Chinois, ils se montrent presque aussi exigeants que Henri IV : elle ne doit être ni stérile, ni impudique, ni désobéissante, ni bavarde, ni voleuse, ni jalouse, ni malade; surtout elle doit une obéissance aveugle au père et à la mère de son mari : une Chinoise fut répudiée pour avoir servi à sa belle-mère une poire qui n'était pas assez cuite. Sans doute les femmes pourraient retourner le mot de Beaumarchais, et dire : « A voir les qualités que les hommes exigent des femmes, combien d'eux pourraient remplir ce rôle? » Au fond il n'y en a réellement qu'une, et, jusqu'à notre époque, l'opinion générale a proclamé, comme Napoléon, que la meilleure femme est celle qui a le plus d'enfants.

Comment la femme sortit-elle de cet état d'infériorité? Comment échappa-t-elle à cette sujétion à laquelle l'avait condamnée l'homme, abusant du droit du plus fort? On voudrait en faire honneur au sentiment chevaleresque, ou tout au moins à ces idées d'équité et de justice qui sont censées faire le fond de notre nature; on voudrait en trouver la cause dans ces grands principes apportés par le progrès des idées et des lumières. Hélas! il n'en est rien : les principes suivent les faits, ils ne les précèdent pas; ils ne servent ordinairement qu'à en généraliser les conséquences. Ce qui a affranchi la femme, c'est la dot : c'est elle qui a abaissé toutes les barrières que l'amour-propre, l'intérêt et l'orgueil avaient élevées entre les diverses classes. Cet argent, cet argent maudit, comme on n'a cessé de le répéter, est l'agent le plus puissant de la civilisation; c'est lui qui a triomphé de toutes les haines, de toutes les inimitiés, même des inimitiés religieuses, les plus vivaces de toutes. En Angleterre, jusqu'à la fin du siècle dernier, les juifs étaient bannis de tous les lieux publics, étaient exclus de la vie civile aussi bien que de la vie politique. Un jour on leur accorda l'entrée de la Bourse, et cette porte ouverte leur donna accès dans toutes les autres.

Le jour où elle a apporté avec elle une somme d'argent, la femme est entrée dans le mariage, non plus comme une servante, mais comme une associée, associée qu'il fallait ménager et pour laquelle le législateur même avait des égards. Solon conseillait au mari de rendre à sa femme le devoir conjugal, mais il lui ordonnait de le rendre trois fois par mois à celle qui avait apporté une dot, estimant qu'elle méritait des attentions toutes particulières. C'est que la femme avait alors une vengeance toute prête : elle pouvait s'en aller et emporter sa dot avec elle. Lorsque les amis de Marc-Aurèle lui mettaient sous les yeux les débauches de sa femme Faustine et le pressaient de s'en séparer : « En renvoyant la femme il faudrait rendre la dot », leur disait-il, et la dot c'était l'empire. Louis VII fut moins avisé lorsqu'il se sépara d'Éléonore de Guyenne, qui porta au roi d'Angleterre les riches provinces formant sa dot : il vouait ainsi la France à une guerre qui allait durer cent ans.

Alors une sorte de revanche eut lieu pour la femme : elle avait été achetée par son mari, elle l'acheta à son tour. Ainsi prirent naissance ces mariages d'argent contre lesquels on a si souvent déclamé, et qui remontent à une très haute antiquité. Au treizième siècle, Jacques de Vitry prononçait ces paroles, répétées par les moralistes de tous les siècles : « On devrait publier les bans de seigneur un tel avec dame une telle, et, le jour du mariage, ce n'est pas la fiancée

qu'on devrait conduire à l'église, mais bien sa bourse
ou ses vaches. » Ceux qui se livrent à ces faciles déclamations oublient que tous les mariages sont des mariages d'argent, en ce sens que tous ceux qui les contractent y trouvent un intérêt d'un genre particulier;
que ces mariages ont été contractés toujours et par
tous, que les rois eux-mêmes on ont donné l'exemple :
Henri IV, épousant Marie de Médicis parce qu'il doit
de l'argent à Cosme de Médicis, et parce qu'il veut
lui en emprunter encore, fait un mariage de même
nature que le poëte Dufresny épousant sa blanchisseuse pour s'acquitter envers elle. Le mariage d'argent a du moins une compensation qui lui reste; le
mariage d'inclination, au contraire, n'a qu'une satisfaction bien éphémère et bien incertaine. Madame Vigée Lebrun va voir sa fille, mariée depuis quinze jours
à un cousin dont elle s'était éprise; cette dernière lui
montre son mari étendu dans un fauteuil et la tête
démesurément gonflée par une fluxion : « Le moyen
de conserver des illusions! » fait-elle avec un ton de
commisération dédaigneuse.

Ce désagréable retour à la prosaïque réalité attend
tous ceux qui veulent demander au mariage ce qu'il
ne saurait donner. Aussi n'y a-t-il pas de paradoxe
plus faux que la fameuse scène du *sans dot* de Molière. L'expérience a prouvé combien mensongers sont
les calculs et les raisonnements de Nérine : la femme
prise sans dot se montre d'une parcimonie sordide
pour économiser des biens qu'elle regarde comme
siens, ou d'une prodigalité folle pour goûter à des jouissances qu'elle avait longtemps rêvées sans les con-

naître. Cette dot, que les Anglais et les Américains tendent de plus en plus à supprimer, est peut-être un des éléments indispensables au bonheur du mariage et à la constitution de la famille. Un de nos observateurs les plus sagaces, M. Taine, a noté les effets produits par cette coutume en Angleterre. Le mari se sent plus libre et plus indépendant; il donne de l'argent à sa femme pour les besoins journaliers, mais il ne lui parle jamais de ses affaires : il fait ce qu'il veut et comme il le veut, et il peut ruiner sa famille sans que sa femme en sache rien, sans qu'elle puisse même s'en douter. Y a-t-il là un progrès ou un mouvement de recul? Et de semblables mœurs n'arriveraient-elles pas rapidement à briser tous les liens de famille ?

La dot a eu deux conséquences mauvaises : elle a développé le caractère hautain naturel à la femme, elle a créé les coureurs de dot, qui sont aux hommes ce que les courtisanes sont aux femmes. Il est vrai qu'ils ne tardent pas à recevoir la récompense de leur bassesse : d'après l'ancienne coutume du Languedoc, celui qui épousait une riche héritière devenait son esclave, et ce qui existait là seulement en droit, se retrouve en fait partout ailleurs. Le trait principal du caractère féminin, c'est la superbe, c'est l'instinct de la domination, et la moindre supériorité vient accroître encore ses prétentions toujours exagérées. Malheur à l'homme tombé entre les mains d'une femme qui se sent de la beauté, de la richesse ou de la naissance! Le sort du nègre courbé sous le bâton est préférable au sien. Les esclaves circassiennes, qui se savent destinées au sérail du sultan, ne souffrent pas d'être

achetées par d'autres; celui qui a l'audace d'en faire
l'acquisition trouve chez elle une si dédaigneuse hauteur, qu'il est obligé de s'en défaire. Lorsque des esclaves se montrent si orgueilleuses, que feront donc
des princesses? Les vizirs, les pachas qui ont le triste
honneur d'épouser les parentes du sultan, sont les
premiers serviteurs de leurs femmes, et celles-ci se
servent du bâton pour faire connaître leurs impé-
rieuses volontés.

Dans les pays civilisés les procédés peuvent être
moins grossiers, la servitude n'est ni moins grande,
ni moins humiliante. La princesse Stéphanie, un moment distinguée par Napoléon, se montrait très fière
de cette faveur qui aurait dû la faire rougir. Trompée
dans ses espérances et mariée au grand-duc de Bade,
elle lui laissa passer la première nuit de noces tout
entière sur une chaise; et pour que cette scène ne se
renouvelât pas les nuits suivantes, Napoléon dut
faire comprendre à la grande-duchesse l'intérêt qu'il
y avait pour elle à avoir des enfants. Combien d'autres princesses pourrait-on rapprocher de celle-là? La
princesse Élisa et le duc de Bacciocchi, la fille du Régent et le duc de Modène, Anne de Beaujeu et
Pierre de Bourbon, la fille d'Auguste, Julie, et son
mari Agrippa. Et enfin une des plus célèbres de
toutes, cette Sabine qui reprochait sans cesse à Adrien
l'empire qu'elle lui avait apporté en dot : la mésin-
telligence entre les deux époux devint telle, que Sabine se vantait publiquement de n'avoir pas voulu
donner des enfants à son mari, afin de ne pas mettre
des monstres au jour; et qu'Adrien mourant força

sa femme à s'empoisonner, pour qu'elle ne pût jouir de l'empire après lui. Il avait raison, le sage qui disait : « Monte un degré pour choisir un ami, descends-en un pour prendre une femme ! »

Souvent la seule dot apportée par la femme était cette beauté, que Théophraste appelait une tromperie muette, Théocrite un beau mal, Carnéades une reine sans gardes, Hobbes une promesse de bonheur, et qui a toujours été entre les mains de celles qui l'ont possédée un instrument d'irrésistible domination. Le monde moderne ne lui a pas été moins soumis que le monde antique, qui avait du moins l'excuse d'une religion plus sensuelle. Ce dernier peut invoquer cette Hélène, dont la vue seule faisait oublier aux vieillards de Pergame les malheurs de leur patrie, et qui était si inviolable que le poète Stésichore fut frappé de cécité pour avoir maudit sa beauté ; puis ses fêtes et ses concours de beauté dans lesquels on s'écrasait pour voir le beau Myrsilus. Le monde moderne n'est pas en reste de galanterie. La beauté de Laure ne frappa pas seulement Pétrarque ; le roi Robert, la rencontrant dans une assemblée, la fit mettre à une place qui était au-dessus de son rang et de son âge, la baisant devant tous sur la bouche et sur les yeux. Dans son entrevue à Bologne avec François Ier, Léon X donna un diamant à Marie Gaudin de la Bourdaisière, dont l'éblouissante beauté l'avait séduit. A Toulouse, la belle Paule était pour ainsi dire une propriété de la ville, et les honneurs qu'on lui rendait égalèrent ce que l'antiquité vait imaginé de plus extraordinaire. « N'êtes-

vous pas heureuse de pouvoir à votre gré inspirer un
sentiment absolu à qui vous a vue seulement une fois?
disait madame de Staël à madame Récamier. Je ne
connais sur cette terre rien qui doive autant plaire à
l'imagination, et même à la sensibilité, car on est
toujours sûre ainsi de plaire à ce qu'on aime. » L'auteur de *Corinne* aurait donné toute son éloquence
pour la beauté de sa séduisante amie.

Eh bien, cette beauté, objet de tant de convoitises,
il n'y a jamais eu que des imprécations contre elle
et contre ses funestes résultats. « As-tu des armes
et un cheval pour la défendre ? » demandait un
philosophe grec à un mari qui se promenait fier de
la beauté de sa femme. Quand les Australiens ont
une fille qui est jolie, ils pleurent au lieu de se ré-
jouir, en pensant qu'elle sera enlevée, disputée,
battue, défigurée même par des rivaux jaloux. C'est
le sentiment qu'exprimait d'Argenson en disant de sa
fille : « Elle est bien jolie, il faut espérer qu'elle nous
donnera bien du chagrin. » Enfin, chez nous, la sagesse des nations a proclamé bien haut et à plus d'une
reprise le même sentiment : « jamais beauté de femme
n'enrichit homme », prétend un vieux proverbe.
Aussi voyait-on les sages dire avec Socrate que c'était
une tyrannie de peu de durée ; ou bien imiter Sophocle et Montaigne bénissant la vieillesse de les
arracher à son insupportable tyrannie.

Il est une question à laquelle on ne peut se dispenser de toucher dans un livre comme celui-ci, mais
que les plaisanteries du dix-huitième siècle ont rendue
difficile à traiter: c'est celle du devoir conjugal, dont

se sont occupés les législateurs et les religions de toutes les époques, et que dans nos anciens livres de jurisprudence on appelait *Dette de mariage*. Le mariage, que les poètes et les romanciers ont envisagé sous tant de façons différentes, était regardé autrefois comme une charge, comme un devoir dont chacun devait s'acquitter. De là ce singulier usage chez les Lacédémoniens, qui, à un jour donné, permettait aux femmes de souffleter en plein théâtre les célibataires. Ce n'était point la bride lâchée à la malignité féminine, se vengeant de ceux qui avaient voulu se soustraire à ses traits; c'était une sorte d'affront public infligé à ceux qui n'avaient pas rempli leur devoir envers l'État: de là la loi interdisant le vote aux citoyens qui n'avaient pas d'enfants légitimes; de là les nombreuses mesures prises contre les célibataires, et dont on retrouve un écho éloigné dans ce qui se passe de nos jours en Amérique. Dans les chemins de fer, sur les bateaux à vapeur, certains compartiments plus confortables que les autres sont réservés aux individus voyageant avec leur femme; aussi à plus d'un arrive-t-il d'emmener avec lui sa cuisinière, afin de profiter des faveurs accordées aux gens mariés. Ce n'est point l'esprit de galanterie qui a poussé les Américains, c'est une idée plus pratique, celle d'encourager au mariage.

Il n'est donc pas étonnant que les législateurs et les philosophes se soient occupés des moyens d'arriver à leur but, c'est-à-dire de la question du devoir conjugal. Cela était si vrai que les anciens avaient trois sortes de femmes : l'épouse légitime, pour avoir

des enfants, pour perpétuer l'espèce ; l'hétaïre, pour
le plaisir de la société, de la conversation, plaisirs
qu'ils ne trouvaient pas dans leur intérieur ; la concubine, réservée uniquement aux jouissances grossières et sensuelles. Solon conseillait aux maris de
rendre le devoir conjugal à leur femme dans le but
d'entretenir l'amitié ; mais il ordonnait de le rendre
trois fois par mois à celles qui avaient apporté une
dot, celles-ci lui paraissant y avoir plus de droit que
les autres. Mahomet fut plus équitable, il ordonna
que chacune des femmes d'un musulman aurait sa
semaine ; c'est ce qui explique la bonne harmonie
qui existe entre les femmes d'un même harem, toute
cause de jalousie ayant disparu. Lui-même se montra
rigide observateur de ce précepte, et il y a dans sa
vie un fait très caractéristique à ce sujet : Il voulait
renvoyer une de ses femmes, nommée Sweda ; celle-ci
obtint de rester avec lui en cédant sa semaine à sa
favorite Aiesha. Aussi la femme arabe, dont le mari
ne remplit pas les prescriptions du Coran, va trouver
le cadi, qui lui accorde aussitôt le divorce. Tous les
avantages de notre civilisation ne valent pas pour elle
ce privilège ; les mauvaises langues prétendent que
c'est pour cela que les changements de religion sont
si rares chez les musulmans, chez les musulmanes
surtout, qui appartiennent pourtant à un sexe où
l'on va si facilement d'une idée à l'autre.

Quelques-uns voudront y voir l'influence d'une
religion grossière et sensuelle. Il ne faut pas oublier
que l'Europe catholique eut ses procès pour cause
d'impuissance et son épreuve du congrès. Il faut se

remettre sous les yeux cette curieuse citation, faite par Michelet dans ses *Origines du droit* :

« L'homme qui ne peut suffisamment remplir ses devoirs envers sa femme, disent les vieux prud-d'hommes d'Allemagne, doit la mener à son voisin. Si celui-ci ne peut la satisfaire, le mari la prend doucement entre ses bras, ayant soin surtout de ne lui faire aucun mal, puis il la porte neuf maisons plus loin, la pose doucement sans lui faire de mal, et l'y fait attendre pendant cinq heures ; puis il crie : Aux armes ! pour que les gens viennent à son aide. Si on ne peut encore la satisfaire, il la soulève tranquillement et doucement, la pose de même, ne lui faisant aucun mal ; il lui fait alors présent d'une robe neuve, d'une bourse pour ses frais de voyage et la fait conduire à la grande foire de l'année. Si alors il n'y a pas moyen de la satisfaire, que mille diables la satisfassent. »

En politique cette question a joué un grand rôle : il s'agissait d'intérêts graves, de l'avenir d'une dynastie, de la tranquillité d'un pays. Aussi les diplomates, les ambassadeurs la traitaient-ils à la façon des protocoles ordinaires, avec la même indépendance d'esprit, avec la même liberté de langage, que pouvaient le faire Solon et Mahomet. Il faut lire les dépêches adressées à toutes les puissances de l'Europe, lorsque Louis XIII se fut approché d'Anne d'Autriche. Elles entrent dans les détails les plus circonstanciés et les plus minutieux. Le premier rapprochement fut l'œuvre de Luynes, qui porta de force le jeune roi dans le lit de la reine ; le second fut amené par Marie de Hautefort, qui était conseillée par son

confesseur. Dans ces dépêches rien qui sente la grivoi-
serie, rien même qui approche du ton de la plaisanterie : c'est une affaire d'État traitée aussi sérieusement
qu'elle le mérite. Il faut lire aussi, dans les Mémoires
de Louville, la conversation qu'il eut avec le confesseur de Philippe V, la veille du mariage de ce
prince ; puis la conversation de Maurice de Saxe avec
Louis XV à propos du mariage de Marie-Josèphe de
Saxe avec le Dauphin ; puis les lettres de Marie-Thérèse à Marie-Antoinette. Il faut voir avec quelle in-
sistance cette impératrice, qui n'est jamais sortie de la
retenue imposée à son sexe, revient sur une question
qu'elle trouve si grave pour l'avenir, afin de comprendre à quel point de vue pratique le mariage a été
envisagé jusqu'ici. Même dans notre civilisation cette
question a aussi son importance ; et dans un procès
récent, qui a fait beaucoup de bruit, la séparation de
corps a été prononcée contre la femme pour refus du
devoir conjugal.

Aussi n'est-il point étonnant de voir le législateur
s'occuper de cette question : il voulait atteindre son
but, c'est-à-dire assurer la perpétuité de la cité ou de
la caste. Or, pour la cité il faut des enfants nés de
femmes légitimes, c'est-à-dire appartenant à la cité
elle-même ; pour la caste, il faut qu'un sang noble
coule dans leurs veines. Une fois ce devoir rempli, il
laisse à l'homme toute liberté ; il ne s'inquiète pas
s'il va chercher des plaisirs et des distractions qu'il ne
saurait trouver près de celle qu'il lui a imposée pour
femme. C'est pour cela que les mœurs sont si faciles,
que les lois sont, sur les infidélités maritales, d'un si-

lence qui nous étonne souvent. Le mari a payé sa dette, peu importe le reste dans une législation où l'individu est sacrifié à l'État. Les conditions de la famille ayant changé, dans un avenir prochain les infidélités du mari seront assimilées à celles de la femme.

Mais cette dette, il faut la payer. Solon le recommande expressément, Mahomet aussi; Pythagore dit avoir vu dans les enfers ceux qui ne s'acquittaient pas du devoir conjugal. Aussi toutes les religions se sont occupées du devoir conjugal pour le réglementer, pour l'interdire à certaines époques. En Grèce et à Rome, les femmes devaient rester chastes pendant certaines fêtes, et dans cette intention elles prenaient de l'*agnus castus*, herbe qui avait la propriété d'amortir leurs sens. Les Égyptiens, les Hindous, les Russes ne pouvaient se présenter au temple en sortant des bras de leurs femmes, sans recourir à une purification. A ce sujet la prêtresse Theano avait répondu un mot qui témoigne d'un bon sens trop souvent étranger aux législateurs religieux. Interrogée si une femme pouvait se présenter au temple en sortant des bras d'un homme : « Si c'est de son mari, toujours ; si c'est d'un autre homme, jamais. » Le catholicisme avait imposé le jeûne conjugal pendant le carême et la veille des grandes fêtes; il avait également frappé d'interdiction les trois premières nuits du mariage, en souvenir de ce que l'ange avait recommandé à Tobie. Mais ce jeûne, comme celui qui concernait la viande, pouvait se racheter moyennant une somme d'argent; ce qui fai-

sait dire au grave président Montesquieu : « L'É-
glise a bien fait de choisir ces trois premières nuits
pour les vendre, on ne lui aurait pas donné cher
des autres. » La religion musulmane ordonne l'abstinence pendant tout le mois du Baïram, qui est le
carême de cette religion, mais c'est dans une inten·
tion tout autre qu'une intention de pénitence. Le
jour où se termine le Baïram, chaque musulman doit
rendre le devoir conjugal, à commencer par le sultan,
qui passe la nuit avec une esclave dont la sultane
mère lui fait présent.

Les catholiques ont toujours considéré le mariage
comme un état d'imperfection, quelques zélés ont été
jusqu'à l'appeler de la bestialité. Aujourd'hui encore
il y a en Amérique la secte des impressionnistes, qui
regardent le mariage comme une nécessité funeste :
or, le jour où ils sont obligés d'en célébrer un, ils
jeûnent, ils prient, ils lisent l'Écriture par manière
d'expiation. On pourrait s'en étonner de la part de
gens qui ont pu lire dans saint Paul les paroles
suivantes : « Que le mari rende le devoir à sa femme,
et la femme à son mari. La femme n'a pas la liberté
de son corps, il appartient à son mari ; de même le
mari ne possède pas son corps, mais il appartient à
sa femme. Ne vous trompez pas mutuellement, si ce
n'est par consentement mutuel et pour vaquer à la
prière : ensuite revenez à vos habitudes, afin de ne pas
tomber en fornication. » On pourrait s'étonner aussi
qu'ils aient cru approcher de la perfection et faire œuvre
agréable à Dieu en gardant la chasteté dans le mariage.
Ainsi firent Simplice et Injuriosus, dont Grégoire de

Tours raconte l'histoire; ainsi firent Elzéar et Delphine de Glandenez, mariés à dix ans; la jeune fille ayant avoué à son mari qu'elle avait consacré à Dieu sa virginité, celui-ci ne la contraria en aucune façon et porta sur son corps un cilice de fer pour éloigner les tentations de la chair.

Ces faits, et un grand nombre d'autres qu'on pourrait citer, prouvent à quel degré allait la ferveur de ces chrétiens qui luttaient si héroïquement contre les inclinations de la nature. Mais, libres d'eux-mêmes, ils restaient maîtres de leurs actions, dont ils étaient seuls à supporter les conséquences. On ne pourrait en dire autant du roi d'Angleterre Édouard le Confesseur, que ses barons pressaient de se marier; il y consentit et prit la belle Édith, mais il lui révéla que, par suite d'un vœu, il croyait devoir garder la continence, conduite qui à sa mort jeta le royaume dans des troubles sans fin. Que n'avait-il auprès de lui pour le conseiller ce Sixte-Quint, qui faisait réciter son bréviaire par un de ses aumôniers, disant que le plus pressé pour lui était de s'occuper de ses sujets. Plus sage fut sainte Élisabeth de Hongrie, qui regardait l'état de mariage comme un état d'humiliation, mais qui n'en donna pas moins plusieurs enfants à son mari. L'esprit humain est si curieux dans les diverses routes qu'il a suivies dans sa recherche vers l'idéal, qu'il ne faut pas plus se scandaliser de cette idée de la chasteté dans le mariage que de celle de ce saint Anthelme, qui forçait ses religieuses à reposer sur le même lit que lui, et qui arrivait à réciter son bréviaire sans éprouver la moindre distraction.

Voilà un tableau bien sombre, et on croirait ne pas avoir assez de larmes pour s'apitoyer sur le sort de ces malheureuses femmes. Il ne faudrait pourtant pas se ruiner en frais de commisération. La femme avait su par son adresse corriger les rigueurs du sort : de servante elle était devenue maîtresse ; condamnée à obéir, elle était parvenue à dominer, justifiant le proverbe allemand : « Le vrai maître, c'est le valet . » Mais, par ses travers, par ses exigences, par ses caprices, elle n'avait que trop justifié la sévérité dont quelques-uns ont usé à son égard. Si les femmes ont fait entendre des plaintes, les hommes en ont poussé de plus unanimes et de plus universelles ; et il y a un cri incessant qui traverse les siècles, s'élevant contre la malice féminine. Poètes, moralistes, philosophes, théologiens, tous y ont pris part.

Les commentateurs des livres sacrés avaient les premiers donné l'exemple. Ils avaient fait remonter jusqu'à Dieu lui-même l'origine première de ces satires. Prenant l'aventure de Job : « Voyez-vous, avaient-ils dit, ce que nous apprend l'Écriture sainte : Dieu veut éprouver Job ; pour cela il lui prend ses richesses, ses vaches, ses troupeaux, et il lui laisse sa femme. » Les sermons des prédicateurs sont des recueils d'épigrammes et d'invectives. « Savez-vous pourquoi on appelle la femme *mulier ?* s'écriait un capucin du haut de la chaire : c'est parce qu'elle était mule hier, qu'elle est mule aujourd'hui, et qu'elle sera mule demain. » Et ce ne sont pas seulement les prédicateurs grotesques, comme Barletta ou le petit père André, qui parlent ainsi ; ce sont les hommes les plus graves

comme Bossuet, comme Bourdaloue, qui ne font que
suivre l'exemple donné par saint Bernard.

Si les prêtres, qui connaissent très peu les femmes,
qui laissent toujours percer un sentiment de regret et
d'envie dans les invectives qu'ils lancent contre elles,
parlent d'elles en termes semblables, que diront ceux
qui les ont connues et pratiquées, ceux qui ont souffert de l'inégalité de leur humeur, de l'inconstance de
leur caractère? « A qui Dieu veut aider, sa femme lui
meurt », disait un proverbe populaire, traduit de la
façon suivante en vers d'almanach :

> L'homme n'a que deux bons jours sur terre,
> Celui où il prend femme, et où il l'enterre.

vers que le maréchal de Saxe commentait ainsi : « Un
grand homme l'a dit : Dans le mariage on n'a que
deux bons jours, l'entrée et la sortie. Mais cet honnête homme voulait faire des vers, et il fallait une ca-
dence, car il m'a paru que la sortie est infiniment préférable à l'entrée. »

Et tous les philosophes, tous les moralistes parlaient ainsi : « L'homme a trois fléaux, disait Socrate : la grammaire, la pauvreté et une méchante
femme. » Lorsque Gorgias venait sur la place publique prêcher la concorde aux Athéniens, ceux-ci lui
criaient : « C'est bien à vous à nous parler de concorde ; vous n'avez qu'une femme et qu'un esclave,
et vous êtes à vous battre continuellement. » Le philosophe Xénarque disait : « Les mâles des cigales ne
sont-ils pas heureux que leurs femmes soient muet-
tes? » Et les Athéniens ajoutaient que la femme la

plus malheureuse du monde était la nymphe Écho,
qui ne pouvait parler que lorsque son mari l'interrogeait, et qui était toujours forcée de dire comme lui.
Xénophon, qui était un sage et non un poète satirique, disait que pour avoir la paix du ménage il fallait pardonner à la femme quelques faiblesses, sentiment qui était également celui de Henri IV.

Tibère fit mieux que de lancer un bon mot, il fit
une épigramme en action ; il avait relégué dans une
île déserte un sénateur de ses ennemis ; mais, apprenant qu'il avait une méchante femme, il le rappela à
Rome, persuadé que son intérieur lui serait plus désagréable que le lieu le plus triste de la terre. Un
fait de nature identique se retrouvait à quinze siècles
de distance. Parmi les coutumes de l'ancienne France
il y en avait une assez originale : l'homme qu'on menait au supplice recevait grâce de la vie, si dans la
foule une femme se présentait, déclarant qu'elle
était prête à l'épouser. L'histoire ne nous a pas dit si,
en agissant ainsi, le prince avait voulu octroyer une
grâce ou faire une malice. Or, un pauvre diable qu'on
allait faire passer de vie à trépas vit une femme s'a-
vancer au pied de l'échafaud et le réclamer comme
mari ; il se mit à l'examiner, et, jugeant d'après son
visage qu'elle devait avoir un caractère détestable, il
se tourna vers l'exécuteur, lui disant d'achever sa
besogne :

> Lèvres serrées, nez pointu,
> J'aime mieux être pendu.

Aujourd'hui encore, chez les Zoulous, les mariages

se font d'une façon singulière. Quand un régiment s'est distingué dans une expédition, le roi l'autorise, ou plutôt le condamne à se marier tout entier le même jour. Condamné est le mot, car il faut obéir sous peine de la vie; et l'on a vu plusieurs fois des Zoulous préférer la mort au mariage.

Il faut bien qu'il y ait quelque chose de vrai dans un concert aussi unanime, aussi universel; il faut bien que la femme n'ait été ni aussi malheureuse qu'elle veut le faire croire, ni aussi soumise et obéissante qu'elle le prétend, pour que la sculpture elle-même vienne l'attester. Sous le porche des anciennes cathédrales on voyait deux monstres appelés *Bigorne* et *Chicheface* : Bigorne était une sorte de Croquemitaine qui mangeait les maris assez faibles pour se laisser mener par leurs femmes ; Chicheface, au contraire, dévorait les femmes assez sottes pour obéir à leurs maris. Or, Bigorne était plantureux, énorme, d'un embonpoint de moine, tandis que Chicheface restait d'une maigreur désespérante. Les femmes n'ont eu qu'un défenseur, c'est Érasme ; il est vrai qu'il a plaidé pour elles comme on plaide pour un client dont la cause est désespérée. Commentant une phrase grecque dans laquelle il était dit que la femme est ce qu'il y a de plus mauvais au monde, il ajouta : « Notez qu'à cette époque il n'y avait pas encore de moines. » Mais Érasme avait passé sa vie avec les moines, tandis qu'il n'avait pas goûté du mariage.

Et pourtant les femmes ne pèchent point par ignorance ; elles connaissent l'art de se rendre désagréables tout aussi bien que celui de se faire aimables, et

6.

malheureusement elles usent plus du premier que du second : sur ce point personne n'a de leçons à leur donner. Le roi de Suède, voulant demander pour son fils la main de la princesse Amélie, sœur de Frédéric II, envoya un ambassadeur chargé d'étudier son caractère. Celle-ci, retenue par des scrupules religieux et par d'autres motifs plus tendres, envisageait cette union avec répugnance. Elle demanda à sa sœur Ulrique le moyen de s'y soustraire. « Vous n'avez qu'à faire une chose, lui répondit celle-ci ; montrez-vous hautaine, impérieuse, pleine de caprices, ayez soin de contredire sans cesse les personnes qui vous parleront, et vous arriverez certainement à votre but. » La princesse Amélie mit ces préceptes à exécution ; elle qui avait un caractère doux, agréable, facile, le changea du jour au lendemain, et se montra aussi disgracieuse que peut l'être une femme qui a l'intention de déplaire. Les conséquences ne se firent pas attendre. L'ambassadeur détourna les yeux de la princesse Amélie, pour les porter sur la princesse Ulrique, qui devint reine de Suède. Mais on ne dédaigne pas un trône impunément ; la princesse Amélie fut au désespoir d'avoir suivi les conseils de sa sœur, elle lui reprocha de l'avoir écartée à dessein pour prendre sa place, et dès ce jour elle fut brouillée avec elle.

Ce caractère que la sœur de Frédéric II avait emprunté pour la circonstance, beaucoup de femmes l'ont naturellement ; elles ne font rien pour le corriger, lors même qu'elles sentent combien il leur aliène de sympathies. « D'abord on me croit assez aimable ;

mais quand on me connaît davantage on ne m'aime plus », disait d'elle-même madame de Grignan, qui faisait un contraste si complet avec cette madame de Cavoye, dont le souvenir est venu jusqu'à nous, uniquement parce qu'elle faisait le bonheur de son mari, et que les ménages de ce genre sont rares. Aux dames de la cour qui lui demandaient comment elle faisait pour être toujours contente de son mari, toujours aimée et adorée par lui, elle répondait : « Quand il revenait au logis, je le caressais; je me faisais toute la plus jolie que je pouvais pour lui plaire. Il n'entendait parler de rien de fâcheux; point de crieries, point de plaintes, point d'affaires ; enfin c'était comme si le sacrement n'y eût point passé. » Quelle différence avec cette madame de Mortemart, qui du plus loin qu'elle apercevait le sien, lui criait : « D'où venez-vous? passerez-vous toujours votre vie avec des diables ? — Je ne sais d'où je viens, mais je sais que mes diables sont de meilleure humeur que votre bon ange. »

On pourrait certainement, sans chercher beaucoup, accumuler de nombreux faits pour montrer les funestes effets produits par cette humeur acariâtre et grondeuse. Cicéron finit par éprouver un tel déplaisir du caractère fâcheux de sa femme Terentia, qu'il se décida à la répudier, quoiqu'il se trouvât dans une grande gêne pour rendre sa dot, et quoiqu'il sût qu'elle était recherchée par son ennemi Salluste, qui l'épousa pour posséder les secrets du grand orateur. Toute disgracieuse qu'elle était, cette femme fut encore recherchée une autre fois en mariage par un original, nommé Vibius Rufus, qui l'épousa pour avoir

deux objets ayant servi aux deux plus grands hommes
de son temps : la femme de Cicéron, et la chaise sur
laquelle César avait été assassiné. Les collectionneurs
sont de tous les temps, mais les collectionneurs de
femmes ne peuvent se trouver dans toutes les civi-
lisations.

Ce qui prouverait que tout n'est pas fondé dans les
plaintes formulées par les femmes, ce qui témoigne-
rait de la facilité et de la faiblesse de l'homme, c'est
que partout ce sont elles qui ont été maîtresses, partout ce sont elles qui ont exercé l'influence, même
alors qu'elles paraissaient être les plus soumises et
les plus esclaves. « C'est cet enfant qui mène la République, disait Thémistocle aux ambassadeurs étrangers, en leur montrant son fils. » Et comme ceux-ci
s'en étonnaient : « Oui, ajoutait-il, cet enfant mène
sa mère, sa mère me mène, et c'est moi qui mène la
République. » Lorsque Carnéades alla à Rome, on
lui avait dit de s'adresser aux sénateurs, qu'eux seuls
avaient le pouvoir, et que les femmes vivaient renfermées dans leurs maisons, éloignées des affaires publiques. Il connaissait le cœur humain; aussi, n'é-
coutant pas ces renseignements, il fit des cadeaux
aux femmes des principaux sénateurs, et son ambas-
sade fut couronnée d'un plein succès. Et de semblables
faits se reproduisent partout: toutes les femmes pourraient répéter les paroles de madame de Tencin à
Marmontel. Les ambitieux le savent bien, presqu'à
tous la fortune leur est arrivée par les femmes, presque tous sont comme Adrien, qui devait l'empire à
Plotine. Aussi se gardent-ils de se les aliéner. Ceux

qui commettent cette faute en sont tôt ou tard punis. Napoléon trouva dans madame de Staël un ennemi presque aussi dangereux que l'Angleterre. La comparaison qu'on faisait de lui avec le galant et chevaleresque Alexandre n'était point à son avantage. Aussi ne fut-il nullement populaire en Pologne, où l'on disait après son départ: « Ni aimable, ni affable, ni abordable. »

Il ne serait pas sans intérêt de se demander quelles ont été les diverses transformations de l'intérieur conjugal, et si la vie de famille a toujours été comprise de la même façon. Il y a un abîme entre la femme contemporaine, à qui nous serrons la main et avec laquelle nous vivons comme avec un camarade, et cette noble dame du moyen âge, dont on ne pouvait arriver à baiser la main qu'après avoir soupiré et accompli des prouesses pendant dix ans, ou bien la femme grecque telle qu'elle nous est représentée dans l'*Iphigénie* d'Euripide. Quand Achille voit paraître Clytemnestre, il veut se retirer: « Il serait honteux pour moi de m'entretenir avec des femmes, dit-il. — Pourquoi fuir? lui demande Clytemnestre. Mets du moins ta main dans la mienne. — Que dis-tu? Moi te donner la main? Je redouterais Agamemnon si je touchais à ce qu'il ne m'est pas permis de toucher. » Rapprochez ces paroles de ces scènes de flirtation dont les plages de l'Océan et les montagnes de la Suisse sont chaque jour les témoins.

C'est que l'habitude de vivre avec sa femme, de se montrer avec elle en public est relativement toute moderne. Aujourd'hui encore les Chinois ne connaissent pas de chose plus déshonorante que de se montrer en public avec une femme, fût-elle leur mère ou leur sœur. Chez un Arabe, il est honteux à un mari de passer la nuit entière avec sa femme. Les Spartiates ne voyaient la leur qu'en secret, ainsi que plusieurs autres peuples de l'antiquité, qui avaient peut-être imaginé ce moyen pour donner au mariage l'attrait du fruit défendu. Mais chez tous était vrai ce mot de Socrate : « Y a-t-il quelqu'un qui entre plus profondément dans ta vie que ta femme? demandait-il à Xénophon. — Personne, répondait celui-ci. — Y a-t-il quelqu'un à qui tu parles moins qu'à ta femme? — Personne », faisait encore le disciple, et cette réponse était celle de tous les autres.

Il faut l'avouer, les institutions étaient peu faites pour favoriser la vie d'intérieur: tout citoyen devait participer à la vie publique, qui absorbait presque tous ses instants. Les luttes de l'agora ou du forum, les exercices du champ de Mars, les expéditions guerrières l'occupaient sans relâche. Le soir, quand il rentrait chez lui, c'était pour se mettre à table avec quelques amis, pour discuter avec eux sur des sujets philosophiques, et pour aller prendre du repos dans ces petites chambres qu'on voit encore à Pompéi, et dont l'exiguïté n'offrait pas un théâtre commode aux épanchements intimes. La femme ne mangeait pas avec son mari : cet usage subsiste encore dans tout l'Orient. Elle assiste à son repas, elle le sert, puis elle mange de ce qu'il a bien voulu lui laisser. A la fin du siècle dernier, Roland trouvait des mœurs semblables dans presque toutes les campagnes de la France.

La femme vivait renfermée dans son gynécée, et dès le premier jour de son mariage tout l'avertissait qu'elle devait y rester confinée. Sur le seuil de la maison on brûlait l'essieu du char qui l'avait amenée, pour lui apprendre qu'elle ne devait plus le franchir. Sous le péristyle elle trouvait la statue de Vénus appuyant le pied sur une tortue, emblème du repos qu'elle devait garder désormais. On fait plus que de lui donner de sages conseils, on la met dans l'impossibilité de les oublier: les Égyptiennes n'ont pas de chaussures; aux Chinoises on brise le pied; quant aux Japonaises et aux Vénitiennes, on leur donne ces hauts talons en bois qui rendent la marche si difficile qu'elles ne sauraient faire un pas sans emprunter le bras de deux suivantes.

On pourrait dire que le climat du Midi semble favoriser cette existence; aujourd'hui encore la vie y est tout extérieure, et chacun vit de son côté. Il est vrai que le climat du Nord ne produit des résultats guère différents. Le Hollandais reste toute la journée enfoncé dans son comptoir; le soir il fume sa pipe et avale de la bière. Pendant ce temps sa femme frotte, lave, essuie ces maisons dont l'extrême propreté fait l'étonnement des voyageurs. Elle prend également des distractions d'un autre genre, à en croire les émigrés de 1792, qui comparent les Hollandaises à ce volcan de l'Etna, dont un manteau de glace recouvre les laves brûlantes. A Berlin, quand le brutal roi Guillaume, père de Frédéric II, rencontrait une femme dans les rues, il la chassait à coups de pied dans le ventre, lui disant d'aller s'occuper de sa maison : les femmes dans la maison, les hommes à l'exercice, les places et les rues entièrement désertes, tel était l'idéal recherché par ce souverain.

L'état de guerre dans lequel l'Europe a vécu de si longs siècles a surtout contribué à donner au mariage ces habitudes transitoires qui nous étonnent aujourd'hui. « Tout baron, s'il veut être honoré en son degré, dit Christine de Pisan, le moins de temps sur son manoir et son propre bien il demeure, car suivre les armes, la court de son prince, et voyager, c'est son office. » Jamais programme ne fut mieux rempli.

Les châtelains vivaient rarement dans leurs manoirs, l'opinion leur en eût presque fait un crime, comme aux Arabes de dormir la nuit entière avec leurs femmes. Et encore, pendant leurs rares apparitions, ils passaient leurs journées à la chasse. Le reste du temps, ils suivaient les expéditions guerrières de leurs suzerains, ils allaient assister leurs amis dans leurs querelles, ce dont le droit féodal leur faisait un devoir, ils allaient prendre du service chez des princes étrangers, ou bien ils partaient pour les croisades, qui étaient pour les barons chrétiens ce que la guerre de Troie avait été pour les Grecs. Pendant ce temps, leurs femmes demeuraient dans leurs manoirs, entourées des filles de leurs vassaux avec lesquelles elles faisaient ces broderies qui sont restées inimitables. Les récits du chapelain, les poésies des trouvères, les tours des jongleurs amenaient un peu d'animation dans cette vie forcément monotone. Parfois le son d'un cor se faisait entendre au dehors ; on baissait le pont-levis, on ouvrait la grande porte pour livrer passage à un chevalier qui demandait l'hospitalité. Les jeunes filles s'empressaient autour de lui, elles le désarmaient, elles le pansaient s'il était blessé, elles le baignaient comme Nausicaa baignait Ulysse, elles le revêtaient d'habits magnifiques et elles le ramenaient dans la grande salle d'armes, où toutes les oreilles étaient tendues pour écouter ses récits, pour apprendre des nouvelles de la croisade dont il arrivait peut-être.

Parfois le nouveau venu restait avec son casque, la visière baissée ; alors chacun respectait son incognito, qui était peut-être l'accomplissement d'une promesse faite à une dame ; on ne lui demandait ni son nom ni ses aventures, et on le gardait tant qu'il voulait rester. Après quoi le château retombait dans sa solitude et dans son immobilité. Arioste n'a-t-il pas voulu faire la satire de la vie conjugale ainsi comprise, lorsqu'il créa le personnage de cette Origille qui prend un amant pendant que son mari est à la guerre, alléguant qu'elle est trop jeune pour dormir seule ?

Et les nobles n'étaient pas les seuls à mener cette vie, qui était également celle des commerçants. Il n'y avait alors ni commodité ni sûreté pour eux, ils étaient obligés de faire eux-mêmes leurs affaires, en affrontant mille fatigues, mille périls. Les Florentins, qui entretenaient de fréquentes relations avec la France pour la teinture des draps et des soies, venaient très souvent à Lyon, à Paris, à Cambrai. Ils faisaient à cheval la route, qui durait en moyenne trente-cinq jours ; il leur fallait faire un séjour plus

ou moins prolongé, puis s'en retourner, après quoi
ils restaient quelques jours seulement au sein de leur
famille, pour repartir de nouveau bientôt après.
Presque dans toutes les professions il en était ainsi.
L'abbé de Marolles raconte dans ses Mémoires que
son père et sa mère étaient très unis ; que sur trente-
six ans de mariage, ils n'en passèrent peut-être pas
deux ensemble. Et malgré cela on trouvait l'asser-
vissement encore trop dur, et le sieur de Balzac disait que le mariage serait le plus agréable des bénéfices s'il n'obligeait pas à résidence.

La vie de cour, commencée sous François Ier, dé-
veloppée au plus haut degré sous Louis XIV, fut une
atténuation à cette désunion conjugale qui nous paraît
si anormale aujourd'hui. Toutefois le rapprochement
fut plus apparent que réel, la vie commune n'y
gagna rien. Le mari et la femme vécurent chacun
de leur côté, occupés de leurs ambitions, de leurs
intrigues, de leurs plaisirs et surtout de leur service:
les femmes auprès de la reine ou des favorites, les
hommes auprès du roi et des princes du sang, et ce
service n'était point une sinécure. Aux femmes du
dix-septième siècle une existence semblable paraissait toute naturelle, tandis qu'elle a paru anormale
et monstrueuse lorsqu'on a essayé de la faire revivre
à notre époque. Il faut lire dans les Mémoires de
madame de Rémusat combien elle souffrait de se
voir séparée de son mari, soit par les devoirs de sa
charge à elle, soit par la nécessité où la fonction de
chambellan mettait son mari de suivre l'empereur en
tous lieux.

Aucun sentiment de ce genre ne se retrouve
dans Saint-Simon ; et pourtant les plus grands seigneurs de France menaient à Versailles une existence qu'eût repoussée le plus modeste artisan ; lui
du moins avait le temps d'être homme, de remplir
son rôle de mari et de père de famille. Rien de pareil
pour ces nobles seigneurs, qui délaissaient leurs
splendides hôtels pour habiter une mansarde sous les
combles. Le soir ils y rentraient harassés, le plus
souvent pour décharger leur mauvaise humeur sur
leur femme dont l'habileté n'avait pas servi leur ambition à souhait. Ils se côtoyaient, ils se frôlaient,
et voilà tout ; et lorsque le printemps ramenait le départ pour la guerre, toutes les inquiétudes, toutes les
craintes étaient pour l'amant : « Souper en ville la
veille du jour où son amant part pour la guerre, voilà
qui est monstrueux ! » écrivait madame de Sévigné
à propos de madame de la Fayette. Cette phrase donne
la note de l'époque : c'est ainsi que l'on comprenait
la vie de famille et l'union conjugale.

Le siècle suivant distendit les liens de cette union
autant qu'il était possible de le faire. Non seulement
on ne vécut plus avec sa femme, mais il fut du plus
mauvais genre de le faire ; et deux jeunes mariés,
amoureux l'un de l'autre, passaient pour ridicules.
C'est alors qu'un mari pouvait répondre à un de
ses amis qui l'interrogeait sur sa femme, lui disant:
« Je n'ai jamais soupé avec elle. — Ma foi ! ni moi
non plus ! » C'est alors qu'à ceux qui cherchaient à
deviner ce que serait une jeune fille sortie la veille de
son couvent et mariée le matin même, on répondait:

« Cela dépendra de son premier amant. » C'est alors qu'était vrai dans toute sa plénitude ce vers qui terminait une comédie :

L'amour nous les a pris, l'hymen nous les rendra.

Ce fut une fureur, ce fut une exagération, comme pour tout ce qui est mode en France; mais cet engouement eut le sort de tous les autres, il fut aussi éphémère, aussi passager. Un soir on vit Louis XVI et Marie-Antoinette se promener dans les jardins de Versailles bras dessus bras dessous, comme de bons bourgeois; le lendemain la cour fut transformée en un vallon d'Arcadie, et des époux qui ne s'étaient pas parlé depuis vingt ans se jetaient des regards langoureux. Le désir de plaire au maître avait opéré un de ces miracles que la morale et la religion ne sauraient produire, surtout avec cette rapidité.

C'est ici qu'il faut admirer l'inconstance de l'esprit humain et les variations de son caractère. Pendant de longs siècles la femme a murmuré de se voir abandonnée par son mari, elle a soupiré après cette union complète qui confond entièrement deux existences, qui fait de la femme la véritable moitié de l'homme. Et voilà que le jour où elle a fait ces conquêtes précieuses, elle les dédaigne. Voilà que le jour où elle est la divinité protectrice et adorée du foyer, elle l'abandonne; comme si c'était une loi fatale de notre nature que nos désirs n'existent que jusqu'au jour où ils sont satisfaits. Regardez les plages des deux océans, les villes d'eaux et les stations hivernales, elles sont remplies de femmes, de femmes sans leurs maris la plupart du temps. Regardez notre continent : il est envahi par les Anglaises, par les Américaines surtout, qui s'absentent de longues années, laissant leurs maris gagner l'argent dont elles ont besoin pour satisfaire à leur luxe. Elles se plaignaient d'être abandonnées, ce sont elles qui abandonnent à leur tour. Est-ce là l'idéal de la famille future ? Allons-nous voir une des nombreuses transformations que le mariage doit subir pendant la vie de l'humanité ?

On ne peut s'occuper du mariage sans parler du divorce, question si vivement discutée aujourd'hui. Le divorce a suivi les transformations du mariage ; comme lui il a changé plusieurs fois de caractère. Il a commencé par être la brutale expression du droit de la force : l'homme a rejeté loin de lui la femme qui avait cessé de lui plaire ou qui lui avait donné le nombre d'enfants désiré. Il n'a été retenu que par la crainte de perdre la somme d'argent payée pour acquérir sa femme, et par l'idée qu'il faudrait en dépenser une tout aussi considérable pour s'en procurer une nouvelle. Dans la famille féodale qui avait absolument besoin d'héritiers pour se perpétuer, le divorce était une conséquence forcée de la stérilité ; aussi la casuistique s'ingénia-t-elle pour trouver dans la législation canonique des causes de rupture à ces unions restées inutiles, surtout lorsqu'il s'agissait de princes souverains. Si Napoléon fût demeuré en bons termes avec la cour de Rome, elle eût facilité son divorce avec Joséphine, comme elle l'avait fait pour tant d'autres de ses prédécesseurs.

Aujourd'hui que la femme est devenue l'égale de l'homme (ou du moins tend à le devenir), aujourd'hui que l'individu n'est plus sacrifié à des considérations politiques, aujourd'hui que le mariage est une association librement consentie de l'homme et de la femme, et exclusivement dans leur intérêt à tous deux, on voit des anomalies faites pour surprendre celui qui les regarde de sang-froid, en se dégageant de l'influence des idées et des préjugés généralement admis. Des individus qui, mariés dans d'autres conditions et avec d'autres personnes, formeraient une union féconde et heureuse chacun de leur côté, tandis que, liés ensemble, ils ne donnent lieu qu'à une association stérile et infortunée, ces individus sont rivés ensemble par un lien que rien ne peut rompre, sont condamnés à un sort plus misérable que celui des forçats qui ramaient jadis sur les galères du roi. C'est que la vie commune entre gens qui ne s'aiment pas, qui arrivent forcément à se haïr, est le plus grand supplice qui puisse se trouver au monde ; il n'a de comparable que le genre de torture imposé par le farouche Mézence, qui attachait étroitement un individu vivant à un cadavre, poitrine contre poitrine, et bouche contre bouche.

Ceux que le sort avait condamnés à une union semblable ne reculaient devant aucune extrémité pour y échapper. La duchesse de Mazarin préférait rester enfermée dans un couvent plutôt que de retourner avec son mari ; la veille du jour où elle devait monter sur l'échafaud, madame Roland trouve la possibilité de s'enfuir, mais la mort lui paraît préférable à l'idée d'aller retrouver son mari. Dans la législation russe, celui contre lequel est prononcé le divorce ne peut jamais se remarier. On a vu des individus se vouer à un veuvage perpétuel plutôt que de rester avec leurs femmes. L'avenir se demandera comment un siècle éclairé a pu laisser subsister un semblable état de choses, sans trouver d'autre remède que l'insuffisant et immoral palliatif de la séparation de corps ; il se demandera comment tant de législateurs, tant de philosophes ont pu être dupes de phrases vides et sonores ; comment ils n'ont pas découvert ce qu'il y avait de creux derrière ces grands mots répétés par tous les prud'hommes, la sainteté du mariage, la majesté des principes, comme si l'homme avait été fait pour le mariage et pour les principes, tandis qu'au contraire le mariage et les principes sont faits pour l'homme, pour assurer son bonheur, et non pour lui imposer d'insupportables gênes. Il comprendra la cité antique forçant tous ses membres au mariage et au mariage avec une femme déterminée ; il comprendra l'aristocratie féodale amenée par le besoin de sa propre conservation à un exclusivisme du même genre ; mais il ne comprendra pas qu'à notre époque, affranchie des liens et des servitudes qui ont pesé sur le passé, libre de suivre les conseils de la seule raison, et, il faut bien l'avouer, privée de toute croyance et de toute conviction, obéisse à la sottise et à l'esprit de routine en limitant la liberté individuelle par ces restrictions, qui ne sont utiles à personne et qui restent odieuses à tous.

Quoi qu'il en soit, le mariage a déjà subi de nom-

breuses transformations, et il en subira de plus grandes
encore ; des essais se feront qui nous sembleraient
plus monstrueux cent fois que tout ce que nous avons
vu jusqu'ici, et peut-être le mormonisme est-il une
institution bien innocente en comparaison de celles
que verra le trentième siècle. Il n'y a que les esprits
peu philosophiques pour s'en étonner ; eux seuls
refusent à l'humanité le droit de se modifier et de se
transformer sans cesse, ils n'ont pas su lire dans l'histoire que le progrès est le résultat de ces tâtonnements
successifs.

Quelles que soient les différentes formes qu'il affecte,
du moins le mariage subsistera toujours ; une seule
fois on a voulu s'en affranchir, et la tentative n'a pas
réussi, à ce que disaient les Grecs. Ils content que
Jupiter, voyant arriver au pied de son trône tant
de plaintes sur la malice des femmes, en vint à
douter qu'il eût fait une œuvre bonne et utile. Il
commença à se repentir d'avoir créé la femme, et il
chercha comment il pourrait la remplacer. C'est
alors qu'il fit appeler Vulcain ; celui-ci lui fendit la
tête, et Minerve sortit tout armée du cerveau du
maître des dieux. Il fut d'abord émerveillé de son
ouvrage, et il s'empressa de l'envoyer sur la terre,
pour mettre fin aux réclamations des humains. Mais
le résultat fut tout différent de ce qu'il attendait ;
plus de danses, plus de chants, plus de festins ; tous
se retiraient dans les forêts pour étudier la sagesse et
pour faire de la philosophie, quelques-uns même se
suicidaient afin d'arriver plus vite à la source de toute
vérité. « J'allais faire une belle besogne, se dit Ju-

piter, avant quelques années le monde se serait
éteint faute d'habitants. Décidément laissons les
choses telles qu'elles étaient, et rendons notre confiance aux femmes qui s'acquittent si bien de la mission que je leur ai confiée. » Et retirant la sagesse
de dessus notre planète, il la laissa livrée à la folie,
qui y a régné depuis ce jour.

C'est sans doute en se souvenant de cette antique
légende, dont il faut laisser la responsabilité à ceux
qui l'ont inventée, qu'une des femmes les plus spirituelles du dix-septième siècle disait un jour : « Les
vertus sont d'institution humaine, mais les passions
sont d'institution divine. »

III

LA VEUVE

Un proverbe espagnol. — La veuve hindoue. — Les pleureuses
en Orient. — Le bûcher de Didon. — Une demande de sui-
cide. — Les reines blanches. — Pas de couvent ! — La
chambre noire. — La matrone d'Ephèse. — La veuve de
Pibrac et le Parlement. — Arc de triomphe élevé aux veuves.
— Le catholicisme et les secondes noces. — Les diaconesses.
— J'ai le corps délié. — Le charivari. — Une aventure de
Charles VI. — Le douaire se gagne au coucher et se perd au
mal coucher. — Les douairières. — Les veuves et le *respus.*
— Le fantôme du premier mari. — Aspasie et Marie-Louise.
— La réalité et l'idéal. — Diane de Poitiers et madame de
Maintenon. — Eloge des vieilles femmes. — Statistique entre
veufs et veuves. — L'homme se remarie plus souvent que la
femme. — La femme est plus idéale que l'homme. — La
reine Elisabeth roi et reine. — Un mot de Napoléon. — La
femme vit pour le dévouement. — Les proscrits de l'empereur Nicolas. — Louis XIV et madame de Maintenon. —
Michel-Ange et la Vierge. — Douce vieillesse de la femme.

« Les jeunes filles sont d'or, les femmes mariées
d'argent, les veuves de fer-blanc; » ce proverbe espagnol n'explique qu'imparfaitement l'état de mépris
et d'infériorité dans lequel la veuve fut tenue durant
de longs siècles. C'est là que l'égoïsme de l'homme
se montre dans toute sa monstruosité; c'est là qu'il
abuse, plus que partout ailleurs, de son droit du
plus fort. La jeune fille est vendue, mais le prix qu'on

attache à sa beauté flatte son amour-propre; mais la
vie peut s'ouvrir riante et pleine de promesses à sa
jeunesse confiante. La femme mariée est esclave;
mais avec de la souplesse et de l'habileté elle peut
régner sur son maître; sa devise est celle des Orientaux : baise la main que tu ne peux couper ! et quand
elle ne peut la couper, elle arrive toujours à en limer
les ongles. Rien de semblable pour la veuve, point
d'avenir qui s'ouvre devant elle ; en perdant son seigneur et maître, elle a perdu toute individualité.
Quand on ne la fait pas monter sur le bûcher de son
époux, quand on ne l'immole pas sur son tombeau
pour qu'elle aille le servir dans l'autre monde, on la
renferme entre les murs d'un harem ou d'un couvent; on l'isole de la vie ordinaire, on défend à son
cœur de battre, à ses yeux de s'animer ; elle doit
vivre immobile et insensible comme une statue, semblable à ces ombres que l'antiquité croyait voir auprès de chaque tombeau. Ainsi l'ont voulu l'égoïsme,
la jalousie et l'amour-propre de l'homme.

Cet état dura de longs siècles. On le trouve tout
d'abord dans l'Inde, ce berceau de l'humanité. Là
le mariage était pour la femme une sorte d'anéantissement. « Une goutte d'eau salée tombant dans un
verre d'eau lui donne la saveur du sel; une rivière
se jetant dans l'Océan devient Océan elle-même ; la
femme en épousant un homme se fait à son image »,
dit le législateur sacré de l'Inde, pour bien persuader
à la femme qu'elle n'a aucune individualité par
elle-même. Ainsi annihilée, elle perdait tout en perdant ce mari tenu à si peu de déférence envers elle.

Son premier devoir était de se revêtir de ses plus
beaux habits et de ses joyaux, de se jeter sur le
corps du défunt, de le tenir étroitement embrassé en
le couvrant de larmes, en lui adressant des objurga-
tions, en lui reprochant de s'être laissé mourir. Cette
séance oratoire plus que lacrymatoire, à laquelle les
assistantes prêtaient une oreille attentive, retenant les
mouvements les plus pathétiques pour s'en servir à
l'occasion, durait jusqu'à ce que la famille la trouvât
suffisamment longue et y mît un terme. La femme qui
éprouvait une vive douleur, mais qui ne l'exprimait
pas par des torrents de larmes et de paroles, était vivement blâmée.

Ces démonstrations extérieures ont été longtemps
en usage ; quand on s'est lassé de pleurer et de crier
soi-même, on a eu recours à des pleureuses gagées,
qui fonctionnaient à Rome et à Athènes, et qu'on
retrouve encore aujourd'hui en Palestine. Pour les
Européens rien n'est curieux comme de voir ces
vestiges des mœurs antiques : dans une chambre
obscure des femmes accroupies; la pleureuse qui
parle, qui gesticule, qui finit par communiquer à
celles qui l'entourent l'émotion nerveuse qu'elle
s'est peu à peu donnée. Alors les larmes coulent, les
nerfs se détendent, et chacune sort de là avec le sou-
lagement qu'éprouvent les femmes après avoir versé
d'abondantes larmes à la représentation d'un drame
émouvant. Il en a été de même de l'usage de se
meurtrir la poitrine, de s'arracher les cheveux, de
se déchirer les habits; au siècle dernier deux vestiges restaient seuls de ces anciennes coutumes :

dans certains pays on fendait une boutonnière faite
exprès, ce qu'on appelait encore déchirer ses vêtements. En France on portait sur son habit des revers
fabriqués à cette intention et qui s'appelaient des
pleureuses. C'est à propos de cette douleur bruyante
et tapageuse que Montaigne écrivait : « Nous dis-
penserions volontiers qu'on pleure après, pourvu
qu'on nous rie pendant la vie. Est-ce pas de quoi
ressusciter de dépit ? Qui m'aura craché au nez pendant que j'estoys, me vienne frotter les pieds quand
je ne suis plus ! » La sagesse populaire ne s'y trompait pas, et un proverbe disait : « Un mari mort n'est
pleuré que jusqu'au cimetière, une femme jusqu'à la
porte. »

La femme devenue veuve était pour ainsi dire re-
tranchée du nombre des vivants. Quelques jours
après l'enterrement, la famille s'assemblait; on l'em-
brassait, on pleurait sur elle, on la poussait rudement
à terre ; alors la plus proche parente lui coupait le
cordon auquel était attaché le *tahly*, bijou d'or qui
est le signe distinctif de toutes les femmes mariées,
on lui rasait la tête, et elle se trouvait séparée du
nombre des vivants, condamnée à la reclusion la plus
sévère. Si elle avait des enfants, son sort était encore
supportable; mais, si elle était stérile, rien ne pouvait
égaler l'horreur de sa condition. Elle devenait un
objet d'opprobre et de mépris; sa rencontre passait
pour être de mauvais augure; elle ne pouvait assister
à aucune cérémonie religieuse, pas même à celle où
les courtisanes se voyaient admises. Pas de possibilité
de renouer une autre existence, de se rattacher à la

vie par un second mariage, ne fût-elle âgée que de
six ans et fût-elle devenue veuve d'un vieillard de
soixante ans, auquel elle avait été seulement fiancée.
Personne n'aurait pu, sans se déshonorer, la prendre
pour femme, ni même lui en faire la proposition, sans
l'outrager vivement. Celui qui eût agi ainsi serait
tombé avec elle dans la classe des parias. Cette séquestration odieuse la vouait forcément au désordre,
résultat auquel, chez nous, amène la séparation de
corps.

Comment s'étonner après cela que tant de femmes
consentissent à monter sur le bûcher de leurs maris,
coutume dont la jalousie, l'amour-propre et peut-
être l'instinct de la conservation avaient introduit
l'usage? Car il y avait de tous ces motifs dans cet
acte barbare: jalousie de propriétaire qui ne veut pas
voir passer en d'autres mains un bien qu'il a possédé;
désir de se protéger contre des femmes qu'on détient
dans un état de servitude: c'est ainsi qu'à Rome on
crucifiait tous les esclaves du citoyen qui avait été
assassiné dans sa maison; c'est ainsi que chez plusieurs peuples les souverains faisaient enterrer leurs
médecins avec eux. Une mort glorieuse et honorée ne
paraissait-elle pas souvent préférable à une vie misérable, languissante? C'est ce qu'ont pensé tant de
femmes qui se sont brûlées pour échapper à une domination odieuse. Ainsi fit Didon, dont Virgile a si
poétiquement travesti l'histoire, et qui se brûla, non
par regret de la mort de son époux, mais pour échapper
à Iarbas; ainsi fit Panthée, qui suivit le satrape
Aphradate au tombeau, pour ne pas devenir la captive

du vainqueur, sort réservé aux femmes à cette époque qu'on a appelée héroïque.

Il faut bien dire que jadis la vie avait moins de prix qu'elle n'en a maintenant, que l'idée de la mort était moins effrayante pour tous, que l'habitude de voir des veuves se brûler familiarisait les femmes avec cette idée. La domination anglaise a modifié leurs dispositions. Les brahmes ont beaucoup de peine aujourd'hui à obtenir un sacrifice qui coûtait si peu autrefois. D'ailleurs il faut l'autorisation du résident anglais, qui la donne très difficilement. Aussi, parfois à sa cour, se croit-on revenu à l'époque où, devant le sénat d'Athènes ou de Marseille, des citoyens venaient exposer les motifs qu'ils croyaient avoir pour se suicider, demandant qu'on leur octroyât le poison gardé par la ville à cet effet.

Cette séquestration des veuves se retrouve dans le monde moderne aussi bien que dans le monde antique, principalement pour les reines et les princesses: on les traite comme ces vases qui ont servi aux souverains dans les jours de gala, et qu'on brise aussitôt après pour qu'aucune autre bouche n'en fasse usage. Le deuil des reines se portait en blanc, de là le nom de *reines blanches* qu'on leur donna jusqu'au jour où Anne de Bretagne s'avisa de le porter en noir. Elles étaient enfermées pendant un an dans une chambre tendue de noir et fermée à tout rayon de soleil ; elles devaient rester six semaines sur le lit de parade pour recevoir les visites qu'on venait leur faire. Les gens qui entraient se trouvaient surpris par cette obscurité; ils allaient à tâtons, heurtant les meubles, adressant leurs salutations aux murs.

Ce n'était qu'une formalité extérieure, le cœur y restant souvent étranger. Mademoiselle de Montpensier raconte qu'elle donna un jour un bal dans cette pièce tendue de noir et réservée à l'expression de la douleur. Une fois l'année de deuil écoulée, la princesse veuve entrait ordinairement dans un couvent ; quoique étrangère, elle ne sortait pas de France, elle appartenait au pays où elle s'était mariée, comme la veuve appartenait jadis à la famille dans laquelle elle était entrée. Lorsque le duc d'Orléans, frère de Louis XIV, mourut à Saint-Cloud, sa veuve, la princesse palatine, se précipita aux genoux du roi, en criant : « Pas de couvent ! pas de couvent ! » En tous cas la libre disposition de leur personne leur était interdite. Catherine de France, veuve d'Henri V, roi d'Angleterre, ayant épousée Owen Tudor, le duc de Glocester fit mourir celui-ci pour avoir osé épouser la reine douairière.

En Espagne, la séquestration était plus rigoureuse et plus absolue : les veuves des rois étaient renfermées dans un couvent dès le lendemain de leur veuvage ; le même couvent recevait les maîtresses royales le jour où leur faveur expirait. Une jeune femme à qui un souverain de ce pays faisait la cour, lui répondit : « Je n'ai pas envie d'entrer au couvent ! » La séquestration et le costume de deuil étaient plus sévères encore en Espagne qu'en France. Madame d'Aulnoye parle ainsi d'une veuve de qualité qu'elle alla visiter :

« Son habit, écrit-elle, me parut très singulier. Il

fallait être aussi belle qu'elle était pour y conserver des charmes. Elle avait une coiffe d'une étoffe noire, la jupe de même, et par-dessus une manière de surplis de toile de batiste qui lui descendait plus bas que les genoux; les manches étaient longues, serrées au bras, et tombaient jusque sur les mains. Ce surplis s'attachait sur le corps, et, comme il n'était pas plissé par devant, il semblait que c'était une bavette. Elle portait sur sa tête un morceau de mousseline qui lui entourait le visage, et l'on aurait cru que c'était une guimpe de religieuse, sauf qu'il était trop chiffonné et trop clair. Il couvrait sa gorge et descendait plus bas que le corps de jupe. Il ne lui paraissait aucuns cheveux, ils étaient tous cachés sous cette mousseline; elle portait une grande mante de taffetas noir qui la couvrait jusqu'aux pieds; et par-dessus cette mante, elle avait un chapeau dont les bords étaient fort larges, attaché sous le menton avec des rubans de soie. On me dit qu'elles ne portent ce chapeau que lorsqu'elles sont en voyage.

« On ne quitte jamais ce vilain deuil, à moins qu'on ne se remarie, et par toutes les choses qu'il faut que les veuves observent en ce pays-ci, on les contraint de pleurer la mort d'un époux qu'elles n'ont quelquefois guère aimé vivant. J'ai appris qu'elles passent la première année de leur deuil dans une chambre toute tendue de noir, où on ne voit pas un seul rayon de soleil; elles sont assises les jambes en croix sur un petit matelas de toile de Hollande. Quand cette année est finie, elles se retirent dans une chambre tendue de gris; elles ne peuvent avoir ni tableaux, ni miroirs, ni cabinets, ni belles tables, ni aucuns meubles d'argent. Elles n'osent porter de pierreries, et moins encore de couleurs. Quelque modestes qu'elles soient, elles vivent si retirées, qu'il semble que leur âme est déjà dans l'autre monde. Cette grande contrainte est cause que plusieurs dames qui sont très riches, et particulièrement en beaux meubles, se remarient pour avoir le plaisir de s'en servir. » Dona Juana, sœur de Charles-Quint, vécut à la cour si soigneusement voilée que, pour se faire reconnaître, elle était obligée de dire : « C'est moi, la princesse ! »

Là même où ne se trouvait pas cette sévérité rigoureuse pour éloigner les veuves des secondes noces, des encouragements de tous genres leur étaient donnés pour les engager à garder la viduité. Sans doute on se défiait de l'inconstance naturelle au caractère de la femme, de la mobilité de son imagination, de sa crédulité à toutes les paroles flatteuses. Les exemples devaient en être fréquents, à en croire la littérature populaire, qui est toujours un miroir fidèle des mœurs d'une société. Le conte de la matrone d'Éphèse se retrouvait chez tous les peuples ; il était allé jusqu'en Chine, où il avait pris une couleur locale : l'héroïne avait juré à son mari de lui être fidèle tant que la terre qui le recouvrait serait humide ; et pour hâter ce moment elle la desséchait à coups d'éventail. Lorsque l'empire eut amené la décadence dans les mœurs romaines, on vit les matrones se relâcher de leur antique austérité et convoler sans cesse à de nouvelles unions favorisées par le divorce. « O Ju-

piter! quelles femmes sont ces chrétiennes! » s'é-
criait Libanius en apprenant que la mère de saint
Augustin était restée vingt ans veuve. Saint Jérôme
parle d'un fait qui, paraît-il, se serait renouvelé de
nos jours en Amérique. Un homme, qui avait épousé
vingt et une femmes, se serait remarié à une veuve
qui elle aussi avait compté vingt et un maris; cette
fois, ce fut elle qui eut le dessous, et le jour où son
mari la conduisit à sa dernière demeure, la foule l'ac-
compagna en l'acclamant comme un triomphateur.
Notre Parlement, qui estimait que toutes les causes
ressortissaient de son domaine, qui proscrivait l'anti-
moine et qui protégeait l'autorité d'Aristote, défendit
par un arrêt solennel à la veuve de Pibrac de se
marier pour la septième fois.

C'est pour arrêter ce débordement que partout la
viduité était mise en honneur. La Chine élevait des
arcs de triomphe aux veuves qui ne se remariaient
pas; l'antiquité gravait sur son tombeau *Mulier unius
viri*, femme d'un seul homme. A Rome, les veuves
remariées ne pouvaient couronner le temple de la
Fortune; leur mariage, elles pouvaient le célébrer tous
les jours, tandis que les vierges ne pouvaient pas se
marier les jours où il était interdit de faire violence.
Au moyen âge, le don du matin n'était pas fait à la
veuve remariée, le mari ne lui accordait que son
douaire. Dans le mariage turc, au moment où le mari
lève le voile qui couvre l'épousée et la contemple
pour la première fois, il lui donne une fleur de diamant, mais seulement quand c'est une jeune fille,
non quand c'est une veuve remariée.

Le catholicisme, dès les premiers jours de son avènement, s'était montré hostile au mariage, il l'avait proclamé une condition basse et déshonorante, il avait fait un éloge exagéré de la virginité et du célibat; c'était dans l'intention très louable de s'opposer à la corruption des mœurs, mais ce n'était peut-être pas très politique au moment où la dépopulation de l'empire ouvrait toutes grandes les portes aux barbares. Il se montra encore plus hostile aux secondes noces, qu'il proclama honteuses, qu'il flétrit du nom de concubinat. Saint Pierre compara la veuve qui se remarie au chien qui retourne à ses vomissements, au porc qui revient à sa boue; saint Clément écrivit que contracter des quatrièmes noces, c'était s'assimiler aux animaux immondes. Saint Paul avait pourtant dit : « Je veux que les jeunes veuves se marient, qu'elles aient des enfants, qu'elles ne donnent aucun sujet à dire du mal de nous, car déjà quelques-unes se sont égarées pour suivre Satan. Mais, ajoutait-il, elle sera plus heureuse si elle demeure veuve. »

Saint Paul donnait ce conseil, parce que la primitive Église soutenait les veuves qui ne pouvaient travailler; en cela elle imitait ce qui se faisait chez les Hébreux, où les veuves des prêtres recevaient des secours qu'on ne leur accordait plus dès qu'elles étaient remariées. Dans l'Église chrétienne on inventa pour elles les fonctions de diaconesses, ce qui leur permit de s'immiscer dans les affaires ecclésiastiques et d'y porter le trouble de leur esprit intrigant et brouillon. Cette sorte de sanction donnée à l'arrêt d'interdiction

contre les secondes noces n'eut sa raison d'être que
dans les premiers temps du christianisme, les sectes
peu nombreuses sont les seules à pouvoir porter secours à une partie de leurs membres. Plus tard il
fallut s'adresser au raisonnement plus qu'à l'intérêt.
Saint Jérôme écrivit tout un traité sur la viduité,
qui reflète les idées ayant cours alors. « Ne saisirait-
elle pas, s'écrie-t-il, l'occasion qui s'offre de se mettre
en liberté, de rentrer dans les droits qu'elle a sur son
corps et de ne pas redevenir la servante de l'homme? »
Cette idée était celle d'Anne de Bretagne, lorsque,
après la mort de son mari, elle porta cette longue cor-
delière, depuis adoptée par les veuves, et qui dans le
langage énigmatique du temps signifiait: « J'ai le
corps délié. »

C'est aussi ce que pensaient les Germains : lorsqu'ils épousaient une femme, ils donnaient un sou
d'or pour une jeune fille, trois sous d'or pour une
veuve ; la première ne faisait que changer de servitude, la seconde abdiquait sa liberté. L'imagination
populaire avait adopté cette aversion témoignée contre les secondes noces ; à toute veuve qui se remariait
on donnait un charivari, sérénade pour laquelle on
se servait de marmites et autres instruments de cui-
sine ; quand Charles VI et ses compagnons furent
brûlés vifs, ils avaient organisé cette mascarade pour
donner un charivari à une dame de la cour qui se
remariait. Cet usage se retrouve encore dans nos
campagnes, et il amène des rixes qui ont leur dénouement devant les tribunaux. Cette sorte d'ostracisme pratiqué par le peuple contre les veuves rema-

riées n'était pas plus raisonné, pas plus équitable que celui qui le poussait à injurier les juifs et les hérétiques.

L'Église, si opposée pourtant aux secondes noces, puisqu'elle ne disait pas la même messe pour une veuve qui se remariait que pour une jeune fille, condamna dans plusieurs conciles l'usage des charivaris ; mais cette prohibition resta lettre morte. Comment pouvait-il en être autrement, lorsque Marie de Gonzague proclamait qu'il n'y a de femme chaste que celle qui ne s'est mariée qu'une fois ; et lorsque la mère Angélique Arnaud écrivait que le mariage est la plus périlleuse et la plus basse des conditions ; et que les maris, quoique sages devant le monde, sont de vrais païens devant Dieu ? Connaissait-elle bien ce dont elle parlait ? et la mère de famille qui remplit tous ses devoirs vis-à-vis de son mari et de ses enfants, n'a-t-elle pas une vie plus pénible et plus méritante que la religieuse la plus accomplie ? Aussi l'opinion n'a-t-elle pas été pour sainte Chantal, qui alla fonder un couvent au lieu de recueillir et d'élever sa petite-fille, qui devait être madame de Sévigné, et qui était restée orpheline ?

Notre ancien droit, il faut l'avouer, s'était montré plein de sollicitude pour le sort de la veuve, dont le Code civil s'est peu soucié. Dans notre législation actuelle les époux se font généralement une donation mutuelle d'une partie de leurs biens, qui assure l'existence du survivant tout en ménageant l'intérêt des enfants. Mais cette donation est purement facultative ; si elle a été oubliée, la veuve n'a aucun droit

sur les biens de son mari décédé, elle ne vient comme
son héritière qu'au dernier degré successible et immédiatement avant l'État. Dans notre ancien droit il
n'en était pas de même ; par le seul fait d'épouser
son mari, la femme avait droit à la moitié de ses
biens lors de son décès. Ce droit était si imprescrip-
tible, que le mari ne pouvait aliéner les immeubles
destinés à cette donation ; et que s'il commettait un
crime entraînant confiscation de tous ses biens, ceux
réservés au douaire de la femme étaient respectés par
les agents du fisc. Cette donation s'appelait le douaire ;
dans leur langage imagé nos ancêtres disaient qu'il
se gagnait au coucher et qu'il se perdait au mal coucher, c'est-à-dire par la mauvaise conduite.

Les veuves avaient tiré de là une appellation spéciale, elles s'intitulaient douairières, pour se distinguer des femmes de la même famille portant le même
nom. Dans les mémoires du temps passé il est question à chaque instant de la reine douairière, de la
marquise douairière, de la duchesse douairière. Les
douairières ont joué un grand rôle dans l'ancienne
société ; elles étaient l'âme et l'élément principal de
ces salons qui ont jeté un si vif éclat dans la société
française ; elles étaient les oracles du goût, les gar-
diennes de la tradition, les reines de la conversation.
Quand elles ne restaient pas dans la famille de leur
mari, elles prenaient dans un couvent un appartement qui leur laissait la liberté d'aller, de venir, de
recevoir qui bon leur semblait. Ainsi firent madame
du Deffand, madame de Genlis et tant d'autres. Ce
douaire, qui permettait à la veuve de mener une exis-

tence indépendante, était un souvenir de son ancien esclavage, il dérivait du *respus*, coutume usitée chez les anciens Germains. Lorsqu'une veuve voulait se remarier, la loi salique exigeait d'elle une somme de trois sous et un denier ; le mariage se faisait avec les formalités suivantes : la veuve était vendue au fiancé par un membre de sa famille, qui lui servait de tuteur ou de curateur, et qui lui donnait en pleine propriété la femme avec ses biens, meubles et immeubles. C'était un reste de cette ancienne coutume, d'après laquelle la femme appartenait à la famille de son mari ; coutume dont l'histoire de Thamar est un témoignage, coutume qui se retrouve encore chez plusieurs peuplades de l'Afrique, notamment chez les Bassoutos, voisins des Zoulous.

Deux préjugés ont longtemps pesé sur la veuve et empiré sa condition. Le premier est celui qui la regardait comme une esclave devant suivre le sort de son maître, mourant s'il allait de vie à trépas, ou, du moins, passant le reste de ses jours dans une claustration qui équivalait à une mort anticipée. Le second consistait dans le préjugé religieux, qui lui offrait une vie de méditation et de retraite comme type seul de la perfection chrétienne, comme seul avenir ouvert devant elle. Là, comme dans toute l'organisation de la famille antique, l'individu était sacrifié à l'institution. On se figurait que le fait seul de devenir veuve avait enlevé à une femme son âme, son esprit, son cœur et ses sens ; on croyait qu'elle pourrait assister, spectatrice immobile, à ce tableau de la vie auquel elle avait pris part un moment, ou bien on se

trompait sur les intentions qui la poussaient au mariage ; saint Jérôme lui disait brutalement qu'il était
plus facile à une jeune fille de conserver la chasteté
qu'à une veuve de garder la viduité. A côté de ces
préjugés d'un caractère général, d'autres se sont fait
jour, ayant un caractère plus intime, plus personnel.

Quelques hommes ont éprouvé et éprouvent encore
une répugnance à associer à leur vie une femme qu'un
autre a tenue dans ses bras ; ils redoutent surtout de
voir cette ombre se dresser entre eux et leur femme,
et d'entendre celle-ci faire à chaque instant des comparaisons entre le présent et le passé. C'est bien peu
connaître la nature humaine ; il n'est pas de mariage,
si heureux qu'il soit, qui n'apporte ses désillusions et
ses amertumes ; ceux qui paraissent les plus brillants
sont au contraire les moins heureux, à en juger par
les veuves des personnages célèbres, qui s'empressent
de chercher le bonheur dans un mariage obscur. Aspasie épouse un marchand de bœufs après la mort de
Périclès ; Pénélope, qui a attendu pendant dix ans le
retour d'Ulysse, se remarie aussitôt après sa mort ;
Thérèse Levasseur donne un cocher pour successeur
à Jean-Jacques Rousseau ; Bonne Sforce, duchesse de
Milan, s'enfuit avec un soldat obscur ; Marie-Louise
donna sa main à un chambellan, et la duchesse de
Berry à un aventurier italien.

Celui qui doit redouter une comparaison pour son
bonheur, ce n'est pas l'homme qui épouse une veuve,
c'est celui qui se marie avec une jeune fille : il a à redouter un rival dont l'amant ne triomphe presque
jamais, et par lequel le mari est toujours vaincu : ce

rival, c'est l'idéal, c'est le fantôme que la jeune fille a créé dans ses rêves romanesques, fantôme qui n'a rien de la réalité, et auquel elle veut tout assujettir, tout comparer. La veuve, au contraire, a le sentiment du vrai et du réel, elle sait ce que peut donner la vie et ce qu'on ne doit pas en attendre ; elle connaît les paroles qui consolent, car elle a souffert ; elle connaît les faiblesses des hommes, leurs aspirations et leurs besoins, aussi possède-elle le secret de les rendre heureux et d'assurer sur eux une domination durable, quand elle veut s'en donner la peine. La Vallière, Montespan, Fontange, ont vu Louis XIV se lasser de leurs attraits, tandis que madame de Maintenon sut le conserver jusqu'à sa mort. Ainsi firent Diane de Poitiers avec Henri II, la princesse des Ursins avec Philippe V, madame de Montesson avec le duc d'Orléans. D'ailleurs, la statistique est là pour dire qu'entre une fille de trente ans et une veuve de quarante qui cherchent à se marier, neuf fois sur dix on choisira la veuve.

Cette même statistique peut nous fournir les révélations les plus curieuses et les plus inattendues. On aurait pu croire que les veuves se remariaient beaucoup plus que les veufs, ou tout au moins qu'il y avait égalité des deux côtés ; la sujétion dans laquelle la femme est encore tenue, l'infériorité dans laquelle elle se trouve lorsqu'elle n'a pas un bras d'homme pour la protéger, la solitude, l'isolement, et enfin, la cause si brutalement donnée par saint Jean Chrysostome, sont autant de motifs qui devraient pousser irrésistiblement la veuve à de secondes noces. C'est le

contraire qui a lieu : la femme se remarie beaucoup
moins que l'homme; le veuf resté célibataire ne
tarde pas à mourir; la veuve qui ne s'est pas remariée vit de longues années. Saint Jean Chrysostome calomnie la femme, lorsqu'il la croit poussée
par les sens à faire un second mariage; d'ailleurs, les
théologiens ne connaissent pas la nature humaine.

Sauf des exceptions, assez fréquentes il est vrai, la
femme est plus idéale que l'homme, elle est menée
par le sentiment bien plus que par les sens. Lorsqu'elle voit s'ouvrir devant elle un avenir sombre et
désolé, lorsque l'isolement et la solitude semblent devoir être les seuls compagnons de ses vieux jours,
lorsque ses enfants se sont dispersés, quoi d'étonnant
à ce qu'elle cherche un appui et un soutien pour cette
pénible période de la vie? Malgré cela, elle y recourt
rarement. Quelques-uns ont voulu prétendre qu'elle
était écartée du mariage par son besoin de dominer
et d'être maîtresse; qu'il n'y avait pas d'état plus
heureux que celui d'une femme restée veuve avec
des enfants, c'est-à-dire ayant quelqu'un à qui elle pût
commander, personne à qui elle dût obéir. Ils ont
rappelé la réponse faite par un ambassadeur à la reine
Élisabeth d'Angleterre, qui lui demandait si elle devait se marier : « Madame, lui répondit celui-ci, si
vous vous mariez, vous serez la reine; si vous ne vous
mariez pas, vous serez le roi et la reine. » Elle voulut
être le roi et la reine, et beaucoup de femmes sont de
son avis.

Rien de vrai dans tout cela. Ce qui ressort de la
statistique du présent et du passé, c'est que la femme

a moins besoin de l'homme que l'homme n'a besoin de la femme, à qui la nature l'a donnée pour diriger ses premiers pas et pour soutenir ses derniers vacillements; « sans la vieillesse et sans l'enfance je ne voudrais pas de la femme », disait Napoléon, qui, cette fois, était dans le vrai ; c'est que son rôle est avant tout un rôle maternel, que sa première loi est la loi du sacrifice et du dévouement, et qu'elle est malheureuse lorsqu'elle n'y obéit pas. Voyez, à toutes les époques, les femmes courir les bals, les tournois, les eaux, les promenades, cherchant à se distraire et à s'étourdir ; elles vous crient qu'elles s'amusent, ne les croyez pas, elles sont rongées par un incurable ennui, parce qu'elles manquent à la destination de leur être.

Aussi ne vous étonnez pas de les voir tout quitter pour courir au berceau d'un enfant ou au lit d'un malade, et y passer les jours et les nuits. Elles seront brisées, accablées, mais elles ne sentiront plus cet ennui qui les torturait au sein des fêtes les plus brillantes, au siècle dernier, alors que le mariage n'existe que pour la forme, alors qu'il est presque honteux d'aimer son mari et de vivre avec lui. Eh bien, dans cette société si désagrégée, quand un mari prend la petite vérole, sa femme, qui le connaît à peine, qui souvent ne l'a vu qu'à la messe de mariage, vient s'enfermer avec lui, le soigner avec un dévouement de sœur de charité, au risque de prendre la terrible maladie et de perdre une beauté à laquelle elle tient plus qu'à la vie. Lorsqu'à la suite de la conspiration qui signala son avènement, l'empereur Nicolas envoya en Sibérie des milliers de proscrits, appartenant aux plus grandes

8.

familles, on vit leurs femmes prendre place auprès d'eux sur le traîneau de l'exil, sachant que cet acte entraînerait la confiscation de leurs biens et les condamnerait à la mort civile.

Oui, la femme est meilleure que l'homme; oui, elle a un instinct maternel dont elle ne se départit jamais. Il faut la voir à son lit de mort; à ce moment une seule chose l'inquiète, l'intérêt de celui qu'elle va quitter et le sentiment du besoin qu'il avait d'elle. C'est alors qu'avec une abnégation sublime, elle lui désigne celle qu'il doit épouser, qu'elle a choisie et étudiée elle-même dans les longues angoisses de son agonie. Quelques-uns répondent avec une brutalité cynique, comme Guillaume III, que sa femme Caroline adjurait de se remarier : « Non, j'aurai des maîtresses ! » Beaucoup obéissent à ce conseil désintéressé et dicté du seuil de l'autre vie; ainsi fit Guizot, à qui sa femme mourante légua cette Pauline de Meulan, qui fut une épouse si dévouée et si courageuse. Bien différente est l'attitude de l'homme : le dernier sentiment qui survit en lui, c'est celui de la jalousie; sa dernière préoccupation est de lier celle qui fut sa compagne par tant de liens, qu'elle ne puisse déserter sa mémoire, et quand tous les autres moyens lui manquent, lorsqu'il s'abandonne à sa nature grossière et brutale, il la mutile et il la défigure, afin que sa beauté ne tente plus personne. Les plus réservés imitent Louis XIV, disant à madame de Maintenon : « Adieu, il faut espérer que nous nous reverrons bientôt ! » Et de tous, presque, on peut dire ce que disait la veuve de Scar-

ron, s'éloignant du lit de mort de son royal amant :
« Cet homme-là n'a jamais aimé que lui ! »

La récompense de tant de dévouements et de sacrifices, c'est la longue et paisible vieillesse que la nature a accordée aux veuves. Lorsqu'elles ont accompli
le long travail de mettre au monde et d'élever leurs
enfants ; lorsqu'elles ont conduit à sa dernière demeure le compagnon de leur vie, alors commence
pour elles une période de calme et de longévité dont
la nature n'offre pas d'autre exemple. Quand les
mauvaises passions de l'envie, de la jalousie, de l'ambition n'ont pas laissé sur leur visage des traces inef-
façables ; quand leur vie s'est écoulée paisible et
honorée, une douce sérénité règne sur leur visage :
le sang coule moins vif, la peau brille moins satinée,
mais on retrouve toujours cette expression de bonté
et de douceur maternelle qui atteint parfois jusqu'à
la beauté. « Ne voyez-vous pas que c'est la beauté de
son âme qui a conservé celle de son visage »? répondait Michel-Ange à ceux qui lui reprochaient d'avoir
fait belle la Vierge, alors qu'elle était déjà dans un
âge avancé.

L'homme ne sait pas se faire à la vie contem-
plative et inactive; l'existence tourmentée, fiévreuse,
qu'il a sans cesse menée, lui rend tout repos insupportable et devient pour lui une cause de mort rapide. La femme, au contraire, jouit du calme avec
délices, elle se repose une fois sa tâche terminée.
A chaque matin qui se lève, elle ne demande pas :
« Qu'apportes-tu ? » Mais, contente de voir briller l'aurore, d'entendre les oiseaux gazouiller, d'assister à ce

réveil de la vie continuant son cours accoutumé, elle dit avec madame de la Fayette : « C'est assez d'être ! »

IV

LA FEMME FÉODALE

Vous souvenez vous de ce gouffre appelé *Barathrum*, et dans lequel les Lacédémoniens jetaient les

enfants mal constitués? Avez-vous entendu parler de la barbarie des Chinois, qui abandonnent dans les champs leurs enfants nouveau-nés, pâture promise aux pourceaux?

Eh bien! l'humanité a vu des exemples d'une cruauté plus condamnable encore, et ces exemples ont été donnés par l'Europe chrétienne et civilisée, qui enfermait les filles dans une prison perpétuelle appelée couvent. Les vieillards de Lacédémone pouvaient dire qu'ils se faisaient les auxiliaires de la nature dans l'œuvre d'élimination qu'elle pratique sur tous les êtres chétifs et malingres; les Chinois, chez lesquels les infanticides ne sont proportionnellement pas plus nombreux que dans les autres pays, ont pour cause la misère qui les décime sans relâche. L'aristocratie féodale ne pouvait alléguer de semblables motifs. Elle sacrifiait, non des êtres encore en germe et à peine arrivés au seuil de la vie, mais des êtres en pleine maturité, ayant atteint leur complet développement moral et physique, des êtres qui ne demandaient qu'à jouir de l'existence ouverte si belle devant leurs pas; elle mettait un bâillon sur leur bouche pour les empêcher de respirer, elle posait la main sur leur cœur pour lui défendre de battre, elle les condamnait à une agonie longue et imméritée; et ce sacrifice, le plus condamnable de tous, elle le faisait à la vanité, le plus stérile de nos sentiments. Presque toutes les sociétés ont eu de ces cruautés qui les poussent à sacrifier l'individu aux institutions; la société féodale subit cette nécessité comme les autres, et la femme se trouva être une de ses victimes.

L'édifice aristocratique, non moins factice que les autres conventions sociales, reposait sur l'organisation de la famille noble, sur sa perpétuité sans fin, et, pour y arriver, on avait imaginé le droit d'aînesse. Dans ce système, le fils aîné existait seul, il était regardé comme le seul représentant de la famille : à lui étaient réservés le nom, la fortune, le rang ; ses frères et sœurs se trouvaient exclus de l'héritage comme des étrangers. Les cadets avaient en partage les honneurs et les dignités ecclésiastiques, ils étaient évêques, abbés, chevaliers de Malte. Une semblable manière de faire choque nos idées modernes, et nous regardons ces dignités comme étant le partage du seul mérite. Mais alors on avait une tout autre manière de voir, et cette façon de procéder paraissait des plus légitimes. Ces couvents, ces abbayes, ces chanoinies avaient été fondés par des seigneurs et par des princes qui s'étaient réservé le droit d'en nommer les titulaires, destinant ces bénéfices à leurs parents ou à leurs amis. Aussi personne ne s'étonnait de voir un colonel de huit ans et un évêque de dix ans ; Bossuet reçut, à l'âge de dix ans, un canonicat dans la cathédrale de Metz. Aujourd'hui, les choses ont changé, mais pour la forme seulement : les hautes positions sont-elles toujours occupées par ceux qui les méritent, ou par ceux qui sont capables de les remplir ?

Pour les filles il y eut le couvent : on aimait mieux les condamner à la vie inutile du cloître que les marier à un roturier. La mésalliance ! voilà le grand crime de la société féodale, le seul pour lequel il n'y ait pas de rémission. Cette répulsion pour le mélange des classes était un héritage légué par le monde romain, qui s'était réservé le privilège exclusif des armes et des affaires publiques, laissant aux esclaves le travail manuel et le commerce, tombés dans une grande déconsidération. La société féodale avait hérité de ce préjugé, qui se retrouve partout où s'est établie la conquête, mais qui n'existait point ailleurs, puisque c'est du commerce que sont sorties les aristocraties de Gênes, de Florence et de Venise. Malheur à celui qui descendait de son rang par une mésalliance ; si c'était un chevalier, il se voyait renié par tous ses frères d'armes, les portes du tournoi se fermaient devant lui, et, s'il voulait forcer les barrières, tous les chevaliers présents se précipitaient sur lui, l'accablant des coups de leurs masses d'armes pour se venger du déshonneur qu'il leur avait infligé.

L'aventure de la malheureuse Agnès Bernaüer, touchante victime du préjugé aristocratique, est restée populaire de l'autre côté du Rhin. Elle était fille d'un pauvre barbier d'Augsbourg ; le duc Albert, fils du prince régnant de Bavière, fut séduit par sa grande beauté, et contracta avec elle un mariage secret. Grande colère du père, qui, voulant marier son fils, et trouvant chez lui une résistance obstinée, ne tarda pas à en apprendre la cause. Par son ordre, les barrières d'un tournoi donné à Ratisbonne furent fermées devant son fils, comme devant un chevalier vivant en luxure avec une fille. Furieux de cet outrage, Albert jura qu'Agnès était sa femme légitime,

il la fit reconnaître publiquement comme duchesse
de Bavière, et l'établit dans le château de Staubing,
sur le Danube. Le prince, profitant d'une absence de
son fils, fit arrêter Agnès, l'accusa d'avoir usé de sortilèges pour se faire aimer du duc Albert, et ordonna
de la jeter dans le fleuve.

La postérité a montré pour la fille du barbier
d'Augsbourg une pitié que n'éprouvèrent pas ses
contemporains, qui ne protestèrent pas plus contre
son infortune que les hommes du moyen âge ne
protestèrent contre les persécutions dont les juifs et
les hérétiques étaient victimes, que les hommes du
dix-septième siècle ne protestèrent contre les dragon-
nades : tous les hommes sont de leur temps, et on
compte les rares philosophes qui ont eu le courage de
s'élever contre la convention sociale, de tenir tête à
l'opinion publique.

La société féodale ne se montrait pas plus indulgente pour les mésalliances de la femme, qui ne pouvait ni se marier à son gré, ni même refuser de se
marier. Possédait-elle un fief, elle ne pouvait se marier sans le consentement de son suzerain. Celui-ci
lui présentait trois maris, entre lesquels elle avait la
liberté de choisir ; mais elle devait forcément se décider pour l'un des trois, lors même qu'aucun d'eux
ne lui plaisait, lors même que son cœur se trouvait
placé ailleurs. Le suzerain était en droit d'exiger que
le fief relevant de lui fût entre des mains capables de
le défendre, qu'il fût confié à un homme qui pût lui
prêter le secours de son bras au jour où il en aurait
besoin. Aussi disait-il à sa vassale : « Femme, vous

me devez le service de vous marier! » Et celle qui ne
se mariait pas, celle qui se mariait avec un autre
qu'avec un des trois candidats présentés, perdait son
fief sans retour.

Mais elle le perdait d'une façon bien plus certaine
encore si elle se mésalliait, c'est-à-dire si elle épousait
un roturier. Non seulement elle perdait son fief, mais
encore elle perdait sa caste, et, après la dissolution de
son mariage, il fallait des lettres de réhabilitation
pour la relever de sa déchéance. Partout les classes
privilégiées se sont montrées aussi inexorables : la
femme romaine qui épousait un esclave devenait
esclave avec lui ; la femme franque qui s'unissait à
un serf avait le choix entre une épée et une que-
nouille ; la femme hindoue qui contractait un mariage hors de sa caste la perdait pour jamais.

Cet exclusivisme, si intolérant en apparence, n'a-
vait-il pas sa raison d'être ? Il faut se souvenir combien était grand l'abîme qui séparait alors la noblesse
de la roture, entre lesquelles il n'y avait ni une idée,
ni un sentiment communs : l'éducation, l'instruction, la manière de voir différaient alors plus qu'elles
ne peuvent le faire aujourd'hui entre les classes les
plus opposées. Il faut se souvenir que le mélange
des castes et des races a toujours été un rapide agent
de dissolution : dans les colonies, la population qui
est résultée de l'alliance des indigènes avec les Européens est là pour le prouver. Eh bien, dans le monde
moral, ce phénomène est encore plus sensible, plus
inévitable que dans le monde physique ; et chaque jour il nous est donné de voir de combien de

degrés est descendu l'homme qui s'est livré aux
mains d'une femme ignorante et grossière. A tous
il arrive ce qui était arrivé au duc d'Orléans, dont on
disait après son mariage avec madame de Montesson :
« Ne pouvant faire madame de Montesson duchesse
d'Orléans, il est devenu M. de Montesson. » Vous
souvenez-vous de la légende dans laquelle un pêcheur
est devenu amoureux d'une ondine, et s'est préci-
pité dans les flots pour vivre toujours avec elle ? Parfois on les voit glisser tous les deux à travers l'onde
transparente, mais les regards les gênent, et dès qu'ils
se sentent vus, ils vont se réfugier dans une grotte
obscure. N'est-ce pas un symbole de la mésalliance,
de la honte et des regrets qu'elle entraîne après elle ?

Oui, l'aristocratie avait raison de défendre, comme
son bien le plus précieux, cette hauteur de sentiment, cette virilité d'attitude qui lui ont fait pardonner ses violences et ses tyrannies. Mais elle avait
voulu violenter la nature; mais elle avait voulu lui
substituer une convention factice et tyrannique, et
elle n'avait pas prévu que les conséquences les plus
inattendues, les plus immorales, allaient forcément
découler de cet état de choses. Ces jeunes filles,
qu'elle voulait vainement comprimer dans sa main
de fer, écoutaient parfois la voix de leur cœur, et se
mariaient avec l'homme de leur choix, fût-il un roturier. Et ce jour-là, elles entendaient leur mère murmurer à leur oreille ces paroles qui contiennent tout
un système de morale : « Si vous aimiez ce cadet,
qu'aviez-vous besoin de l'épouser ? Dieu pardonne,
les hommes ne pardonnent point. »

Et, il faut le dire, car c'est de l'histoire, ces hommes, poussés par la vanité plus que par l'intérêt de caste, avaient fermé les yeux sur les désordres scandaleux de la marquise de Courcelle, mais ne lui pardonnaient point son mariage avec un officier de fortune. Ils prononçaient l'anathème contre la comtesse de Suffolk, nièce de Jane Gray, pour son mariage avec son écuyer, mais ils l'eussent approuvée de le prendre pour amant. Ce préjugé était si fort que ceux-là même qui avaient un intérêt contraire s'y soumettaient les premiers. Après avoir marié son fils à la duchesse de Brézé, nièce du cardinal de Richelieu, le duc d'Enghien, donnant un exemple de servilité courtisanesque, vint proposer sa fille pour un autre neveu : « Une demoiselle peut bien épouser un prince, mais une princesse ne doit point épouser un gentilhomme », répondit dédaigneusement le cardinal.

La jeune fille fut donc condamnée à un célibat perpétuel, car ordinairement il y en avait à peine une par famille qui trouvât à se marier. Ce mariage était arrangé d'avance, souvent dès le berceau par le père, qui pouvait disposer de ses filles selon son bon vouloir. Les unes, il les unissait au fils à peine né ou même à naître d'un ami ou d'un voisin, et cet engagement était aussi solide que celui du mariage lui-même; pour les autres il prononçait des vœux monastiques qui avaient aux yeux de l'Église toute la validité désirable. « Ce sont ordinairement les plus belles filles d'une maison qu'on met au couvent, raconte madame d'Aulnoy. Ces pauvres en-

fants y entrent si jeunes qu'elles ne connaissent ni
ce qu'on leur fait quitter, ni ce qu'on leur fait prendre dès l'âge de six à sept ans, et même plus tôt. On
leur fait faire des vœux ; bien souvent c'est le père
ou la mère ou quelque proche parente qui les pro-
nonce pour elles, tandis que la petite victime joue
avec des confitures et se laisse habiller comme on
veut. Le marché tient néanmoins, et il ne faut pas
songer à s'en dédire. »

C'est dans sa plénitude l'exercice de la puissance
paternelle, qui a donné naissance à des faits qui nous
étonnent toujours, parce que nous n'avons pas conscience de ce pouvoir absolu accordé au père de famille par le droit primitif. Agamemnon sacrifiant
Iphigénie ; Aristodème offrant sa fille en holocauste ;
Brutus immolant son fils ; Philippe II et Pierre le
Grand condamnant don Carlos et Alexis, agissent
en vertu du même principe qui permet au père de
jeter sa fille dans un couvent ou de la mettre au bras
d'un mari qu'elle n'a jamais vu.

Pourquoi condamner les jeunes filles à languir au
fond d'un cloître, au lieu de les laisser vivre paisibles
dans le manoir paternel, qui devait être pour elles
un asile protecteur et inviolable? A l'origine il en
était ainsi, et tous les enfants puînés, dépouillés de
leur part d'héritage par le droit d'aînesse, trouvaient
sous le toit qui les avait vus naître la vie large et aisée
à laquelle ils avaient été habitués dès leur enfance.
Plus d'un père dut imiter Charlemagne, qui, désireux
de garder ses filles près de lui, repoussa toute proposition d'alliance pour elles, et dut ensuite tolérer les

désordres et les scandales dont son égoïsme paternel avait été la première cause. Mais les choses ne tardèrent pas à changer ; la femme étrangère introduite dans la famille, et devenue l'épouse de l'aîné, souffrit avec impatience ces parents qui n'avaient d'autres droits à l'hospitalité qu'un engagement moral et tacite, et qui se regardaient comme les maîtres de la maison. Avec les filles elle s'entendit moins encore qu'avec les fils, le besoin de domination ne permettant pas à deux femmes d'habiter ensemble sur un pied d'égalité. Les cadets s'en allèrent chercher fortune au loin ; les filles se réfugièrent dans le couvent, ou plutôt ne firent qu'y rentrer après l'avoir momentanément quitté, cédant, soit aux mauvais traitements, soit à la persuasion, comme les deux filles du comte de Grignan, que la fille de madame de Sévigné décida à prendre le voile afin de s'emparer de leur petite fortune.

Ce sacrifice leur coûtait peu, et elles n'avaient pas grand'chose à regretter dans ce monde auquel elles disaient un éternel adieu. La famille n'était pas ce que nous la voyons aujourd'hui, et les relations entre les parents et les enfants avaient un caractère tout différent ; il y régnait plus de respect et moins d'affection, l'étiquette et la raideur y remplaçaient la confiance et l'abandon. La mère ne se faisait pas de sa fille une compagne assidue et presque nécessaire ; absorbée par la vie de cour, par les menées de l'ambition, elle ne pouvait la surveiller ni l'instruire ; souvent même elle se trouvait gênée par ce jeune et frais visage qui détournait les adorateurs, et qui était pour elle un acte de naissance irrécusable; aussi, lorsque les circonstances la forçaient de la retirer du couvent et de la garder auprès d'elle, se hâtait-elle de l'y renvoyer le plus tôt possible. Cette sécheresse de cœur s'accentuait avec l'âge, et les douairières ne connaissaient pas cette tendresse aveugle que nos grand'-mères montrent pour leurs petits-enfants. Lisez dans les Mémoires de madame de Genlis la manière d'agir de sa grand'mère à son égard, manière d'agir qui n'étonnait personne, car elle était générale.

Aussi la jeune fille n'était que trop disposée à écouter les nombreuses voix qui la poussaient au couvent. Il y avait d'abord cette exaltation de la jeunesse qui s'abandonne sans réserve au sentiment religieux, exaltation accrue encore par la force d'un exemple qu'on a chaque jour sous les yeux. La princesse palatine raconte que, lorsqu'elle était au couvent, rien ne lui semblait au-dessus de la vie religieuse, et son histoire est celle de toutes les jeunes filles. Elle ajoute, il est vrai, qu'on faisait miroiter à ses yeux l'espoir de devenir abbesse. « Je vous ajouterai que rien ne paraît plus brillant, plus important à une religieuse que le gouvernement de la maison. Un berger disait que, s'il était roi, il garderait ses moutons à cheval; une enfant ne voit rien au delà de l'autorité qui agit sur elle depuis son enfance. »

Ces promesses flatteuses ne manquaient pas à toutes celles qui étaient riches et titrées; les couvents ne marchandaient ni leurs peines ni leurs soins à celles qui pouvaient leur apporter richesse et crédit : car pour les mariages avec Jésus-Christ, il en était comme pour

les mariages avec les hommes, les plus richement do-
tées étaient les mieux partagées. Sans compter que
bien souvent la dot n'était regardée que comme fonds
de premier établissement, et qu'il fallait en outre subvenir aux dépenses quotidiennes. Le P. Labat raconte
qu'en Espagne les religieuses sont très exigeantes vis-
à-vis de leur famille, qu'elles leur font de continuelles
demandes d'argent, et que celles à l'entretien desquelles on ne peut subvenir meurent littéralement de
faim. Aussi ces riches couvents, sur lesquels nous
avons des idées très fausses, pourraient être compa-
rés à des pensions bourgeoises dans lesquelles chacune était pour son argent. Le Laboureur, accompagnant la reine Marie de Gonzague en Pologne, vit
une abbaye dans laquelle vivaient six religieuses, cinq
catholiques et une luthérienne, et cette dernière n'a-
vait pu en être exclue.

L'habitude, qui nous fait accepter les choses les
plus contraires à la logique et au bon sens, avait disposé les jeunes filles à l'idée de passer leur vie dans
ces couvents; elles voyaient toutes leurs compagnes
faire ainsi, et la pensée ne leur venait même pas qu'il
pût en être autrement. Aussi, grande est l'erreur des
romanciers et des dramaturges qui mettent dans la
bouche de leurs héroïnes un langage et des sentiments
qu'elles n'ont jamais eus. D'ailleurs, qu'auraient-elles
fait dans ce monde qui les repoussait, dans cette famille qui leur était hostile? L'idée de se mésallier, d'é-
pouser un roturier, ne leur venait même pas, tellement le préjugé aristocratique avait accru l'orgueil
naturel du caractère féminin. Quelques-unes, aveu-

glées par une passion folle, pouvaient bien s'oublier,
mais c'était l'exception, et de semblables exemples
étaient donnés plus souvent par les hommes que par
les femmes.

Marie de Gonzague, après avoir failli épouser le
duc d'Orléans, puis Cinq-Mars, devint amoureuse
d'un gentilhomme italien ; elle se sentit prise pour
lui d'une passion telle qu'elle oubliait les couronnes
et les trônes que les devins lui promettaient. Mais
son amour-propre l'emportait encore sur son amour ;
elle passait les jours et les nuits à feuilleter l'histoire, à y chercher les exemples des princesses qui
avaient épousé de simples gentilshommes, pour se
justifier à ses propres yeux. Madame de Genlis, étant
toute jeune fille, reçoit une déclaration d'amour :
elle s'indigne, non de l'insolence d'une pareille conduite, mais de ce qu'un roturier ose s'adresser à elle.
Aussi, un noble de ses contemporains n'avait qu'une
manière de faire sa cour aux femmes dont il solli-
citait les faveurs : il leur envoyait une énorme liasse
de papiers contenant sa généalogie, puis il se présentait lui-même quelques jours après.

Que pouvait faire de mieux que d'entrer au couvent une jeune fille qui avait des préjugés semblables,
et qui vivait dans un monde où chacun avait sa place
marquée ? Le sort des jeunes filles nobles sans fortune
est des plus misérables ; celles qui ne trouvent pas
quelqu'un pour payer leur dot au couvent, ou qui re-
culent devant une semblable extrémité, imitant madame de Maintenon qui épousa Scarron plutôt que
d'épouser le couvent, celles-là mènent une existence

des moins enviables. Le préjugé de la naissance leur interdit tout travail fructueux et honorable, et ne leur permet que la domesticité chez les grands seigneurs. Lisez l'histoire de madame de Maintenon, celle de madame de Staal ou de mademoiselle de l'Espinasse, pour voir combien le sort des jeunes filles sans fortune était misérable, combien pénible et humiliant l'état de domesticité dans lequel elles vivaient. Les sonnettes de nos appartements ont été inventées pour les remplacer, car c'étaient elles qui allaient chercher les domestiques et leur dire ce qu'on voulait d'eux.

Dans de semblables conditions, dans cet ostracisme porté par la convention sociale contre les jeunes filles qui ont eu le malheur de naître nobles, le refuge du couvent n'est-il pas un bienfait? Elles y trouvent tant de calme et de douceur, elles s'y sentent si bien à l'abri des orages et des périls du monde dont on leur a fait un sombre tableau, que parfois elles refusent de le quitter. On veut tirer sainte Édith de son couvent pour la faire monter sur le trône d'Angleterre : elle refuse, préférant la paix du cloître aux agitations de la cour.

Mais c'est là l'exception, et ces vocations factices ne résistent pas à la première épreuve. La princesse palatine, qui voulait passer sa vie au couvent, trouve sur la table de l'abbesse une lettre de madame de Guise blâmant les efforts qu'on fait pour la pousser à la vie religieuse, disant que c'est la sacrifier et qu'elle est faite pour briller dans le monde. Ces mots ouvrent devant ses yeux un horizon tout nouveau : c'en est fait de sa dévotion et de son mysticisme, elle trouve insipide ce qui la passionnait la veille, elle se sent attirée invinciblement vers l'inconnu, et elle quitte le couvent pour rejoindre sa sœur Marie de Gonzague. La duchesse de Longueville, elle aussi, brûle du désir de se faire religieuse, et elle supporte avec impatience les années d'épreuves qu'on lui a imposées. Un jour on la force à aller au bal; elle s'y rend contrainte, et avec un cilice sous sa robe blanche. Elle est remarquée de tous, elle savoure pour la première fois le délicieux nectar de la louange et de la galanterie, et les aspirations mystiques sont oubliées pour longtemps.

Quand on parle de la vie de couvent, il ne faut pas se figurer ces murailles sombres, ces grilles noires et terribles dont les romanciers ont abusé; la vie y était plus douce, plus facile qu'on ne pourrait se l'imaginer parmi ces femmes qu'aucune vocation religieuse ne poussait, qui n'avaient d'autre but que de passer leur existence aussi doucement, aussi agréablement que possible, sous la paternelle direction d'abbesses que des liens rattachaient à la cour, souvent même à la favorite régnante. Dans beaucoup de couvents et d'abbayes ne régnait pas une claustration rigoureuse. Les religieuses allaient aux eaux, et, selon la remarque des baigneurs, elles y arrivaient les premières, en sortaient les dernières. Quand un évêque peu galant voulait les en empêcher, elles s'adressaient au roi, qui accordait l'autorisation. Leur parloir était une salle de conversation, souvent même une salle de bal et de festin; elles n'avaient perdu, en franchissant les murs du couvent, ni les habitudes ni la joyeuse liberté des fêtes de la cour. Tous les voyageurs passant près d'un couvent allaient rendre visite à l'abbesse, qu'ils connaissaient soit personnellement, soit par leur famille, comme ils se faisaient présenter chez les princes régnants.

D'ailleurs une abbesse était une autorité, elle portait une crosse à l'instar des évêques, elle jouissait de droits féodaux, parfois très singuliers. Elle accablait ses visiteurs de politesses et de cadeaux, les priant à sa table, leur présentant ses religieuses. A Montaigne prenant les eaux de Plombières, l'abbesse de Remiremont envoyait des plats de neige et des primeurs ; Ségur, partant pour l'Amérique, fut reçu à merveille dans le couvent de Terceira, il dîna avec les religieuses et partit en les embrassant ; à Lauzun et à beaucoup d'autres arrivèrent des aventures de ce genre. En Italie et en Espagne, on servait toujours le chocolat et l'eau glacée. Grosley, voyageant en Italie, fut le témoin d'une scène des plus caractéristiques.

Visitant un couvent à Milan, il voit les religieuses faire irruption dans le parloir, l'entourer, l'injurier en criant que la France est une impie d'avoir donné l'expulsion au cardinal Cavalchini, que c'est s'opposer aux desseins de Dieu. Celui-ci leur répond qu'aucun mortel ne saurait s'opposer aux desseins de Dieu, et que le nom de celui qui doit être pape est écrit dans le ciel de toute éternité. Elles protestent, elles crient toutes ensemble, puis on sert le chocolat, les confitures et les eaux glacées, en se promettant de se revoir et de discuter une autre fois. Ce sont sans doute ces religieuses qui, voyant le P. Labat se moquer d'un de ses confrères exorcisant une femme, lui demandaient :

« Les Françaises ne sont donc pas possédées? — Non, répondait-il, ce sont elles qui possèdent le diable. En tous cas, lorsqu'on les croit atteintes, on leur donne de bons bouillons, une bonne nourriture et de grands coups de fouet. Il n'y a pas de démons qui résistent à ce traitement. »

Dans les pays où la séquestration était rigoureuse, en Italie par exemple, les religieuses voyaient le monde à travers la grille de leur parloir; elles ne pouvaient pas aller dans le monde, le monde se transportait près d'elles. Chaque jour, les plus brillants cavaliers venaient leur faire la cour, causer avec elles à travers ce grillage qui n'était pas toujours une défense bien efficace, qui permettait les serrements de main et les baisers. Voulait-on dîner avec les belles cloîtrées sans enfreindre les règles de la claustration, des tables se dressaient, divisées en deux par la grille du parloir, et chacun mangeait de son côté, en causant avec toute liberté. Voulait-on leur donner le spectacle d'un bal masqué, comme on donnait une sérénade aux dames de la ville, on improvisait un bal masqué dans le même parloir, et les religieuses collées contre la grille en suivaient les péripéties. Casanova et Bernis, ambassadeur à Venise, en donnèrent plusieurs de ce genre. Les religieuses eussent pu y prendre part sans y faire tache; très galamment habillées, les bras et la gorge nus, couvertes de rubans, elles ne se distinguaient que par quelques détails isolés des dames de la ville. Les jansénistes, envoyés à Rome pour négocier au nom de Port-Royal, trouvèrent dans leur voyage maint objet de scandale; mais ce

qui les choqua le plus, ce fut certainement de voir
les couvents vénitiens avec leurs brillants concerts,
la foule de visiteurs qui les envahissait, et le costume plus que galant des religieuses qui l'habitaient.

Ils ne se souvenaient pas que les femmes enfermées
derrière ces grilles ne l'étaient point par leur libre
choix ; captives comme les Orientales dans le harem,
elles cherchaient, comme elles, à apporter tous les
adoucissements possibles à leur captivité. Leur sort
n'était pas si misérable, puisque elles-mêmes le choi-
sissaient souvent. Le Père Labat raconte que les
jeunes Florentines étaient tenues dans la maison paternelle avec une sévérité excessive, ne sortant jamais
de leur chambre, si ce n'est le jeudi saint, pour aller
faire leurs stations et en compagnie de deux duègnes
vigilantes ; aussi la plupart entraient au couvent pour
échapper à un esclavage aussi dur, nécessité sans
doute par la difficulté de garder une fille dans un pays
où le proverbe : « Marie ta fille ou elle se mariera »,
était plus vrai que partout ailleurs. Elles avaient une
façon très ingénieuse d'en sortir et de recouvrer une
liberté complète, et qui est racontée par madame de
Craven : elles le quittaient pour se marier, obtenaient
le divorce le lendemain, grâce à une des nombreuses
subtilités de la casuistique, puis vivaient maîtresses
d'elles-mêmes. La chose n'était pas difficile dans un
pays où l'on voyait une mère donner un soufflet à sa
fille en la conduisant à l'autel de l'hymen. Interrogée pourquoi elle agissait ainsi, elle répondait :
« C'est afin que, si elle n'est pas heureuse, ma fille

ait un prétexte pour faire casser son mariage en soutenant qu'elle a été forcée. »

Le sort des chanoinesses était plus heureux encore que celui des religieuses ordinaires, mais il était réservé aux seules privilégiées de la naissance, à celles qui pouvaient faire la preuve d'un nombre déterminé de quartiers de noblesse ; là il n'y avait pas de faveur possible, et des princes avaient vu leur puissance échouer devant la résistance de la morgue aristocratique. La femme admise dans un couvent de chanoinesses recevait le titre de comtesse, et le nom de madame, ce qui la flattait infiniment. Jusqu'à la fin du siècle dernier le nom de madame était donné seulement aux femmes de haute naissance ; et nous sommes surpris aujourd'hui de lire des lettres se terminant ainsi : « Mille amitiés à mademoiselle votre femme. » Le costume des chanoinesses se composait d'une robe de soie noire étalée sur des paniers, avec de grands manteaux doublés d'hermine pour les cérémonies. La marque distinctive de l'ordre était un cordon rouge portant une croix émaillée, avec un large ruban moiré pour ceinture.

La vie de ces religieuses privilégiées se passait dans le monde tout autant que dans leur couvent. Il était peu de familles nobles qui n'eussent une chanoinesse ou un commandeur de Malte. Les chanoinesses les plus sévèrement tenues, celles avaient fait des vœux perpétuels, pouvaient prendre une année sur trois et la passer à voyager, à vivre dans leur famille ou dans le monde comme des personnes ordinaires. Marguerite de Valois raconte qu'en Bra-

bant elle menait une vie très agréable ; elle vante
l'aménité des chanoinesses qu'elle rencontrait le matin à la messe et le soir au bal.

On pense bien qu'une position si agréable devait
être un objet d'envie. Madame de Tencin, religieuse
dans un couvent à Grenoble, attirant auprès d'elle
toute la ville par les grâces de son esprit et le charme
de sa conversation, obtint d'être relevée de ses vœux
et de devenir chanoinesse, ce qui lui permit de venir
habiter Paris et de donner un libre essor à son esprit
pour l'intrigue. On se faisait relever facilement de
ses vœux, surtout lorsqu'il s'agissait de l'intérêt d'une
grande famille. Lorsque l'aîné d'une grande maison
mourait sans enfant, son cadet lui succédait; s'il
était dans les ordres religieux ou militaires, un bref
du souverain Pontife lui rendait sa liberté ; s'il choi-
sissait pour femme une jeune fille enfermée dans un
couvent, on la relevait également de ses vœux. Le
couvent était une sorte de pépinière dans laquelle
on allait chercher des greffes pour perpétuer les
grandes familles, greffes qu'on laissait dépérir et s'é-
teindre lorsqu'on n'en avait pas besoin. C'est ainsi
que dans presque tout l'Orient les membres de la famille régnante sont étroitement séquestrés ; le prince
vient-il à mourir sans enfant, on accourt chercher
un de ces captifs pour le mettre sur le trône ; est-il
au contraire assuré d'avoir un successeur, on les
massacre ou on leur crève les yeux, afin d'ôter le
prétexte à toute révolte, à toute révolution de palais.
Dans le royaume de Siam les choses se passent ainsi
encore aujourd'hui.

Les jeunes filles n'étaient pas les seules à chercher un asile dans les couvents ; les veuves le faisaient aussi, surtout lorsqu'elles étaient sans famille et sans fortune. C'était un moyen de ne pas renoncer au monde et de garder de la considération à ses yeux : ainsi firent madame de Maintenon, après la mort de Scarron, madame du Deffand, madame de Genlis et tant d'autres.

Les appartements qu'elles occupaient étaient bien dans l'enceinte même du couvent, mais dans un corps de logis séparé de celui destiné aux religieuses, ce qui leur permettait d'entrer et de sortir à leur volonté, de recevoir des visites, de rassembler une nombreuse société d'hommes et de femmes. D'ailleurs ce n'était pas pour elles chose inusitée et inconnue que de séjourner dans un couvent ; la plupart des grandes dames y avaient des appartements, dans lesquels elles allaient de temps à autre faire une retraite. Anne d'Autriche montrait une prédilection pour le Val-de-Grâce, elle s'y réfugiait souvent : avant la mort de Louis XIII, c'était là qu'en compagnie de la duchesse de Chevreuse, elle cabalait contre Richelieu ; quand elle fut régente, les personnes de son entourage profitèrent des retraites fréquentes qu'elle faisait dans cette sainte maison pour intriguer contre Mazarin.

L'époque ordinaire de ces retraites était la quinzaine de Pâques : on voulait se recueillir afin de faire ses dévotions avec plus de ferveur. Mais on y avait recours dans beaucoup d'autres circonstances : après un grand malheur, après une grande maladie, sou-

vent même après une faute ou un scandale éclatant. Cette retraite volontaire avait cela de bon,
qu'elle interrompait pour ainsi dire la vie ordinaire,
qu'elle supprimait le passé ; à sa rentrée dans le
monde, la femme la plus compromise ne trouvait
personne qui se souvînt de l'événement qui avait
amené sa disparition ou même qui y fît allusion. Les
reines, qui se savaient destinées au couvent dès le
lendemain de leur veuvage, faisaient bâtir des mo-
nastères destinés à les recevoir ; dans ces asiles élevés
par elles, elles restaient toujours reines, puisqu'elles
commandaient encore : dans la pensée de madame
de Maintenon la fondation de Saint-Cyr n'eut pas
d'autre but.

On ne trouvait pas uniquement dans les couvents
des veuves et des jeunes filles, on y rencontrait également des femmes mariées. Non point seulement
de ces femmes que leurs maris faisaient enfermer à
cause de leur mauvaise conduite, comme la marquise
de Courcelle, la connétable Colonna ou la duchesse
de Mazarin ; mais des femmes qui s'y trouvaient librement et du consentement même de leurs maris.
Voici comment. Le mariage, tel que l'a établi la convention sociale, est une institution entièrement factice, et qui n'a pas pour base les vœux et les exigences
de la nature. Ce sont les animaux qui nous donnent
l'exemple du mariage naturel ; ils se réunissent quand
la chaleur du sang les y pousse ; puis, quand ils ont
procréé un ou plusieurs êtres de leur espèce, quand
ils l'ont nourri, élevé, mis à même de se suffire à lui-
même, ils regardent leur œuvre comme terminée, et

ils se séparent chacun de leur côté. Telle a été la première forme du mariage dans l'humanité. L'expérience a démontré les inconvénients de ce système ;
elle a prouvé qu'il y aurait plus d'avantages pour les
enfants, pour les époux eux-mêmes et enfin pour la
société, à ce que cette union, d'abord temporaire, de-
vînt indissoluble ; et elle en a posé le principe. Loin
d'obéir à la nature en agissant ainsi, elle l'a au contraire violentée, comme elle fait toutes les fois qu'elle
s'avance vers la civilisation et vers le progrès moral.

Mais les tendances naturelles reparaissent toujours,
et ce n'est que par l'énergie, que par des efforts sans
cesse renouvelés qu'on en peut triompher. Ainsi
dans le mariage tel que nous l'avons fait, il y a deux
moments de crises bien marqués. Le premier est celui
où tombe l'illusion qui transformait les deux époux
aux yeux l'un de l'autre, celui où ils se voient tels
qu'ils sont en réalité, et non tels qu'ils avaient cru
s'apercevoir à travers le mirage des amoureux désirs.
Les enfants sont là pour les réunir dans un autre sentiment, et l'affection se porte sur eux d'autant plus
forte, d'autant plus vivace, qu'elle y cherche une
consolation. La seconde crise arrive lorsque, parvenus
à leur complet développement, poussés par un irrésistible désir de vivre pour eux-mêmes, les enfants
s'envolent allant chercher aventure. Alors entre ces
deux époux, qui souvent n'avaient que ce lien de
commun, qui n'avaient pas su créer entre eux une
amitié tranquille et inaltérable, la convention se brise
et ils se tournent chacun de leur côté.

L'homme qui ne renonce jamais à la vie active, sent

renaître en lui le sentiment de l'ambition et le désir
d'une grande fortune; comme jadis la carrière ecclé-
siastique était la voie la plus courte et la plus sûre
vers les honneurs et les richesses, le mari obtenait de
sa femme une séparation amiable : elle se retirait
dans un couvent, et lui prenait la robe de prêtre ou de
moine. Ainsi fit Angilbert, qui avait épousé une fille
de Charlemagne; ainsi fit Abélard après son accident;
ainsi firent tant d'autres. Le mariage se trouvait dis-
sous de fait, quoique les deux époux existassent encore chacun de leur côté. C'est pour cela que dans les
siècles précédents on entend si souvent parler de pré-
lats, d'évêques, d'abbés, de papes qui ont des fils et
des filles. La femme acceptait le couvent avec assez
de facilité ; son âme aimante et avide d'émotions nouvelles se levait vers le ciel alors que la terre l'abandonnait. Toutefois, la tournure d'esprit particulièrement religieuse du moyen âge entrait pour quelque
chose dans cette décision ; aujourd'hui qu'une femme
peut plus facilement vivre seule et à sa guise, celles
qui se séparent de leurs maris ne se cachent plus dans
un couvent, mais elles fréquentent les bains de mer
et les stations hivernales. C'est que les mêmes crises
n'ont pas cessé de se produire dans le mariage; les
séparations volontaires ou judiciaires ont presque
toutes lieu à ce moment psychologique ; et les législateurs ont oublié de tenir compte de ce fait lorsqu'ils
agitèrent la grave question du divorce.

Enfin pour celles qui redoutaient la claustration et
les vœux du couvent, on avait le béguinage. C'était
une association de femmes, de filles et de veuves, qui

menaient la vie commune dans une enceinte fermée, qui se livraient au même travail et aux mêmes exercices pieux que les religieuses, mais qui conservaient leur liberté pleine et entière. Elles pouvaient aller, venir, sortir, recevoir dans leur appartement; elles n'étaient astreintes qu'à la régularité pour les heures des repas et pour la rentrée au béguinage. Le jour où elles trouvaient à se marier, elles le quittaient sans étonner personne. C'est surtout dans les Flandres que florissaient les béguinages, accessibles à beaucoup plus de femmes que les couvents par la modicité de leur prix. Les filles pauvres, ou du moins fournies d'une maigre dot, se voyaient réduites à la domesticité dans les couvents, tandis que dans les béguinages elles trouvaient une existence indépendante. Les béguines n'étaient pas moins célèbres que les religieuses pour la sainteté de leur vie, plus peut-être, car on n'y vit jamais le relâchement de mœurs de certains couvents; lors du procès de Marie de Brabant, on vint consulter une béguine de Bruges dont la parole fit autorité.

Si le couvent a joué un si grand rôle dans l'existence de la femme moderne, cela ne tient pas seulement au courant religieux qui a traversé le moyen âge, cela tient aussi à la nature de la femme. Son grand souci a toujours été de trouver une occupation pour les vingt-quatre heures de cette journée, si longues lorsqu'elles ne sont point remplies par les devoirs de la maternité, par les soins du ménage. Les visites, les assemblées, les réunions, les spectacles en ont, dans tous les pays, absorbé la majeure partie.

Les bazars de l'Orient sont, pour les musulmanes, ce que nos grands magasins sont pour les Parisiennes; c'est même à eux qu'on a emprunté l'habitude de servir des rafraîchissements. Mais ces distractions ne suffisaient pas, et la dévotion a occupé une large place dans la vie de la femme, à toutes les époques et sous toutes les latitudes. Nous ne parlons ici qu'au point de vue purement humain; nous ne nous plaçons qu'en face d'une question historique; loin de nous l'idée de porter la main dans cette région mystérieuse de l'âme, de froisser des sentiments toujours respectables, et qui vivront autant que l'humanité, parce qu'ils répondent à un de ses plus impérieux besoins.

L'homme est un animal religieux, disaient les Grecs, et cette parole peut s'appliquer encore plus à la femme : son esprit inoccupé, son imagination ardente, son âme passionnée, son inépuisable soif de nouveau et d'inconnu, la prédisposent à l'exaltation et au mysticisme. « Adressez-vous aux femmes, disait saint Jérôme aux hérésiarques; elles reçoivent promptement, parce qu'elles sont ignorantes ; elles répondent avec facilité, parce qu'elles sont légères; elles retiennent longtemps, parce qu'elles sont têtues. » Aussi toute religion, toute hérésie, toute secte, a trouvé ses premiers et ses plus fervents apôtres parmi les femmes, lorsqu'elle s'est occupée surtout de leurs intérêts, principalement de la question du mariage : c'est pour cela que le saint-simonisme trouva dans leurs rangs de nombreux adeptes.

Aussi, ces âmes, extrêmes dans tous leurs senti-

ments, apportent-elles dans leur ferveur religieuse
une passion qui ne connaît pas de bornes : les devoirs
de la famille, les lois de la pudeur sont oubliés, et
elles se font une gloire de les violer ouvertement. La
belle Hipparchie épouse publiquement le cynique
Cratès, pour les doctrines duquel elle s'est prise d'enthousiasme. Les matrones de Babylone, d'Égypte, de
Syrie, de Rome, ajoutent foi aux paroles de prêtres
imposteurs et se montrent fières d'être choisies pour
partager la couche du dieu Anubis. Il n'est pas de
sectaire qui ne trouve d'adhérentes, quelque ab-
surde, quelque immorale que soit la religion ensei-
gnée par lui : au contraire, plus les conditions imposées sont étranges, contraires aux lois établies, plus
le sacrifice est grand, plus l'hommage rendu à Dieu lui
est agréable. Tanquelin enseigne que c'est une œuvre
méritoire, à une femme de se livrer en présence de son
mari, à une fille en présence de sa mère, et il en trouve
beaucoup pour mettre sa doctrine en pratique. N'est-
ce pas la fausse interprétation d'un texte de l'Écriture
sainte qui entraîne tant de femmes chez les Mormons,
les faisant triompher de leurs répugnances naturelles
et des principes qui leur ont été enseignés? Quoi d'étonnant à ce que le fanatisme religieux arrive à des résultats obtenus souvent par la simple curiosité? La tireuse
de cartes la Brizardière voit accourir chez elle des
visiteuses de haut rang, qui consentent à se dépouiller
nues et à se laisser battre de verges, pour pénétrer
dans les secrets de l'avenir. Quel argument en faveur
de ceux qui soutiennent que la femme a moins de
pudeur que l'homme!

Partout on retrouve la femme demandant aux pratiques religieuses un remède contre l'oisiveté, un aliment à son imagination, surtout un prétexte à briser sa claustration, à sortir de la maison où on la tient enfermée. Les Grecques ont leurs fêtes particulières, et leurs fêtes publiques, dans lesquelles elles figurent telles que nous pouvons les voir dans les bas-reliefs de Phidias. A Rome, les fêtes célébrées pour les femmes seules sont très nombreuses; le jour de la conjuration de Catilina, Cicéron ne peut rentrer dans sa maison, occupée par les matrones romaines célébrant les mystères d'Isis. Juvénal se moque de ses contemporaines qui courent après les prêtres égyptiens, qui les attirent chez elles, qui les consultent sur toutes les questions, comme le feront plus tard les femmes du dix-septième siècle avec leur directeur; et les Italiennes avec les nombreux abbés qui peuplent la péninsule.

La dévotion du moyen âge se traduit de deux façons : d'abord par le couvent, puis par les pèlerinages qui donnent complète satisfaction aux instincts aventureux de notre nature inquiète. Rome et la Grèce avaient eu aussi leurs sanctuaires renommés vers lesquels on accourait de toutes parts, mais les pèlerinages n'y étaient pas aussi abondants que dans l'Europe du moyen âge. On n'y comptait pas moins de dix mille pèlerinages fréquentés; les femmes pouvaient s'y rendre aussi bien que les hommes; l'habit de pèlerin était le seul respecté, le seul qui fût à l'abri des exactions des barons, des déprédations des brigands et des violences des coureurs d'aventures; cet

habit était emprunté par tous ceux qui avaient intérêt à se cacher, ou qui ne pouvaient pas emmener
avec eux un nombre d'hommes suffisant pour se défendre.

Au siècle dernier on trouvait encore des traces de
ce respect porté à la robe du pèlerin. Le P. Labat raconte que les vendeurs d'eau à Séville étaient tous des
Auvergnats, qui gagnaient à ce commerce une petite
fortune; lorsqu'ils voulaient retourner chez eux en emportant leur modeste avoir, ils se trouvaient en présence de la loi qui interdit l'exportation du numéraire
hors du royaume. Pour y échapper, ils se déguisaient
en pèlerins allant visiter Saint-Jacques de Compos-
telle, et, revêtus de cet habit, ne redoutaient aucune
question indiscrète. Les nombreux pèlerins qui sil-
lonnaient le sol de l'Europe n'avaient nulle inquiétude sur leur sort matériel; les couvents les héber-
geaient, les châteaux les accueillaient, les villes leur
donnaient l'hospitalité dans des bâtiments qui sont
devenus des hôpitaux; les particuliers se disputaient
l'honneur de les loger, d'écouter leurs récits, de recevoir en paiement ces coquillages qui étaient devenus
le signe caractéristique de leur habit, et qu'ils rapportaient avec eux comme affirmation de leur sincérité.
Tout poussait à entreprendre ces excursions plus
ou moins lointaines : la ferveur religieuse, la conta-
gion de l'exemple, le désir d'accomplir un vœu indis-
crètement fait, l'obéissance à un confesseur qui souvent l'imposait comme pénitence. Il ne faut donc
plus s'étonner de voir Pierre l'Ermite entraîner après
lui une foule de cent mille personnes, composée de

femmes, d'enfants, de vieillards; ils croyaient s'en aller à un pèlerinage, et tous succombèrent à la faim, à la fatigue, à la misère.

L'imagination populaire n'avait pas été sans noter cette humeur vagabonde de la dévotion féminine. « Saint Trotter, sainte Caquea et saint Babil sont les plus grands patrons de ce sexe dévot », disait un vieux proverbe; et les proverbes n'avaient pas été les seuls à réagir contre cette tendance. Dès les premiers siècles du christianisme saint Augustin s'était écrié : « Le Seigneur n'a pas dit : Va en Orient et cherche la justice, reviens en Occident pour recevoir le pardon de tes fautes; ne médite pas de longs voyages, la charité seule, et non une traversée, te mènera vers Celui qui est partout. » Les prédicateurs du moyen âge avaient parlé dans le même sens, et le roman satirique du *Renard* avait dit: « Le loup alla à Rome; il y laissa de ses poils, de ses coutumes point! » Vains efforts. Comment arrêter une mode aussi forte que l'est aujourd'hui celle des bains de mer et des voyages de plaisir? Comment faire entendre raison à des femmes qui se persuadaient accomplir un voyage religieux en se procurant un plaisir? « Aux pèlerinages il coule plus de vin que de cire », disent les Espagnols, qui doivent s'y connaître. Le plus souvent ce n'était pas la coupe du vin, mais celle de l'amour qui coulait à pleins bords. Dans l'antiquité, quand une jeune fille était enlevée ou séduite, c'était pendant le trajet qu'elle faisait pour assister à une fête ou pour aller consulter un oracle; les Romaines couvraient leurs intrigues du voile de la dévotion, et les femmes du

moyen âge profitaient largement de la faculté de circuler sous l'habit de pèlerin et de l'immunité qu'elle
leur procurait.

On retrouve cette fureur de pèlerinage jusqu'en
Chine, où elle est encore aussi grande qu'elle pouvait
l'être chez nous au douzième siècle. Pour la femme
orientale, le pèlerinage est la grande ressource contre
la claustration du harem, et elle en use largement.
Car nous avons des idées très fausses sur les Orientales, et nous nous apitoyons bien gratuitement sur
leur sort. Lady Montaigue, lady Craven et toutes les
autres femmes qui ont pénétré dans l'Orient, qui ont
pu en étudier les mœurs, sont unanimes à dire que
la femme musulmane jouit d'une plus grande liberté
que l'Européenne, affirmation qui paraît au premier
abord un paradoxe, et qui n'est qu'une vérité. Elle
peut, quand elle le veut, interdire à son mari l'entrée
du harem : que celui-ci, en se présentant pour entrer, voie une paire de babouches à la porte, il se re-
tirera aussitôt, comprenant que sa femme a en visite
une de ses amies et qu'il ne lui est pas permis de la
voir. La visite durerait huit jours, quinze jours, que
pendant tout ce temps il respecterait la consigne.

La musulmane peut sortir quand il lui plaît, aller
au bain, à la promenade, visiter ses amies, faire des
pèlerinages, rester absente des semaines et des mois,
sans que son mari paraisse en témoigner la moindre
inquiétude: il se repose sur les eunuques pour garder
la vertu de sa femme, qui sait trouver de nombreuses
occasions pour mettre leur vigilance en défaut.
Quand les musulmanes sont surprises, la vengeance

est terrible, mais les maris européens se montrent-ils
donc si doux en semblable occurrence? Chose singulière, l'extrême jalousie se retrouve toujours à côté de
l'extrême tolérance : les Asiatiques enferment leurs
femmes, et leur laissent la latitude la plus grande pour
sortir seules et vagabonder au loin ; les Espagnols
tiennent les leurs prisonnières dans la maison, ne les
laissent aller à l'église qu'accompagnées d'écuyers armés jusqu'aux dents, puis ils leur permettent d'entreprendre de longs pèlerinages sans éprouver d'autre
inquiétude.

Quand la société fut devenue plus stable, quand la
manie de locomotion se fut un peu apaisée, la dévotion se manifesta d'une autre façon, par les sermons,
les retraites et surtout par le directeur. Entrer dans
la dévotion devint une mode, une nécessité presque
pour toute femme qui avait passé l'âge de la galanterie et dont le monde ne voulait plus ; à trente-cinq
ans on quittait les fleurs, à cinquante on prenait la
coiffe noire. Bien avant on s'était donné un directeur,
lequel n'était pas la même chose que le confesseur et
avec lequel il faudrait se garder de le confondre. On
allait vers le confesseur pour obéir aux prescriptions
de l'Église, on se jetait dans les bras du directeur pour
satisfaire ces deux besoins de la femme : obéir à quelqu'un qui vous domine, et avoir une personne à qui
parler constamment de soi. Un témoin dont on ne
récusera pas la compétence, la Bruyère, parle ainsi
du directeur et de son rôle :

« Une femme, dit-il dans son livre des *Caractères*,
est aisée à gouverner, pourvu que ce soit un homme

qui s'en donne la peine ; un seul même en gouverne
plusieurs : il cultive leur esprit et leur mémoire, fixe
et détermine leur religion, et entreprend même de ré-
gler leur cœur ; elles n'approuvent, ne désapprouvent,
ne louent et ne condamnent qu'après avoir consulté
ses yeux et son visage ; il est le dépositaire de leurs joies
et de leurs chagrins, de leurs désirs, de leurs jalousies,
de leurs haines et de leurs amours ; il les fait rompre
avec leurs galants, il les réconcilie avec leurs maris et
profite des interrègnes ; il prend soin de leurs affaires,
sollicite leurs procès et voit leurs juges ; il leur donne
son médecin, ses marchands, ses ouvriers ; il s'ingère
de les loger, de les meubler et ordonne de leur équi-
page ; on le voit avec elles dans leur carrosse, dans les
rues d'une ville et aux promenades, ainsi que dans
leur banc à un sermon, et dans leur loge à la comédie ; il fait avec elles les mêmes visites, il les accom-
pagne aux bains, aux eaux, dans leurs voyages ; il a
le plus commode appartement chez elles à la campagne. Il vieillit sans déchoir beaucoup de son autorité ; un peu d'esprit et beaucoup de temps à perdre
lui suffisent pour la conserver. Les enfants, la bru, la
nièce, les domestiques, tout en dépend ; il a commencé par se faire estimer, il finit par se faire craindre. Cet ami si ancien, si nécessaire, meurt sans qu'on
le pleure, et dix femmes dont il était le tyran héritent
par sa mort de leur liberté. » Cette page est précieuse
pour l'histoire de la vie féminine au dix-septième
siècle ; d'ailleurs le directeur s'était retrouvé quinze
siècles plus tôt, et saint Jérôme disait à propos des di-
recteurs de son temps : « Un cocher, un gladiateur

peuvent hériter, et un prêtre chrétien ne le peut pas !
Je rougis, non de cette interdiction, mais de ce que
nous l'ayons méritée. »

Les femmes qui cherchaient dans la dévotion un
aliment à l'activité de leur âme, à leur besoin de
controverse, à leur esprit de domination, ne se con-
tentaient pas du rôle passif ; alors on vit naître une
classe de femmes qu'on a appelées les mères de l'É-
glise, qui ne s'est retrouvée que dans la religion
chrétienne et dont l'histoire est encore à écrire. Sans
doute les femmes ont aidé beaucoup à la diffusion du
christianisme, mais par leurs intrigues, par leurs caba-
les, elles ont failli lui être presque aussi nuisibles qu'u-
tiles. Qu'on se rappelle le rôle joué par elles dans les
trois premiers siècles, rôle repris plus tard par les
jansénistes, entre autres par la fameuse mère Angélique Arnaud, que saint François de Sales refusa de
voir lors de son voyage à Paris.

Les jansénistes, les femmes surtout, ont bénéficié
de cette sympathie qu'apporte toujours la persécution courageusement supportée ; sans cela on se fût
montré plus sévère pour elles, on leur eût dit que
chez des femmes, chez des chrétiennes surtout, l'o-
béissance et l'humilité valent mieux que tous les
raisonnements et toute la science théologique, que
ces deux vertus seules mènent à la perfection. Mais
quelle est donc celle qui pourrait souffrir ce langage ?
Toutes veulent commander dans les sujets qui sont
le moins de leur compétence. Toutes veulent courir
à une dévotion qui flatte leur amour-propre, abandonnant leurs devoirs de mères de famille. Ainsi fit

sainte Chantal, qui laissa à des étrangers le soin d'élever sa petite-fille, madame de Sévigné, tandis que madame de Miramion quittait son couvent pour venir soigner sa fille malade. Lorsque Omer Talon alla tenir les grands jours à Clermont, sa mère parcourut tous les couvents de la ville et voulut les réformer à sa guise. Le cardinal Pacca, passant à Grenoble, est visité par une dévote de la ville, qui vient le consulter et qui finit par reprocher vivement au pape le concordat signé avec la France.

L'Église catholique a accepté la coopération des femmes, mais souvent elle l'a trouvée lourde, et rarement elle a eu le courage de faire comme Ignace de Loyola. Pour récompenser une veuve qui l'avait soigné dans sa maladie, il lui donna l'autorisation de se réunir avec deux amies et de fonder l'ordre des Jésuitesses. Mais bientôt il demanda au pape de les supprimer, disant que ces trois jésuitesses lui donnaient plus de mal que l'ordre tout entier. Quand vous entendez le proverbe : Il ne faut pas que Jean en remontre à son curé! dites-vous bien que c'est la galanterie française qui parle ainsi : ce ne sont pas les hommes, ce sont les femmes qui veulent lui en remontrer. Et beaucoup font comme madame de Longueville, qui, après avoir été frondeuse, après avoir scandalisé l'opinion par ses aventures, se mit à la tête du parti janséniste et faillit en amener la ruine par ses ridicules prétentions. On la subit, comme on subit une alliée puissante mais incommode. Si les prêtres voulaient parler, s'ils pouvaient conter les terreurs et les embarras causés par les dévotes de leur paroisse qui veulent tout contrôler, tout régenter, tout dominer, on ajouterait un bien curieux chapitre à l'histoire de l'esprit féminin.

Si les choses ont changé, si la femme ne consacre plus autant de temps à la dévotion, ce n'est pas que son caractère se soit modifié, ce n'est même point parce que le sentiment religieux a perdu de sa force ; c'est parce que sa vie est devenue moins fermée, c'est parce qu'un autre champ s'est ouvert à son activité. Elle est entrée en plein dans la vie politique, elle a surtout donné plus de soin à la culture de son esprit, ce qui a employé le temps qu'elle accordait jadis à la galanterie et à la dévotion. Un jour Necker trouva sa femme qui travaillait à un éloge de Fénelon, et comme il s'en étonnait : « Je distrais ainsi mon esprit pendant que je suis loin de toi ; mais si tu veux ne jamais me quitter, j'y renoncerai tout de suite. » C'est là l'avenir véritable de la femme. L'éducation retrempera son esprit ; elle en fera l'égale de l'homme, en lui donnant la même science et les mêmes idées ; elle en fera sa compagne inséparable, parce qu'elle pourra l'entretenir chaque instant des objets qui l'intéressent et qui le passionnent ; surtout elle la mettra à même de donner à bon escient quelques-uns de ces conseils qu'elle aime tant à prodiguer, sans connaître le plus souvent ce dont elle parle.

V

LA COURTISANE

Monstrueux égoïsme de l'homme. — Les hétaïres, les concubines, les épouses morganatiques.— Des femmes qui n'aiment pas la toilette. — Socrate chez Aspasie. — Thésée et Ariane. — Trois sortes de femmes à Athènes et à Madrid. — Opinion de Cicéron sur le mariage. — Le mobilier d'un gouverneur romain. — Les mariages à terme. — Les concubines de Charlemagne. — Le concile de Tolède et le mariage des prêtres. — Origine du mot *morganatique*. — Les maîtresses des rois de France, et leur explication historique. — Une maîtresse légale. — Conditions civiles du mariage morganatique. — Un édit du duc de Florence. — Les courtisanes vénitiennes. — Un mot de saint Augustin. — Des courtisanes au point de vue de l'économie politique. — Le loup de Gubbio et saint François d'Assise.

C'est avec la courtisane que triomphe en plein l'égoïsme monstrueux de l'homme. Il lui fallait une servante, il l'a achetée ; il lui fallait des enfants, il lui en a demandé et il les a vendus ; il lui fallait une gardienne près de son tombeau, il y a placé sa veuve, lui ordonnant de rester immobile et froide comme une statue ; il avait besoin de compagnes d'un sang choisi pour perpétuer sa race, il en a formé une pépinière dont il a rempli les couvents pour les en tirer au jour où il en aurait besoin. Tant de sacrifices

obtenaient du moins une compensation, et sur celle
qu'il entraînait dans sa maison rejaillissait un peu
de la gloire et du respect qui lui étaient rendus. Rien
de semblable pour la courtisane, destinée aux plaisirs
de ce sultan blasé, et rejetée ensuite comme une
chose vile quand on a cessé de s'en servir.

Voilà le trait qui caractérise la courtisane, et qui
sera toujours la marque indélébile attachée à son
front : elle est fatalement vouée au plaisir de l'homme,
à la satisfaction de ses sens, sans être associée à sa
dignité, sans faire partie de sa vie, et sur elle pèse
encore la servitude primitive qui rendait toute femme
commune. Partout et toujours subsiste cet esclavage
imposé par la brutalité de l'homme : soit qu'il la
prenne dans un carrefour, comme Juda rencontra sa
belle-fille Thamar, insoucieux de celui qui l'a possédée hier et de celui qui la prendra demain ; soit
que, poussé par une jalousie tyrannique, il l'enferme
dans un harem ; soit même que, désireux de l'approcher encore davantage de lui, il se l'attache par un
mariage temporaire ou d'un ordre inférieur, le résultat reste le même, le mépris qu'il lui témoigne
subsiste aussi grand.

Cependant il y a une amélioration qu'il faut noter,
amélioration amenée plus encore par le progrès des
mœurs et des idées que par un sentiment de remords
ou d'équité : à la courtisane vulgaire succèdent d'a-
bord l'hétaïre, puis la concubine, enfin la femme
morganatique. Ce sont là autant d'échelons qui font
remonter la femme dans l'ordre moral, mais sans lui
permettre d'atteindre cette égalité complète à laquelle

elle a droit; égalité qui a été, qui sera toujours la ligne de démarcation entre la femme mariée et la courtisane, entre le devoir et le plaisir.

De toutes les erreurs historiques, une des plus répandues est celle relative à la beauté des femmes grecques. Dans ces Vénus, chefs-d'œuvre du ciseau grec et modèles inimitables de grâce, de beauté, de perfection de formes, l'imagination aime à retrouver les contemporaines de Périclès. Rien de moins vrai pourtant; et les voyageurs qui parcourent aujourd'hui la Grèce sont tout étonnés de n'y trouver que des femmes laides et misérables. Pourtant les choses n'ont point changé, et il en était de même au moment le plus glorieux de la république athénienne. Par une bizarrerie que la nature a répétée en plusieurs autres endroits, notamment à Naples et en Algérie, à cette population féminine sans caractère et sans beauté faisait contraste une population masculine admirable de tous points. Et non seulement les Athéniennes manquaient de grâces et d'attraits, mais, en outre, chose qu'on aurait peine à croire et qui ne s'est retrouvée nulle autre part, pas même chez les tribus les plus barbares, elles n'avaient aucun goût pour la toilette, et les archontes durent rendre une loi pour les forcer à soigner leurs ajustements. Il est vrai qu'elles réparèrent le temps perdu, qu'elles ne tardèrent pas à ruiner leurs maris par amour pour les robes de pourpre et les beaux équipages destinés à figurer dans les jeux Olympiques. Ce luxe des femmes n'effrayait pas Solon, qui se montra plus sage que beaucoup d'autres législateurs. Pressé par plusieurs citoyens de faire des lois somptuaires : « Je m'en garderais bien, répliqua-t-il ; ce luxe des femmes fait circuler l'argent et rétablit l'égalité dans les fortunes. »

Or, un jour, au milieu de ces Athéniens d'un esprit si fin et si aiguisé, d'un goût si sûr et si délicat ; de ces Athéniens qui avaient pris pour devise le vers d'Homère : « Ce qui est beau nous est cher ; rien ne nous est cher de ce qui n'est pas beau ! » de ces Athéniens qui n'avaient que des compagnes disgracieuses, bavardes, gourmandes, paresseuses, dont tous pouvaient dire comme Socrate : « A qui parles-tu moins qu'à ta femme ? » mais vis-à-vis desquelles tous ne montraient par la même magnanimité que ce philosophe, qui répondait, lorsqu'on lui demandait comment il supportait si patiemment les injures de sa femme : « Te fâches-tu contre une oie ? » de ces Athéniens enfin qui avaient pris pour devise : « Toutes les femmes sont funestes : Hélène par son vice, Pénélope par sa vertu. »

Donc au milieu de ces hommes avides de nouveauté et de beau langage, parurent des femmes jeunes, belles, spirituelles, venues de Milet et des bords de l'Asie Mineure ; elles chantaient, elles dansaient, elles jouaient de la lyre, elles parlaient astronomie et philosophie : en fallait-il davantage pour séduire le cœur et l'esprit de ces hommes mobiles et ardents ? Leur salon fut aussitôt fréquenté par la jeunesse athénienne, comme devait l'être celui de Ninon par les seigneurs de la cour de Louis XIV ; et ce n'étaient pas seulement les jeunes gens qui s'y pressaient, les hommes d'État, les vieillards, les philosophes y venaient aussi : c'était l'art de la conversation qui naissait, et le salon d'Aspasie ne faisait que précéder l'hôtel de Rambouillet et les soupers du dix-huitième siècle. Non seulement Socrate y allait, mais il y conduisait sa femme pour la former aux bonnes manières; mais il recommandait à tous ses amis d'y mener la leur; causant un jour avec la femme de Xénophon, il la força, par ses questions captieuses, à lui avouer des choses qu'elle aurait voulu se cacher à elle-même, et il l'envoya chez Aspasie pour apprendre la morale.

Chose étrange! et que nous aurions peine à croire, si vingt témoignages n'étaient là pour l'attester, c'est la femme mariée qui va chez la courtisane, c'est auprès d'elle qu'elle va se former et s'instruire. Car on a beau vouloir déguiser les choses derrière les mots, l'hétaïre (c'est ainsi qu'on appelle ces belles étrangères) n'est autre chose qu'une courtisane, c'est-à-dire la femme faite uniquement pour la satisfaction des sens, œuvre de la civilisation et non de la nature. Cette dernière a créé la femelle, c'est-à-dire la femme, préoccupée exclusivement de la propagation de l'espèce; et c'est là son excuse pour nous avoir entraînés par un penchant irrésistible vers un sexe qui nous est souvent si funeste; sans cette excuse la nature n'eût été qu'une proxénète abominable, une entremetteuse digne de tous nos reproches.

Chose étrange encore! l'hétaïre est parée de toutes les grâces du corps, de toutes les séductions de l'esprit; l'Athénienne, au contraire, est paresseuse, gourmande, babillarde et ignorante; et pourtant elle seule peut être la femme légitime, elle seule peut donner des enfants qui auront le nom et les droits de citoyen. Le mariage contracté avec l'hétaïre, fût-elle d'une naissance noble et distinguée, sera sans valeur, ne produira aucun effet civil, uniquement parce qu'elle est étrangère ; les enfants qui en naîtront seront réputés bâtards, marque d'infamie qui stigmatisera toujours leur front, et hors de la ville un gymnase sera dressé exprès pour eux, afin d'affirmer aux yeux de tous qu'ils ne font point partie de la cité.

Une seule fois cette règle souffrit exception ; et pour l'obtenir Périclès dut implorer le peuple avec larmes ; ce ne fut qu'à force de supplications, ce ne fut qu'en invoquant le souvenir des nombreux services rendus par lui, qu'il obtint de faire légitimer son mariage avec Aspasie, la plus célèbre des hétaïres, et de faire concéder le droit de cité au bâtard qu'il en avait eu. Et encore, le peuple lui garda-t-il rancune de cette victoire qui violait les lois fondamentales de l'État. Plus avisé avait été Thésée, en abandonnant Ariane dans l'île de Naxos ; il savait que le peuple ne lui pardonnerait pas son mariage avec une reine étrangère, et qu'il préférerait lui voir demander des enfants à la dernière des marchandes d'herbes de l'Attique. C'est dans l'étroit exclusivisme de la cité antique, et non dans le caractère volage de Thésée, qu'il faut chercher la cause de cet événement dont la peinture s'est si souvent inspirée.

N'est-il pas étonnant de voir la grâce, l'instruction, les talents, tous les moyens de séduction en un mot, développés avec un soin extrême chez celles qui doi-

vent faire métier de leur beauté, et négligés, au contraire, complètement chez celles qui doivent être
l'honneur du foyer conjugal ? Les hétaïres sont élevées
dans les collèges spéciaux, qui leur donnent une éducation aussi variée que complète. Dans l'Inde, les courtisanes sacrées sont les seules à posséder l'instruction,
tandis que les matrones ne savent faire autre chose que
murmurer les formules enseignées par les brahmes.
En Chine, les courtisanes sont les seules femmes
agréables et instruites : « Je vivais parmi les fleurs et
les saules, dit l'une d'elles ; je reconduisais l'un pour
aller au-devant de l'autre, et mon occupation habituelle était le chant et la danse. » Ce préjugé contre
l'instruction des femmes subsiste jusque dans notre
monde moderne, et Molière s'en est fait l'écho dans
les *Femmes savantes,* où il fait dire à un de ses personnages qu'une femme en sait assez lorsqu'elle peut
raccommoder les chausses de son mari et faire bouil-
lir son pot-au-feu.

Les choses étant ainsi on en arrive à trouver naturelle la demande faite par Socrate : « A qui parles-tu
moins qu'à ta femme? » C'est ce que faisait Diderot,
qui s'était marié avec enthousiasme, comme on le fait
à vingt ans, et qui fuyait son intérieur pour échapper
à sa ménagère, dont la conversation se bornait aux
notes de la blanchisseuse et aux variations du marché
aux légumes. Volontiers elle eût imité la femme de
Racine demandant à son mari la différence entre une
rime masculine et une rime féminine. «Je suis l'honneur de la maison, je n'en suis pas le plaisir », disait
la duchesse de Sully. Tant pis pour elle, tant pis pour

toutes celles qui ne cherchent pas à en être la joie et la distraction en même temps que l'honneur.

Étonnez-vous après cela d'entendre Démosthène dire dans un plaidoyer : « Nous avons des hétaïres pour le plaisir de l'âme, des concubines pour le plaisir des sens, des femmes légitimes pour nous donner des enfants de notre sang et garder nos maisons. » Ce sont là des mœurs païennes, dira-t-on, des mœurs avec lesquelles nous n'avons rien à voir. C'est là une erreur, et ces mœurs païennes se retrouvent dans le monde chrétien. Au moyen âge il y avait également trois espèces de femmes : la femme légitime, la concubine, et la maîtresse, qui donnaient naissance à trois sortes d'enfants : les légitimes, les naturels, les bâtards.

A la fin du dix-septième siècle, la comtesse d'Aulnoy constatait que les Espagnols avaient également trois sortes de femmes : une épouse légitime, une femme de la cour dont ils se déclaraient l'amant, pour laquelle ils faisaient maintes folies dont la moindre était de se ruiner ; enfin une comédienne, qu'ils recherchaient pour le plaisir et pour les joyeuses parties. Regardez bien autour de vous, vous trouverez peut-être que nos contemporains ressemblent à ceux de Démosthène, qu'ils ont, eux aussi, une femme légitime pour garder leur maison, une maîtresse publiquement affichée pour satisfaire leur vanité, et enfin une plus obscure auprès de laquelle ils vont s'oublier et se délasser. Du moins les Athéniens avaient une excuse, celle de ne trouver dans leurs femmes que sottise et ignorance ; tandis que nos contemporains souhaitent ordinairement de trouver dans leurs maîtresses une partie des vertus de leurs femmes.

A Rome, les mêmes causes produisent les mêmes effets. Là aussi le droit de cité est exclusif et absolu ; là aussi la femme indigène est protégée et conservée avec un soin jaloux. Elle seule peut donner des enfants légitimes, elle seule peut créer des citoyens, et c'est d'elle seule que s'occupe la loi, pour qui les autres femmes n'existent pas : que le Romain se lie avec une esclave, avec une affranchie, avec une étrangère de condition, peu lui importe : elle n'a rien à y voir, elle n'a aucun blâme à donner à l'homme, aucune protection à accorder à la femme. Mais qu'il ne touche pas à la matrone romaine, ce serait un *stuprum*, et celui-là est puni sévèrement. Caton le répète tout haut aux jeunes gens : « Allez vers ces femmes faciles, leur dit-il, et respectez les mères de famille. » Que ceux qui s'obstinent à écraser l'antiquité sous le poids de notre supériorité morale rapprochent ces paroles de Caton de celles de madame de Sévigné, s'applaudissant de ce que son fils s'adresse aux dames de la cour au lieu de recourir aux courtisanes, plus dangereuses pour la santé ou pour la bourse ; lord Chesterfield écrivait les mêmes choses à son fils à propos des marquises du dix-huitième siècle.

Pour échapper à des femmes bavardes, paresseuses et ignorantes, les Athéniens avaient contracté avec les hétaïres des mariages temporaires qui n'avaient aucun effet civil. Les Romains furent poussés au concubinat par d'autres motifs : en apportant une dot, la femme avait apporté également des prétentions et des exigences nouvelles; elle avait voulu se mêler des affaires de l'État, bien plus que du gouvernement de sa maison; et par ses intrigues, par ses relations de famille, elle était devenue pour son mari une source d'embarras, souvent même une cause de ruine. La jalousie de Térentia, femme de Cicéron, contre la sœur de Clodius, amena l'exil du grand orateur. Aussi beaucoup de citoyens se réfugiaient-ils dans le concubinat, comme dans un port assuré contre les tempêtes conjugales; en prenant une femme de rang inférieur, une femme à laquelle ils pouvaient commander au lieu d'être obligés de lui obéir. Ainsi fit Cicéron après avoir répudié Térentia : il déclara qu'il ne pouvait servir deux maîtresses à la fois, une femme et la philosophie, et il prit une concubine.

C'est alors que le concubinat devint une institution légale, un mariage dont les effets civils furent réglés par la loi. Ce n'est pas dans l'intérêt de la femme, ce n'est pas pour améliorer son sort, qu'on en agit ainsi; elle était tenue en trop grand mépris pour qu'on s'occupât d'elle. Le fait suivant montrera à quel point de vue elle était envisagée. Les gouverneurs de province ne pouvaient emmener leurs femmes avec eux, tellement on redoutait leurs intrigues et leur rapacité. Or, parmi les objets que l'État leur fournissait figurait une concubine; on estimait qu'un homme ne peut se passer de femme, et que celles d'entre elles qui n'étaient pas destinées à donner des citoyens à l'État ne pouvaient avoir d'autre mission que de servir de passe-temps. C'est pour cela que l'esprit logique des Romains

avait réglé d'une façon certaine sa nouvelle position,
celle des enfants qui naîtraient d'elle. C'était certainement une amélioration dans son sort; et, quoique
faite non à son intention, cette loi lui avait néanmoins
profité.

Si vous trouvez des mœurs semblables chez les
peuples les plus avancés en civilisation, ne vous
étonnez pas de les rencontrer également en Orient, où
le mépris pour la femme est aussi grand, où le sentiment moral est moins développé. Dans ces pays aucune distinction entre les femmes de n'importe quel
rang; le même bâtiment sert à les recevoir toutes;
mères, sœurs, femmes, filles, concubines et esclaves
y sont également renfermées. Au lieu de l'hétaïriat
ou du concubinat, on trouve ces mariages temporaires contractés par les Orientaux dans chacun des
ports de commerce où ils doivent séjourner, ou seulement pour la durée d'un pèlerinage : mœurs que
les Européens ont adoptées, les trouvant faciles et
commodes. Une somme d'argent payée aux parents,
et vous avez une femme que vous pouvez renvoyer
le jour qu'il vous plaira, et avec plus de facilité qu'une
domestique.

Parfois ce n'est pas seulement la jeune fille qu'on
peut prendre à bail, c'est la femme mariée ; et une loi
spéciale, chez les Gabonais par exemple, prescrit les
formalités nécessaires dans ce cas, ainsi que les moyens
de coercition donnés au mari contre sa femme qui
refuserait cette source de fortune. Au Japon, pour
ne citer qu'un pays des plus civilisés, les parents
placent leurs filles dans les maisons à thé, auberges

et restaurants, où elles sont à la disposition des consommateurs. Le jour où elles se sont amassé une dot suffisante, elles rentrent dans leur famille, deviennent d'honnêtes mères de famille qui ne manquent jamais à leurs devoirs. Et ce qui prouve bien que c'est par une sorte de conviction qu'elles agissent ainsi, c'est que la Japonaise, qui se livre sans remords à tous ses compatriotes, serait déshonorée si elle entretenait des relations avec un étranger. N'en viendrons-nous pas bientôt là sans nous en douter? Que les théories émises par M. Alexandre Dumas dans les *Idées de madame Aubray* et dans *Denise* viennent à triompher (la chose n'a rien d'impossible), et nous en arriverons au même point que les Japonais, c'est-à-dire à ne nous préoccuper de la conduite de la femme que pendant la durée de l'association formée par le mariage.

La société chrétienne, qui dut accepter en grande partie l'héritage de la société romaine, reçut le concubinat trop profondément entré dans les mœurs pour disparaître du jour au lendemain; elle le réglementa toutefois, en en faisant un mariage d'ordre inférieur, et en ne l'admettant qu'en l'absence de tout autre mariage; c'est dans ce sens qu'il faut entendre le mot concubine, souvent prononcé à propos des rois de la première race, même à propos de Charlemagne; il ne s'agit pas de maîtresses dans le genre de madame de Montespan ou de madame de Pompadour, mais d'épouses morganatiques, qui n'existaient pas encore de nom, et qui occupaient de fait une position dont on allait régulariser les conditions.

Le concubinat resta le mariage usité chez les prêtres, mariage sinon autorisé, du moins toléré. Plusieurs conciles, celui de Tolède entre autres, blâment l'incontinence des prêtres, disant qu'ils sont sans excuse puisqu'ils ont des concubines. La femme du prêtre, la prêtresse, comme on l'appelle dans beaucoup d'ouvrages contemporains, était en exécration à cause de son avidité ; à l'église on se détournait d'elle pour ne pas lui donner le baiser de paix. Les prédicateurs monastiques se faisaient l'organe des revendications des fidèles : « Oui, criaient-ils, du haut de la chaire, on vous rendra justice ; oui, on démariera les prêtres. » Aussi Grégoire VII n'eut-il pas de peine à réussir dans sa croisade contre le mariage des prêtres : il avait l'opinion publique pour lui. Les prêtres mariés ne devaient pas exciter l'envie ; on les reconnaissait à leur habit sale et crasseux, tandis que leurs compagnes se pavanaient dans des toilettes magnifiques. Lorsqu'on les forçait à opter entre leur concubine et leur bénéfice, ils abandonnaient le bénéfice, et leur concubine les abandonnait en les voyant sans ressource.

Du concubinat découla en droite ligne le mariage morganatique, sur lequel il fut un progrès, comme le concubinat avait été un progrès sur l'hétaïriat.

L'influence du christianisme, pénétrant peu à peu les esprits et les âmes, jointe au sentiment chevaleresque qui un moment régna dans toute l'Europe, contribua à relever la femme, et à faire disparaître le concubinat, cette union devenue dégradante pour celle qui la contractait, et qui en conservait une marque d'infamie et d'infériorité. Les trois femmes

différentes qu'on avait eues jusqu'alors se réduisirent
à deux : l'épouse et la maîtresse. Cette dernière fut
idéalisée par l'esprit chevaleresque; ce n'était plus un
sentiment de mépris qui s'attachait à ce mot, lequel
devint au contraire glorieux et recherché. N'avoir
pas de maîtresse était honteux pour un chevalier;
manquer de chevalier servant était aussi déshonorant
pour une femme, qu'il l'était pour une matrone romaine d'avoir un galant : tant il est vrai que les manières de voir changent et se modifient de siècle en
siècle. Aussi ne faut-il pas juger ce qui se passait à la
cour du roi de France avec nos idées d'aujourd'hui;
les maîtresses en titre ne méritaient pas la honte et le
blâme dont les accablent les écrivains modernes. L'o-
pinion publique était leur complice : Louis XIV pouvait promener La Vallière dans le carrosse de Marie-
Thérèse, tandis que Napoléon III se cachait pour
aller voir Marguerite Bellanger; et peut-être madame
de Montespan avait-elle raison quand elle disait que
Louis XIV croyait devoir à lui-même et à ses sujets
de posséder la plus belle femme de son royaume.

La suppression de la concubine avait laissé une lacune, il restait encore certaines exigences sociales
avec lesquelles il était impossible de transiger. Les
princes, les souverains, après avoir obéi dans un premier mariage aux exigences de la politique, auraient
voulu écouter leur cœur et leur inclination dans une
nouvelle union. Mais alors des difficultés surgissaient
de toute nature : difficultés naturelles à un second
mariage, qui pourrait nuire aux enfants ou apporter
des troubles dans l'État. Difficultés d'étiquette : si la

nouvelle épouse n'était pas d'un sang princier, comment serait-elle reçue à la cour de son mari ? Les courtisans, leurs femmes surtout, ne lui feraient-ils pas sentir à chaque instant l'infériorité de sa naissance ? ne trouveraient-ils pas mille moyens détournés de faire parvenir jusqu'à ses oreilles des comparaisons blessantes ? Ces questions s'étaient posées déjà bien des fois : Marc-Aurèle, Antonin le Pieux, Trajan, Charlemagne avaient pris des concubines qui étaient les égales des épouses morganatiques de la féodalité germanique, et qui remplissaient le même rôle. C'étaient des femmes dont on voulait s'assurer la possession sans les élever au rang d'épouses légitimes, sans prendre vis-à-vis d'elles les engagements qu'on prend vis-à-vis de ses égales. Aussi, qu'on ne s'étonne pas de nous voir placer la femme morganatique auprès de la courtisane. Il n'y a que deux sortes de femmes : l'épouse légitime qui dit à l'homme selon la formule romaine : « Là où tu es Caïus, je serai Caïa » ; puis la femme qu'il a rapprochée de lui pour satisfaire sa fantaisie et son caprice, qu'il peut renvoyer comme il lui plaît, et dont les fils ne portent pas son nom, ne possèdent pas ses titres ; en un mot, une femme inférieure qui peut changer de maître d'un moment à l'autre, qu'elle s'appelle Ninon ou Aspasie, ou qu'elle soit la Vénus vulgaire du carrefour.

Et en effet, tel est le caractère distinctif de l'union morganatique, qui peut cesser du jour au lendemain par la volonté de celui qui l'a contractée, mais non par celle de la femme. Ainsi le veut la loi qui en a

réglé les conditions. Car une loi spéciale existe à ce
sujet, comme à Rome une loi s'occupait du concubinat et de ses effets civils. Elle est née en Allemagne, pays où le préjugé nobiliaire a toujours été le
plus vivace, où ses prétentions ont souvent atteint au
ridicule et au grotesque; aussi les étymologistes fan-
taisistes prétendent-ils que le mariage morganatique
est ainsi nommé à cause de la *morgue* de ceux qui
le contractent.

D'abord, il n'était pas accordé à tout le monde; il
fallait l'autorisation du souverain, qui ne l'octroyait
qu'aux hommes de famille princière ou du moins d'un
rang très élevé. Le motif ordinairement allégué était
l'amour conçu pour une femme de condition inférieure; grâce à ce compromis, un prince pouvait tout
à la fois conserver son rang et satisfaire sa passion :
c'était une maîtresse légale qu'il prenait, et avec laquelle il pouvait divorcer dès que la chose lui plaisait, en lui payant une somme stipulée d'avance dans
le contrat. Au fond, cette situation n'est autre que
celle de beaucoup d'individus, surtout dans les grandes villes, qui vivent ensemble sans jamais avoir été
mariés, et qui se séparent à l'amiable lorsque les circonstances l'exigent. Comme ils ne sont pas princes,
la loi ne s'est pas souciée de régulariser leur situation.

L'existence du droit d'aînesse avait singulièrement
multiplié les unions de ce genre. Les cadets, ne pouvant subvenir aux dépenses nécessaires pour entretenir une famille selon leur rang, ou ne se mariaient
pas, ou formaient une union morganatique. Guillaume de Hanovre, père de Georges Ier d'Angleterre,

avait dix-huit fils : il ne maria que l'aîné, qui parvint plus tard au trône ; les autres firent des mariages morganatiques. Les enfants résultant de cette union étaient élevés, non selon le rang de leur père, mais selon celui de leur mère, dont ils gardaient le nom, dont ils suivaient la condition. Le père ne paraissait en aucune façon ; son nom était laissé en blanc sur les publications faites au dehors, et, sur les registres de l'église, on avait bien soin de mettre la mention : *mariage morganatique*. La femme ne se trouvait en rien mêlée à la vie de son mari, pour lequel elle restait comme une étrangère, partageant seulement son lit et sa table, situation dont ne voulait pas se contenter la femme de Brutus. Était-elle mineure, elle restait sous la puissance de ses tuteurs ; avait-elle atteint sa majorité, elle se voyait assimilée à une femme majeure non mariée ; et, pour tous les actes de la vie civile, elle se trouvait vis-à-vis de son mari dans la position d'une étrangère. Celui-ci ne pouvait faire à elle ni à ses enfants aucun présent, s'il avait d'autres enfants d'un précédent mariage, dont il ne pouvait léser en rien les intérêts ; et c'est seulement à leur défaut et à défaut d'autres héritiers réservataires qu'il pouvait leur laisser sa fortune ; dans le cas contraire, ils n'avaient sur ses biens personnels qu'une part d'enfant naturel.

Le mariage morganatique naquit le jour où le concile de Trente abolit le concubinat dans l'intention d'honorer le mariage. C'était bien peu connaître les hommes, qui ont toujours su créer des institutions destinées à satisfaire à la fois leur amour-propre et leur sensualité. On pourrait s'étonner que les femmes aient pu consentir à accepter une position aussi inférieure, aussi humiliante, pourrait-on dire. Elles y étaient préparées, d'abord par l'habitude, qui fait paraître naturelles les choses les plus monstrueuses; puis, par le fait de la division en castes différentes: elles croyaient monter et non descendre.

Si les unes croyaient monter, les autres ne pensaient pas descendre en se laissant entraîner par la passion ou par la faiblesse de leur sexe, comme Marie-Louise avec le baron de Niepberg, comme la duchesse de Berry avec le comte de Lucchesini; malgré cela, elles rougissaient de leur faiblesse, et beaucoup eussent imité l'impératrice Élisabeth de Russie, qui avait contracté un mariage secret avec Razommofsky, Cosaque qui était musicien dans sa garde, et qu'elle ne faisait jamais voir, tandis qu'elle ne rougissait pas de se montrer devant toute sa cour avec ses nombreux amants. Enfin, la plupart étaient des intrigantes, des ambitieuses, des femmes qui avaient commencé par être la maîtresse de celui qu'elles devaient épouser plus tard, et qui savaient bien que par leur adresse et leur habileté elles arriveraient à dominer en souveraines maîtresses. Ainsi firent la comtesse Degenfeld, madame de Maintenon, cette comtesse Danner, qui joua un grand rôle dans l'affaire du Schleswig-Holstein, et qui tenait entre ses mains le sort du Danemark.

Mais ce qui doit étonner davantage, c'est de voir des hommes déchoir de leur rang et subir des conditions humiliantes pour faire un mariage qui flatte

leur caprice. Lorsque Jacques de Bourbon alla demander à son frère Charles III l'autorisation d'épouser une femme avec laquelle il vivait depuis longtemps, celui-ci la lui accorda à la condition que sa
femme ni ses enfants ne paraîtraient à la cour, et
qu'elle porterait le titre de comtesse de Chinchon. La
même condition fut imposée au duc d'Orléans, qui
ne put obtenir de partager son titre avec madame de
Montesson; ne pouvant l'élever jusqu'à lui, il s'abaissa
jusqu'à elle. Car en France le mariage morganatique
n'a jamais existé, et nos gentilshommes ne se sont
pas rendus ridicules comme les barons allemands.
Mais il y avait le mariage de conscience : c'est celui
qui unit Louis XIV à madame de Maintenon, le
grand Dauphin à mademoiselle Choin, Mazarin à
Anne d'Autriche. « Quels singuliers mariages on
voit ici, disait la duchesse de Bourgogne; et, après
ma mort, je ne sais qui le duc épousera. » Les hommes ont voulu tyranniser les femmes; celles-ci s'en
sont bien vengées, et l'histoire n'est autre chose que
le récit des sottises qu'elles leur ont fait faire.

Parmi toutes ces femmes qui ont vécu victimes de
la brutalité de l'homme, et qui sont aussi nombreuses que les âmes dont le défilé attristait Dante
sur le seuil de l'enfer, bien peu ont pu sortir de la
condition commune et s'élever à un de ces trois états
privilégiés. Lors même qu'ils n'existaient pas de nom,
l'hétaïriat, le concubinat et le mariage morganatique
existaient de fait et se retrouvent à diverses époques.
Marc-Aurèle, Trajan, Antonin le Pieux, Charlemagne ont de vraies épouses morganatiques, quoi-

que le nom ne soit pas encore inventé. Quant à
Ninon, c'est la vraie sœur d'Aspasie ; un Hollandais,
qui visitait Paris au milieu du dix-septième siècle,
écrit, dans son journal, que le jeune roi Louis XIV
devrait fréquenter le salon de Ninon pour se former
aux bonnes manières : c'est Socrate envoyant les
femmes de ses amis à l'école d'Aspasie.

La Rome chrétienne possédait plusieurs salons de
ce genre, tenus également par des hétaïres, et fréquentés par l'élite de la société. De ce nombre était
celui de Nina Barcarolle, qui n'exerçait que pour
quelques-uns, mais que toute la ville de Rome visitait, et qui donnait des concerts renommés dans ce
pays du dilettantisme. Toutefois, elle n'a pas obtenu
la célébrité de la fameuse Impéria, dont tant d'écrivains ont parlé, et dont le nom est resté historique.
Quand elle mourut, on l'enterra dans l'église de
Saint-Grégoire le Grand, où l'on voyait encore son
tombeau au commencement de ce siècle : un fait pareil suffit pour peindre toute une époque.

Mais celles-là sont l'exception ; la grande majorité
sont celles dont le maréchal de Richelieu donnait une
ingénieuse définition. A quelqu'un qui lui disait :
« La courtisane n'est pas une femme ! » il répondait :
« Pardon, elle est plus femme que les autres. » En
effet, elle est plus femme par ses malheurs, par ses
faiblesses, par ses erreurs, par l'espèce d'injustice qui
en fait une victime de notre organisation sociale. Au
lieu de la pitié sans bornes que nous devrions éprouver pour elle, nous faisons montre d'un mépris aussi
injuste que peu raisonné. D'abord, si la femme est

tombée dans cet état de dégradation, il faut s'en prendre à la brutalité de l'homme et à sa tyrannie. Ensuite, ces sentiments de mépris que nous prodiguons aux courtisanes des temps passés sont une erreur historique; leurs contemporains avaient vis-à-vis d'elles de tout autres manières de voir, et elles ont occupé une place bien différente selon l'époque où elles ont vécu.

A l'origine, elles eurent un caractère presque religieux; semblables au bouc émissaire qui emportait au désert toutes les iniquités d'Israël, elles rachetèrent les femmes du communisme qui leur était imposé. De là ces courtisanes sacrées des temples de l'Inde, qui peuvent avoir perdu de leur considération, mais qui, à l'origine, étaient honorées et considérées comme faisant une œuvre utile et méritoire. Elles formaient de véritables colonies; dans la ville de Vésali, où s'arrêta Çakyamoni fuyant la cour de son père, il était interdit aux femmes de se marier, toutes devant se livrer à la prostitution.

De ces courtisanes sacrées descendent les prêtresses de Vénus, si nombreuses dans l'Archipel, et dont le caractère religieux s'effaça peu à peu, mais dont la condition ne changea pas. Corinthe en Grèce, Keneh dans la haute Égypte, étaient célèbres grâce à elles. Cette dernière ville, sur vingt mille habitants, comptait deux mille musiciens et six mille courtisanes. Elles appartenaient pour ainsi dire à la ville qu'elles habitaient; on bâtissait des lycées pour leur donner l'éducation appropriée à leur métier; on priait les dieux d'augmenter leur nombre, ce qui accroissait la prospérité de la ville. Aussi, n'était-ce point seulement par métaphore que la courtisane Gnathon disait, en parlant d'un de ses amants qui ne lui faisait pas de cadeau : « Il veut avoir gratuitement le domaine de toute la Grèce. »

Pourquoi aurait-on regardé la courtisane comme infâme à une époque où le culte phallique était en honneur? Pourquoi aurait-on éprouvé du mépris pour elle, alors que les femmes étaient tenues dans un mépris égal, l'homme ne regardant comme respectable que celle qu'il associait à son sort? Qu'importait le rang, quand lui seul pouvait lui donner la considération! Il en usait avec elle comme Amasis avec les grands de sa cour; apprenant qu'ils murmuraient contre la bassesse de sa naissance, il fit fondre le vase d'or dans lequel il se lavait les pieds, et en fit faire une statue qu'il présenta à leur adoration, en leur disant : « Il en est de même de moi, la puissance souveraine m'a transformé. »

Aussi ne faut-il pas s'étonner de voir la courtisane Rahab épouser un roi de Juda et compter parmi les ancêtres de Jésus-Christ. Il ne faut pas s'étonner non plus de l'aventure de cette courtisane de Corinthe qui a donné naissance au conte de *Cendrillon*. Un jour qu'elle est endormie dans un champ, un aigle enlève sa pantoufle qu'il laisse tomber sur les genoux du roi d'Égypte Psammétichus; celui-ci, charmé de la petitesse du pied, envoie des émissaires à la recherche de celle qui le possède, puis l'épouse quand il l'a rencontrée. Au besoin même, on pourrait admettre la légende relative à la pyramide de Chéops:

cet édifice aurait été bâti par la fille du roi, qui se serait bornée à exiger une pierre de chacun de ses amants.

La femme s'est vengée à sa manière de ceux qui l'avaient indignement avilie et injustement sacrifiée; là où elle devait être un élément d'ordre, d'harmonie et de prospérité, elle est devenue une cause de ruine, de décadence et de malheur. La courtisane a été un danger dont n'ont pu se préserver les cités antiques qui, pourtant, avaient proclamé le mariage obligatoire, et qui refusaient les charges publiques à tout citoyen non remarié au bout de deux ans. Elle est une menace de désagrégation sans cesse suspendue sur la tête de nos sociétés contemporaines, avec leurs légions de célibataires, de moines, de marins et de soldats. Tous les grands législateurs, Justinien, Charlemagne, saint Louis, ont essayé de résoudre le problème sans y réussir. Tous ont éprouvé la vérité de cette parole de saint Augustin : « Qui touche aux courtisanes ébranle l'État. »

C'est que là la question morale et la question économique se confondent. Le grand-duc de Florence, qui les avait bannies, est obligé de les rappeler et d'accorder une prime pour leur importation. Il ne trouvait que ce moyen de mettre une digue à cette dépravation des mœurs qui a rendu les Florentins si tristement célèbres, et contre laquelle Dante lui-même a protesté. Un autre grand-duc avait, dans la même intention, rendu une ordonnance singulière : il avait prescrit aux femmes de se montrer toujours décolletées. Même chose arriva à Venise, où l'on fut obligé de rappeler les courtisanes après les avoir bannies ; dans le décret de rappel se trouve la mention qu'*elles ont bien mérité de la patrie*. Et, en effet, elles avaient rendu de grands services au Conseil des Dix : d'abord elles avaient préservé la ville de l'invasion des mœurs florentines ; elles avaient ruiné et énervé les jeunes nobles qui commençaient à discuter les affaires publiques ; enfin elles avaient ramené les étrangers qui désertaient une ville où l'on ne pouvait plus ni jouer ni aimer.

Toutefois, les efforts du gouvernement vénitien ne furent pas couronnés d'un plein succès : les courtisanes ne revinrent pas aussi nombreuses, les jeunes nobles devinrent les sigisbées des dames de la cité, qui eurent dès lors une influence prépondérante dans le gouvernement, rôle auquel elles aspiraient depuis longtemps. C'est le cardinal de Bernis, longtemps ambassadeur à Venise, qui fait cette remarque, et il ajoute une phrase qui est à méditer : « Il faut convenir, à la honte des mœurs, que les femmes qui ont uniquement pour objet le plaisir d'aimer et d'être aimées ont de moins grands vices que les autres femmes. »

Un mot peut résumer l'histoire de la courtisane : elle s'est trouvée pour suppléer la femme mariée toutes les fois que celle-ci a fait défaut, toutes les fois qu'elle est restée impuissante à occuper le cœur, les sens et l'imagination de l'homme, car c'est cette triple satisfaction que l'homme cherche dans sa compagne, ou plutôt toutes les fois qu'elle n'a pas voulu s'en donner la peine, ce qui est encore aujourd'hui le cas le plus fréquent. La femme grecque est laide, ignorante, désagréable, on voit naître l'hétaïre. L'Espagnole est sotte, ennuyeuse, enfoncée dans une dévotion étroite, c'est le règne des courtisanes et des danseuses. La femme du dix-huitième siècle lasse son amant par sa facilité, elle ne lui laisse rien à deviner ni à conquérir, elle oublie que la pudeur est moins encore une vertu qu'un irrésistible moyen de séduction, et celui-ci se tourne vers les comédiennes.

Dans tous les lieux qui servent de réunion aux hommes, lorsque par une cause quelconque la femme fait défaut, la courtisane est là pour la remplacer. Dans la Rome catholique, qui exclut officiellement la femme, les courtisanes sont au nombre de cinquante mille, comme à la Mecque, comme dans tous les lieux de pèlerinage. Lorsque les rois traînaient après eux une suite aussi considérable qu'une armée, elles y occupaient une large place, et les Capitulaires de Charlemagne faisaient de vains efforts pour les en éloigner. Elles suivaient également les armées, dont elles augmentaient outre mesure les *impedimenta*; fouettées, chassées, bannies, elles revenaient toujours; et la sévérité du maréchal Strozzi, qui en faisait jeter huit cents par-dessus le pont de Cé, n'était pas pour les effrayer. On les croirait poussées par un instinct irrésistible, car on les rencontre dans des endroits où l'on ne supposerait pas pouvoir les trouver. Près de Pondichéry est une colonie de lépreux qui voient plusieurs courtisanes leur apporter des consolations, et pénétrer là où iraient seulement les sœurs

de charité. N'y aurait-il pas là un fait psychologique
à étudier?

L'antiquité, qui regardait la femme comme un être
inférieur, ne s'émut pas du sort de la courtisane; elle
n'éprouva même pas pour elle cette sorte de pitié
qu'Aristote montra pour les esclaves. Le monde moderne hérita en partie de cette indifférence, et le
sort des serves ne le toucha pas plus que le sort des
esclaves et des affranchies n'avait touché le monde
antique. Le christianisme fit pourtant une première
tentative : Foulques de Neuilly avait fondé une association pour catéchiser et pour marier les courtisanes;
et à Florence, où on payait une prime pour les amener, on les obligeait à assister chaque année à un
sermon destiné à les convertir. Mais il s'agissait seulement de sauver leur âme, nullement d'améliorer
leur condition sociale. Un semblable sentiment n'é-
tait pas encore né; il n'en faut pour preuve que la
Courtisane amoureuse de la Fontaine, qui ne con-
tient aucune des déclamations dont la littérature contemporaine s'est montrée si prodigue.

On peut l'avouer, celle-ci a été complètement à côté
de la vérité. Pour réhabiliter la courtisane, elle l'a
opposée à la femme mariée, revendiquant pour elle
les mêmes égards et les mêmes respects, ce qui ne se
pourra jamais, tant que les deux mots devoir et plaisir auront une signification opposée. La question est
tout autre : elle consiste à sortir la courtisane de la
servitude qui pèse sur elle, à lui donner les moyens
de n'y pas retomber. Et ces moyens sont simples et
naturels. Pour que la femme ne devienne pas cour-

tisane, il faut par l'instruction lui donner le sentiment de sa propre dignité et la connaissance de son véritable intérêt; il faut lui fournir l'occasion de gagner sa vie, pour l'éloigner de toute tentation mauvaise, pour l'arracher à toute brutale oppression.

Le moyen âge avait une très jolie légende que doivent méditer tous ceux qui s'occupent de questions sociales. Du temps de saint François d'Assise, il y avait, près de la ville de Gubbio, un loup féroce qui désolait toute la contrée. Le saint promit à ses concitoyens de les en débarrasser. Il se rendit au milieu des montagnes, vers le repaire du loup, l'appela à haute voix et le força à se mettre à genoux devant lui. Alors il lui fit de graves reproches sur sa férocité, puis il fit avec lui la convention suivante : La ville devait chaque jour fournir à sa nourriture, et en échange il s'engageait à ne plus dévorer hommes ni animaux. Ainsi fut fait; et désormais le loup se promena dans la ville, doux et serviable pour ceux qu'il avait auparavant épouvantés.

N'est-ce pas là l'histoire de toutes les crises et de toutes les révoltes sociales, dont l'apaisement se trouve dans la satisfaction donnée aux légitimes appétits? Comme remède, l'Europe du moyen âge avait imaginé la charité, qui eut pour unique résultat d'abaisser les âmes et de généraliser la paresse. La société moderne a recours à des moyens tout autres, l'instruction et le travail. Elle les propose également à la femme, qui, sur ce terrain, conquerra la véritable égalité, et pourra ainsi s'affranchir de la honteuse servitude qui jusqu'à ce jour a pesé sur elle.

VI

LA GALANTERIE FRANÇAISE

Une explication ingénieuse. — La femme et la prédication
chrétienne. — La presqu'île du mont Athos. — Quels sont
les hommes qui aiment le plus les femmes. — Les écoles
américaines. — Hospitalité du manoir féodal. — Triple origine de la galanterie française. — Des différentes façons
d'aimer. — Une scène de galanterie dans un placer de Californie. — Les trois *Art d'aimer* : Ovide, le chapelain André,
Gentil-Bernard. — *Casta est quam nemo rogavit.* — L'antiquité plus morale que le monde moderne. — « Quel dommage que ce ne soit pas un péché ! » — Galanterie et dévotion. — Le *service* des dames. — Les vieilles coquettes de
Molière. — Un conseil de madame de Tencin. — « Elle fera
le bec à un jeune homme. » — Usage de baiser la main des
dames. — La politesse du baiser. — Prédilection des femmes
pour les hommes vaillants. — La sélection sexuelle de
Darwin. — « Donnez ! c'est la grosse cloche en amour. » —
Etymologie du nom de Vénus. — La duchesse de Bourgogne
et la reine Marie Leczinska. — En amour argent fait tout. —
De la discrétion en amour. — Un chevalier trop respectueux.
— Un aveu de mademoiselle de Montpensier. — Amour et
mariage ne peuvent exister ensemble. — Le troubadour
Cabestaing et la comtesse de Roussillon. — Les variations de
l'opinion. — « Il en sera parlé dans la chambre des dames ! »
— Les cours d'amour. — Les *Arrests d'amour* de Martial
d'Auvergne. — Les jeux innocents au douzième siècle. — Il
ne saurait y avoir de femmes laides. — Les femmes tiennent
plus à leurs agréments qu'à leurs passions. — La vanité
plus forte que l'amour. — Pétrarque et la poésie amoureuse.
— Le vœu du paon. — Les amoureux transis. — *Le Cheva-*

12

lier et la Chemise. — L'idéal et la réalité. — Charlemagne
et la belle Allemande.

La femme entre dans une voie nouvelle, voie lu-
mineuse et brillante, dans une période de triomphe
et de domination. Elle était esclave, elle va régner ;
elle était abaissée au-dessous du sort d'une créature
humaine, elle va être élevée bien au-dessus, devenir
presque une idole, par l'effet d'une de ces réactions
aussi fréquentes dans la vie sociale que dans la vie
physique. Cette révolution soudaine et radicale, c'est
la galanterie française qui l'a opérée.

L'esprit chevaleresque, qui caractérise la galanterie
française, ne pouvait naître que chez un peuple mo-
nogame, et il est resté totalement inconnu de ceux
qui pratiquent la polygamie. Quelques esprits mal
faits ont voulu l'expliquer à leur manière. A les en
croire, l'homme qui ne possède qu'une femme s'est
dit : « Mon épouse est désagréable et revêche, celle
de mon voisin doit être douce et charmante ; faisons
tous nos efforts pour la séduire et pour nous en faire
aimer. » N'est-ce pas là, en quelques mots, la définition de la galanterie ? N'est-ce pas là le secret de tant
d'exploits accomplis jadis par ces preux chevaliers,
qui parcouraient le monde, la lance en arrêt, pour
redresser les torts?

Les Orientaux, qui, dans leur sérail, réunissent
une grande variété de femmes, savent que toutes se
ressemblent, que les unes ne sont pas plus parfaites
que les autres, et ils se contentent philosophiquement
de celles qu'ils possèdent. L'explication est sans doute

ingénieuse, mais elle est plus humoristique que juste. Le caractère principal de la chevalerie, c'est le respect de la femme, et les Orientaux ne l'ont jamais connu.

Comment est née la galanterie française, sentiment resté étranger à l'antiquité, qui méprisait la femme, comme aux siècles de force on méprise la faiblesse, et qui s'était égarée en cherchant un autre idéal? Un peu plus tard, à l'époque de la décadence romaine, elle était revenue à la femme, mais pour tomber dans la débauche et dans la satiété. Est-ce au christianisme qu'il faut faire honneur de ce sentiment si nouveau dans le monde? Beaucoup ont voulu le prétendre. Sans doute, le christianisme avait relevé la femme en la plaçant dans la grande famille rachetée par le sang du Christ; mais en la relevant d'une main, il la rabaissait de l'autre, la déclarant impure, imparfaite, lui jetant sans cesse à la tête le souvenir de la faute d'Ève, qui devait retomber sur toutes ses descendantes.

Les prédicateurs ont dit plus de mal des femmes que les moralistes et les satiriques. Un dominicain alla jusqu'à prétendre que la femme de Pilate demanda la grâce de Jésus-Christ, non par commisération pour lui, mais uniquement pour empêcher la rédemption du genre humain. Saint Bernard les excluait de la chaire dans laquelle toutes les abbesses prétendaient monter, disant que la femme était impropre à la prédication parce qu'elle n'avait pas l'intelligence assez vaste, parce qu'un rôle inférieur lui avait été dévolu, parce que sa vue provoquait à la luxure, et enfin parce que, la première de toutes, en ouvrant la bouche, elle avait perdu le monde.

Une sorte d'ostracisme avait été prononcé contre elle, et à tous les clercs on enseignait une salutaire terreur contre ses redoutables séductions. Dans les couvents d'hommes, son nom ne devait pas même être prononcé; les moines qui en entendaient parler devant eux toussaient, crachaient, changeaient le cours de l'entretien; ce cas était même le seul où les novices pussent rompre le silence. Cette horreur du sexe féminin a atteint son plus haut degré dans la presqu'île cénobitique du mont Athos, que les voyageurs visitent encore aujourd'hui avec une grande curiosité. Dans cette île, peuplée de couvents d'ermites et de cénobites isolés, on ne pourrait trouver rien de ce qui appartient au sexe féminin : vaches, poules, brebis en sont sévèrement bannies, et c'est bien contre la volonté des habitants que des oiseaux peuvent nicher et pondre dans les anfractuosités de ces rocs inaccessibles. Avec quelle verve impitoyable Dorine se moquerait de ces gens si tendres à la tentation !

En agissant ainsi, le christianisme avait eu pour but de réagir contre la corruption qui dévorait le monde romain. Il crut y arriver en éloignant les deux sexes l'un de l'autre, en leur inspirant une sorte d'aversion. C'est le contraire qui eut lieu. L'éloignement où elle se tint, ces discrètes demeures dans lesquelles elle se renferma, ces voiles épais dont elle se couvrit le front, cette attitude effacée et modeste qui succéda à l'impudique assurance des Romaines de la décadence, rendirent à la femme le prestige et l'illusion un moment perdus. Par une loi fatale de notre nature, l'homme tendit la main et se mit à désirer ardemment un fruit qui ne se livrait plus avec facilité.

A toutes les époques s'est retrouvé ce singulier phénomène. Quels sont les hommes qui aiment le plus les femmes, qui se montrent le plus indulgents pour leurs défauts, qui sont disposés à les trouver toutes belles et aimables? Ce sont les marins, qui passent leur vie loin d'elles, qui ne les aperçoivent qu'à de rares intervalles. Quels sont les hommes qui disent le plus de mal d'elles, qui mettent en lumière leurs défauts et qui, même, parviennent à leur en trouver qu'elles n'ont jamais eus? Ce sont les théologiens et les prédicateurs, qui parlent avec une secrète envie d'un bien qu'ils ne peuvent avoir, et à la possession duquel ils attribuent mille félicités chimériques. Les Américains, lorsqu'on leur reproche de mélanger les deux sexes dans les écoles, répondent qu'en vivant ensemble, les enfants apprennent à mieux se connaître, gardent moins d'illusions les uns pour les autres, et évitent ainsi les dangers de la galanterie.

C'est le contraire qui avait lieu au moyen âge, où les relations de société n'existaient pas, où chacun restait dans sa demeure transformée en forteresse, où les hommes passaient leurs jours à batailler, à chevaucher sur les grandes routes, loin de la compagnie des dames, étrangers à leur douce influence et à leurs paroles caressantes. Lorsque le soir, fatigués, harassés, ils arrivaient dans un manoir où une gracieuse châtelaine les recevait entourée de ses pucelles (ainsi

appelait-on alors les demoiselles d'honneur); lorsque le lendemain ils partaient reposés, pansés, char-
més, éblouis par cette gracieuse apparition qui con-
trastait si vivement avec la rudesse de leur vie de
chaque jour, emportant le gant ou l'écharpe d'une
dame qui leur avait permis de porter ses couleurs et
de se déclarer son cavalier servant, ils s'en allaient
séduits, subjugués, aveuglés par cette vision éblouissante. Comment ne se seraient-ils pas précipités la
lance en arrêt, en s'écriant comme le Cid :

Paraissez, Navarrais, Maures et Castillans!

Le christianisme avait inspiré au chevalier un sentiment d'admiration pour la vierge douce et modeste;
le sang germain qui coulait dans ses veines l'habi-
tuait à rendre un culte à celle qu'il regardait comme
une voyante, comme une inspirée de Dieu; les
Arabes lui apportèrent l'usage de ces fantasias, de
ces fêtes brillantes dont la femme était la reine et qui
ne se donnaient que pour mériter son amour. La galanterie française était née; résultat de ces origines
diverses, elle allait amener des mœurs entièrement
nouvelles, signaler une évolution inattendue dans les
rapports entre l'homme et la femme.

Les lois de cette galanterie, il faut les chercher
dans un livre qui en est le code et qui en reflète parfaitement l'esprit : c'est l'*Art d'aimer* du chapelain
André. Il y a bien des façons d'aimer, quoique la
chose puisse paraître paradoxale. Pour s'en convaincre, il n'y a qu'à comparer entre eux les trois traités

qui existent sur cette matière : celui d'Ovide, celui
du chapelain André, celui de Gentil-Bernard.

Au premier abord, il peut sembler extraordinaire
que la façon d'aimer ne soit pas la même à toutes les
époques, comme si la nature humaine ne se ressem-
blait pas dans tous les temps ; cela est vrai, mais les
idées changent ainsi que les mœurs, et comme dans
l'amour tout est imagination, il va lui-même se mo-
difiant sans cesse. Qu'y a-t-il de plus dissemblable
que les deux faits suivants? La comtesse de Genlis
témoigne devant M. de Custines, qui lui fait la cour,
de l'inquiétude au sujet d'une de ses amies, madame
de Mérode, malade à Bruxelles ; de Custines s'es-
quive, et le surlendemain, à midi, il lui rapporte une
lettre de madame de Mérode : il était allé à Bruxelles
à franc étrier. Dans un placer de Californie arrive un
mineur accompagné de sa femme, personne d'une
grande beauté ; tous les autres mineurs viennent demander à la voir, menaçant d'enfoncer la porte si on
ne leur fait pas raison. Le nouveau venu cède à la
force, et sa femme paraît sur le seuil de la tente. Les
mineurs la contemplent en silence, s'enivrant pour
ainsi dire de sa beauté ; puis, pour la remercier du
plaisir qu'elle leur a procuré, font entre eux une
quête qui produit cinq cents dollars, les déposent
entre ses mains et s'en vont satisfaits. Évidemment,
voilà deux actes dictés par le même mobile de galanterie, mais combien diffèrent-ils dans leurs manifes-
tations!

La même différence se retrouve entre les trois *Art
d'aimer* et l'époque qu'ils veulent peindre. Le livre

d'Ovide est, à proprement parler, un guide du séducteur, dans lequel le poète révèle à ses contemporains
les faiblesses du cœur féminin et le moyen d'en profiter. Il leur apprend trois choses : à choisir une maîtresse ; à la séduire et à triompher d'elle ; enfin à consolider cette conquête et à la rendre durable. Ce qui
caractérise le livre, ce qui peint l'époque à laquelle il
a été écrit, ce qui montre que la manière d'aimer
n'est pas la même sous l'empire romain qu'au moyen
âge ou au dix-huitième siècle, c'est la désignation
qu'il fait des femmes auxquelles on peut adresser ses
hommages. Ces femmes sont les esclaves, les affranchies, les étrangères ; mais il faut se garder des jeunes
filles de condition libre et des matrones, ce serait leur
apporter la honte et attirer sur soi les plus grands
dangers, tandis qu'avec les autres, rien de semblable
n'est à craindre. Le chapelain André et Gentil-Bernard ne parleront pas ainsi : ils conseilleront de s'a-
dresser aux plus grandes dames, pour lesquelles il
serait honteux, au contraire, de ne compter aucun
cavalier engagé sous leurs lois.

Le vers le plus caractéristique d'Ovide a été bien
souvent cité, et cité à faux, par ces hommes légers
qui se font une gloire de mépriser la femme et d'en
médire, sans doute pour se venger d'échecs et d'af-
fronts mérités. C'est ce vers :

Ludite, formosæ : casta est quam nemo rogavit.

« Prenez du plaisir, vous qui êtes belles ; il n'y a de
femme chaste que celle qui n'a pas été priée d'a-

mour. » Les paroles d'Ovide ne s'adressent qu'aux esclaves, aux affranchies, aux étrangères, femmes qui, se sentant dans une position inférieure, ne se croyaient obligées à aucune retenue, à aucune gêne. Même en se plaçant au point de vue absolu, ce vers ne serait pas vrai, et il a subi le sort de la plupart des proverbes qui ont vieilli et passé de mode. Le moyen âge fit de la galanterie une telle obligation vis-à-vis des dames qu'il n'y en eut plus aucune qui parût laide; ou plutôt la nécessité d'avoir une dame de ses pensées fit qu'une fois les plus belles choisies, on se rejeta sur les autres. Au dix-huitième siècle, non plus, ce vers n'eût pas été juste; et le principe était celui proclamé par cette marquise qui venait d'épouser un roturier : une femme de qualité a toujours trente ans pour un bourgeois!

L'*Art d'aimer* de Gentil-Bernard est une série de tableaux licencieux à l'usage d'une société blasée, qui n'a plus envie de rien, parce qu'elle peut tout se permettre; qui ne se soucie même plus du fruit défendu, dès lors qu'elle peut le cueillir à pleine mains.

En le lisant on se souvient du mot de madame de Longueville, qui peint admirablement la société de l'époque. Un jour qu'elle a bien chaud, elle fait venir un verre d'eau glacée, et s'écrie en le savourant avec délices : « Quel dommage que ce ne soit pas un péché, et comme il en serait meilleur! » Ou bien de cette réponse d'une jeune fille, sa contemporaine, pressée vivement par un vieillard : « Mademoiselle, voulez-vous m'embrasser? — Non. — Vous le pouvez sans péché. — C'est justement pour cela que je ne le veux pas. »

L'ouvrage du chapelain André appartient à un tout autre ordre d'idées ; ce n'est ni un guide à l'usage du don Juan vulgaire, comme celui d'Ovide ; ni un musée secret, comme celui de Gentil-Bernard : c'est presque un traité religieux. Du moins il a la prétention de l'être, et de servir à l'édification des âmes, en les conduisant à l'amour noble, pur, idéal, élevé. Il ne faut pas s'étonner de ce mélange de mysticisme religieux et de passions humaines, il est dans les mœurs du temps. Dans les romans, dans les fabliaux, dans les contes dévots, on voit les femmes faire des sermons à leurs amants ; au moment des épanchements les plus doux, elles leur recommandent d'assister à la messe, d'être dévots à la Vierge, moyennant quoi elles leur promettent la continuation de leurs faveurs. Une d'elles impose même à un de ses soupirants d'entendre mille messes pour mériter un baiser. Dans un fabliau qui a pour titre : *De celui qui épousa Notre-Dame*, et qui a servi de modèle à Mérimée pour sa *Vénus d'Ille*, le moine Gautier de Coinsy fait interpeller de la façon suivante un chevalier par la Vierge : « Ta dame est-elle plus belle que moi ? » Ce mélange du sacré et du profane est familier à tout le moyen âge, époque d'ignorance et de superstition. La foi la plus naïve est souvent la plus aveugle ; et, au siècle dernier, la belle-sœur de Suard s'écriait dans un de ces épanchements qui rappellent les femmes du douzième siècle : « Merci, mon Dieu ! de m'avoir donné ma sœur et mon amant ! »

Le premier principe posé par le chapelain André, dont on peut croire le témoignage, puisqu'il ne fait que refléter les idées de son temps, et enregistrer les arrêts des cours d'amour, est celui-ci : Tout chevalier doit avoir une dame de ses pensées, une *mie*, comme on disait alors; toute dame doit avoir un chevalier pour porter ses couleurs, pour prendre sa défense, pour rompre des lances en l'honneur de sa beauté. N'en pas avoir est aussi honteux pour l'un que pour l'autre, et fait supposer des défauts de corps ou de caractère. Comme les choses ont changé! Une religion plus pure éclaire les esprits, une morale plus sévère garde les cœurs, et pourtant un adorateur affiché, publiquement déclaré, qui eût perdu de réputation une matrone romaine, fait la gloire et le triomphe d'une châtelaine au moyen âge. Comme tout se modifie! comme tout est convention dans les relations sociales! Et ne faut-il pas avouer que l'antiquité est à la fois plus morale et plus corrompue que le monde moderne?

Telle est l'origine de la galanterie française, de ce *service* des dames (mot aussi expressif que juste), qui s'est si longtemps perpétué chez nous et dont on retrouve encore plus d'un vestige. « Les Français sont gênants, disent les étrangères, ils ne peuvent pas se trouver un moment avec une femme sans se croire obligés de lui faire la cour. » Et elles attribuent cela à leur légèreté. C'est se tromper étrangement : c'est un reste de cette habitude, on pourrait dire de cette obligation où l'on était jadis de se montrer galant avec une femme, quel que fût son âge ou sa figure.

Lorsque, dans les comédies de Molière ou de Regnard, vous voyez de vieilles coquettes repousser des hommages qu'on ne leur adresse pas, vous croyez que ces poètes ont fait des caricatures qui vous semblent froides et insipides ; il n'en est rien, ils n'ont fait que copier des types qu'ils voyaient autour d'eux.

Aussi, le premier soin d'un chevalier entrant dans la carrière était de se choisir une mie, de lui faire agréer sa recherche. Quand les mœurs chevaleresques furent tombées, l'habitude en subsista ; tout jeune homme débutant à la cour se mettait sous la protection d'une dame qui le patronnait, le guidait et le protégeait. « Faites-vous plutôt des amies que des amis, car au moyen des femmes on fait tout ce qu'on veut des hommes, disait madame de Tencin à Marmontel. Et puis ils sont, les uns trop dissipés, les autres trop préoccupés de leurs intérêts personnels pour ne pas négliger les autres ; au lieu que les femmes y pensent, ne fût-ce que par oisiveté. Parlez ce soir à votre amie de quelque affaire qui vous touche ; demain, à son rouet, à sa tapisserie, vous la trouverez y rêvant, cherchant le moyen de vous y servir. Mais de celle que vous croirez pouvoir vous être utile, gardez-vous bien d'être autre chose que l'ami ; car entre amants, dès qu'il survient des nuages, des brouilles, des ruptures, tout est perdu. Soyez donc auprès d'elle assidu, complaisant, galant même si vous voulez, mais rien de plus, entendez-vous ? » Il est vrai que d'un autre côté elle disait aux femmes : « Acceptez l'hommage de tous les hommes ; neuf sur dix ne se soucieront pas plus de vous que d'un sou, mais le dixième vous aimera et vous sera utile. »

Madame de Tencin était un excellent juge en cette matière ; elle comptait parmi celles dont on disait : « Elle fera le bec à un jeune homme. » Elle marque bien la différence qui existe entre la galanterie et l'amour ; différence qui a toujours fait supporter de la part des maris et de la part de l'opinion ces soins, cette assiduité qui paraissaient moins dangereux parce qu'ils se produisaient publiquement. Madame de Caylus parle de plusieurs dames de la cour de Louis XIV qui avaient des amants déclarés sans que leur réputation en souffrît : « C'est qu'on ne regardait pas alors un amour déclaré, qui ne se produisait que par des galanteries publiques, comme des affaires dont on se cache et dans lesquelles on apporte mystère », écrit-elle dans ses Mémoires. Ce n'est pas à dire que la galanterie ne conduisît pas souvent bien plus loin ; ces soins assidus, ces attentions flattaient l'amour-propre ; et, comme le dit le poète :

On flatte l'amour-propre, on fait naître l'amour.

La marque extérieure de la galanterie française consistait à baiser la main des dames ; c'était dans le langage féodal dire qu'on se reconnaissait leur vassal, leur serviteur ; dans toute investiture d'un fief le vassal baisait la main de son suzerain, le vilain baisait le genou ou le pied de son seigneur. De là est venu l'usage de baiser le pied du pape, devant qui l'on voulait faire l'acte de sujétion réputé le plus complet, comme devant le représentant de Dieu sur

la terre. Nulle part ailleurs cette coutume ne s'est retrouvée. Dans l'hymne homérique, on voit Vénus
entrer dans l'assemblée des dieux ; ceux-ci, éblouis de
sa beauté et voulant lui rendre hommage, se contentent de se lever et de lui serrer la main à l'anglaise.
Les femmes regrettent cet usage, il était très gra-
cieux ; il a disparu surtout depuis qu'elles ont pris
l'habitude de se couvrir les mains avec des peaux de
bêtes.

Un autre usage qu'elles doivent moins regretter,
et qui s'était établi un peu plus tard, alors que les
traditions du servage chevaleresque commençaient à
s'altérer, est celui qui consistait à les embrasser. Il se
continua assez longtemps à la cour, où il devint une
question d'étiquette qui souleva de grandes difficultés et des querelles sans nombre. La reine offrait
la joue aux princes et aux ambassadeurs ; le roi embras-
sait toutes les dames présentées. Qui, des hommes ou
des femmes, a le plus gagné à la suppression de cet
usage ? Montaigne, qui vivait à l'époque où il subsistait encore, dit à ce propos : « C'est une desplaisante
coutume et injurieuse aux dames d'avoir à prester
leurs lèvres à quiconque a trois varlets à sa suite,
pour mal plaisant qu'il soit. Et nous-mêmes n'y gai-
gnons guères : car, comme le monde se voit party,
pour trois belles il nous faut baiser cinquante laides ;
et à un estomach tendu comme à ceux de mon âge,
un mauvais baiser en surpaye un bon. »

Cet ami, ce chevalier servant, il fallait le choisir
entre beaucoup, il fallait s'assurer qu'il possédait
toutes les qualités requises ; et à ce choix les femmes

apportaient plus de soin qu'elles n'en apportent ordinairement au choix d'un mari. La première qualité,
celle qui primait toutes les autres, celle qui attirait
tous les regards sur celui qui la possédait au plus
haut degré, c'était la vaillance. A chaque époque les
femmes estiment dans l'homme les qualités qui peuvent leur être le plus profitables. Les Australiennes
recherchent les hommes gros et gras : elles estiment
qu'ils sont de bons pêcheurs et d'excellents chas-
seurs, que, par conséquent, elles seront bien nour-
ries. Les jeunes filles chinoises s'éprennent des bache-
liers savants, et à leurs yeux faire un solécisme est
l'équivalent d'une couardise chez nous.

Dans les temps où la société est calme et tranquille,
où l'existence individuelle est assurée, les hommes
riches sont préférés, parce que l'or donne toutes
les jouissances du luxe et de la vanité. Mais dans
les périodes de trouble et de désorganisation sociale,
alors que la force règne en souveraine maîtresse, les
femmes, dont l'honneur est sans cesse menacé, cherchent à s'appuyer sur un bras qui puisse les défendre.
De là leur amour pour les vaillants chevaliers, dont
les glorieux exploits viennent encore enflammer leur
imagination : de là la prédilection témoignée aux bret-
teurs et aux duellistes par les femmes de la cour de
François Ier, de Henri III et de Louis XIII; elles
cherchaient un défenseur pour leur réputation contre
les langues médisantes qui remplissaient cette cour
oisive et débauchée. La vaillance était tenue en si
grande estime que l'opinion se relâchait en sa faveur
des principes adoptés par le code de la galanterie.

D'après les règles établies, une dame devait garder à
son chevalier une inébranlable fidélité, et après sa
mort rester pendant deux ans attachée à son souvenir. Or, un des arrêts rendus par la cour d'amour
lui permettait de le délaisser pour un plus vaillant;
dans beaucoup de tribus barbares la femme abandonne le compagnon dont elle partage la tente, pour
aller avec celui qui est plus rapide à la course, ou
plus habile à la pêche; lorsque Clodomir revint en
Gaule, rappelé par ses sujets, il vit un jour assise à
son foyer la femme du roi de Thuringe, pays où il
avait passé le temps de son exil : « Je viens vers toi,
lui dit-elle; si j'en avais connu de plus brave, j'aurais
voulu dormir avec lui. » C'est la sélection sexuelle de
Darwin, sentiment qui se retrouve au fond du cœur
humain et contre lequel le mariage a voulu élever
une barrière infranchissable.

Mais la qualité appréciée au-dessus de toutes les
autres, c'est la générosité. « L'amour ne loge pas dans
la maison de l'avarice », dit un des arrêts de la cour
d'amour; et une question longuement débattue devant cette cour est celle-ci : « Qui est le plus digne
d'être aimé, ou celui qui donne libéralement, ou celui
qui donne malgré lui pour paraître libéral ? » Ce trait
n'est point particulier à l'époque du moyen âge :
« Donnez ! c'est la grosse cloche en amour ! » disait
Bassompierre, et ce mot a été une vérité de tous les
temps. Une Écossaise disait à son galant qui venait
les mains vides : « Si la reine se faisait courtiser par
un valet d'écurie, elle attendrait de lui un présent,
comme gage de son amour, ne fût-ce que son étrille. »

Aussi l'empereur Adrien avait-il l'habitude de dire que Vénus est représentée nue, parce que c'est l'état dans lequel elle renvoie tous ceux qui viennent lui apporter leur hommage.

C'est là une erreur, une grande erreur. Il y a des femmes avides, il y en a beaucoup même, mais il en est d'autres qui ne voient dans les dépenses les plus exagérées qu'un hommage rendu à leur beauté, et leur amour-propre en est plus flatté que leur cupidité n'en est contente. Les femmes les plus étrangères à la galanterie sont touchées par ces hommages, et la pieuse reine Anne de Bretagne avait donné un tournoi poétique sur cette proposition : « En amour, argent fait tout ! » Comment les femmes resteraient-elles insensibles à un hommage qui toucha Jésus-Christ lui-même, lorsqu'il vit la Madeleine répandre sur ses pieds de précieux parfums ? Saint Louis n'avouait-il pas qu'il avait écouté avec plus d'attention le prieur de Cluny après le don des deux beaux chevaux qu'il en avait reçus ?

Tous les grands séducteurs ont été des hommes magnifiques et généreux ; le duc de Villeroy se nommait le charmant, le fastueux, et il ne trouvait pas de cruelles, justement parce qu'il avait la réputation d'être libéral : « A-t-on mis de l'or dans mes poches ? » demandait-il chaque matin en sortant. Un jour en se promenant avec La Vallière, Louis XIV voit que le pommeau de son épée a effleuré la main de sa belle ; la saisissant aussitôt, il la rejette loin de lui, tout enrichie de diamants qu'elle fût. M. de Narbonne arrive à un rendez-vous que lui avait

donné madame de Staël; comme il se trouvait en
retard, il prend sa montre et la jette dans le bassin
pour la punir d'avoir fait attendre une si charmante
personne. Les femmes ne résistent jamais à de semblables démonstrations.

Et ce précepte de la générosité ne s'imposait pas
seulement aux hommes, mais aux femmes elles-
mêmes. Les présents offerts à la femme ne sont pas
seulement un témoignage de gratitude pour ses faveurs, d'admiration pour sa beauté; ils sont faits aussi
pour rétablir l'équilibre entre l'homme qui est fort,
qui a la possibilité de gagner de l'argent, et la femme
qui est faible et qui ne peut recevoir la richesse que
de son père ou de son mari. Mais lorsque les rôles
sont intervertis, lorsque la femme possède la richesse,
comme cela se voyait souvent dans la société féodale,
c'est elle au contraire qui doit se montrer généreuse.
Les chevaliers pauvres étaient souvent équipés et
armés par la dame de leur pensée, et, loin de nuire à
aucun d'eux, cet acte les honorait tous deux également-
ment. « Car enfin toute grande dame pour son honneur doit donner, soit peu ou prou », dit Brantôme,
écho de l'opinion de son siècle. C'est depuis que les
vieilles folles ont été exploitées par les petits marquis,
par les nombreux aventuriers du dix-huitième siècle
créés par le droit d'aînesse, que la générosité féminine
a été une tache pour celle qui la pratique et plus encore pour celui qui en profite. Le juste et légitime
mépris qui poursuit les coureurs de dot, mis en
opposition avec l'estime dans laquelle on tenait les
preux chevaliers qui devaient tout à leur dame,

montre combien ont changé les idées et les mœurs.

Une autre règle posée par le code de la galanterie est-elle aussi sincère, et faut-il la prendre au pied de la lettre? «Qui ne sait celer ne sait aimer », dit-il, et à plusieurs reprises des anathèmes sont lancés contre les indiscrets. De part et d'autre on cherche à se tromper; lorsqu'un troubadour pose devant une assemblée nombreuse la question suivante : « Vaut-il mieux être le secret objet des préférences de sa dame, ou posséder son amour ouvertement affiché? » le trouvère se décide pour cette dernière alternative, et la cour d'amour ne réforme pas son jugement. Hommes et femmes semblent être de cet avis, et donner raison au mot de Bassompierre, qui disait : « Il y a plus de plaisir à le dire qu'à le faire ! » Cette manière de penser a toujours été celle des Français, qui sont aussi indiscrets que galants et qui tous feraient volontiers comme le duc de Guise. Ce prince, ayant obtenu les bonnes grâces d'une dame de la cour, en fit confidence à un de ses familiers. Le rencontrant quelques jours après : « Vous n'êtes donc pas mon ami ? lui demanda-t-il; je vous avais conté ma bonne fortune pour que vous la redisiez à tout le monde, et vous n'en avez parlé à personne. »

On aimerait à croire que les hommes sont seuls ainsi, que les femmes au contraire recherchent le secret et le mystère avec un soin extrême. Il n'en est rien, et elles aussi veulent tirer gloire de leur amour, dans lequel la vanité entre souvent pour beaucoup. Parmi toutes les favorites des rois il n'y a eu qu'une, La Vallière, c'est-à-dire qu'une femme honteuse de

son amour et cherchant à cacher une faveur qui faisait l'orgueil de tant d'autres. La plupart sont fières
ou orgueilleuses de l'amour qu'elles ont inspiré, et
veulent qu'il soit su de l'univers entier. La comtesse
de Roussillon est aimée du troubadour Cabestaing,
qui la chante dans ses vers, mais sous le nom de sa
belle-sœur, afin de ne pas donner l'éveil à son mari.
Ces déclarations cachées lui déplaisent, elle veut que
son nom soit écrit en toutes lettres dans ces lais har-
monieux qui se récitent dans tous les châteaux; le
troubadour obéit à regret. Comme il l'avait prévu, le
mari est bientôt instruit, et une sanglante catastrophe
est la conséquence de cette indiscrète vanité.

Regardez les mémoires écrits par les femmes; la
plupart y déclarent, comme madame de Staal, qu'elles
ne s'y peindront qu'en buste; c'est-à-dire qu'elles en-
registreront toutes les conquêtes faites par elles, sans
avouer ce qu'elles ont accordé en retour. Leur désir
de livrer leur secret est si violent, que bien souvent
elles en racontent qu'on ignorait entièrement ou du
moins qu'on avait oubliées. Dans ses récents Mémoires,
madame de Rémusat avoue qu'un temps elle passa
pour la maîtresse de Napoléon. Madame d'Abrantès
avant elle nous avait confié que l'empereur venait souvent la surprendre et causer avec elle le matin, lorsqu'elle
était couchée: coutume imitée de Louis XV, qui, à
Choisy, pénétrait dans la chambre de toutes les dames
invitées, et surtout invitées sans leur mari. George
Sand a écrit *Elle et Lui*, soi-disant pour se justifier
d'accusations portées contre elle, mais en réalité pour
entretenir le public de ses amours avec Alfred de

Musset; madame Hortense Allard a fait paraître les *Enchantements de Prudence*, afin que personne n'ignorât qu'elle avait été la maîtresse de Chateaubriand et de plusieurs autres; Caroline Lamb a déposé dans *Glenarvon* ses ressentiments contre lord Byron. Est-ce que pour les femmes aussi bien que pour les hommes il y aurait plus de plaisir à le dire qu'à le faire?

Aussi ne faut-il pas prendre à la lettre ce principe posé par l'*Art d'aimer* : « Le véritable amant est toujours timide. » Oui, la timidité sied bien vis-à-vis des femmes qui, toutes, sont des reines, qui, toutes, veulent faire sentir qu'elles pourraient refuser ce qu'elles accordent, qui, toutes, aiment à voir suppliants et courbés à leurs genoux les vainqueurs les plus entreprenants. Mais il ne faut pas exagérer cette réserve, et une cour d'amour renvoie un chevalier en lui recommandant d'être moins respectueux une autre fois.

On croira peut-être à de la fantaisie; la réalité est absolument semblable. Rappelez-vous ce que raconte mademoiselle de Montpensier dans ses Mémoires, quand on lui annonce qu'elle va se trouver en tête-à-tête avec le jeune roi d'Angleterre, qui la courtise, elle dit : « Je meurs d'envie qu'il me dise des douceurs, car je ne sais ce que c'est, personne ne m'en ayant jamais osé dire. » Plus loin, elle ajoute : « Après le dîner, la reine me laissa avec lui; il y fut un quart d'heure sans me dire un seul mot; je veux croire qu'en cette occasion son silence venait plutôt du respect que du manque de passion; j'avoue le vrai, qu'en cette rencontre, j'aurais préféré qu'il m'en eût moins rendu. » C'est tout à fait le mot d'une des belles et honnestes dames de Brantôme qui, se promenant avec un de ses soupirants, passe par un bosquet retiré et tout fait pour les mystères de l'amour. « Quel endroit avec une autre femme que vous ! fait le cavalier à sa noble compagne. — Et avec un autre homme que vous ! répond celle-ci en levant les épaules. »

Il n'est pas besoin d'appartenir au seizième siècle et d'être contemporain de Brantôme pour avoir des idées semblables. A la fin du siècle dernier, madame de Clermont-Tonnerre se promène avec la baronne d'Oberkirch dans les bosquets de Chantilly ; ravie par la beauté du lieu, elle lui dit : « Si je me promenais seule, à pareille heure, en ce beau lieu, avec un joli garçon, qu'il fût pressant et pas trop maladroit, ma foi !... » Aveu qui scandalisa fort la protestante allemande qui n'avait pas été élevée dans les traditions de la galanterie française. Aujourd'hui, les mœurs ont bien changé, et aux poètes seuls on permet de dire :

Je ne vis qu'elle était belle
Qu'en sortant des grands bois sourds.
Soit ! n'y pensons plus ! dit-elle :
Depuis, j'y pense toujours.

Mais de tous les articles de ce code galant, celui qui caractérise le mieux les mœurs de l'époque, c'est le principe suivant, règle immuable de toutes les relations amoureuses : « Amour et mariage ne peuvent coexister ensemble. » Point d'exception possible à cette règle, et les juges qui siégent dans les cours d'amour ont impitoyablement rejeté toutes les demandes qu'on leur a faites à ce sujet. A plus d'une femme il est arrivé d'épouser le chevalier qu'elle avait eu long-temps comme ami, comme chevalier servant; elle a voulu le garder comme tel, mais la chose ne lui a pas été permise. Ceux qui aspiraient à cette place, qui attendaient que son cœur fût libre pour porter ses couleurs, l'ont traduite devant une cour d'amour, et elle a été condamnée à prendre un autre servant que son mari.

Agir ainsi témoignait d'une grande habileté, d'une grande diplomatie dans l'aréopage féminin. Les nobles dames siégeant dans les cours d'amour se gardaient d'imiter l'imprévoyance d'Anne de Boleyn : au messager qui vint lui annoncer la mort de Catherine d'Aragon, elle donna le vase d'argent qui lui servait à se laver. Elle ne voyait pas que cette femme, qu'elle regardait comme le plus grand obstacle entre le trône et elle, était au contraire l'attrait le plus puissant qui entraînât Henri VIII vers elle; une fois tout obstacle enlevé, l'amour allait décroître ; et ainsi arriva-t-il.

Ces nobles dames, qui acceptaient toutes le servage d'un chevalier, le faisaient pour avoir à leur disposition un bras capable de les défendre aussi bien contre la tyrannie domestique que contre l'oppression extérieure. Elles voulaient avoir quelqu'un pour satisfaire tous leurs caprices, pour répondre à toutes leurs exigences, pour flatter toutes leurs vanités.

Comment imposer à un mari, qui avait toute puissance sur elles, de guerroyer pendant dix ans, pour obtenir une écharpe ou un bout de ruban ? Comment le forcer à parcourir le monde un bandeau sur l'œil ? Comment lui ordonner de faire trois prisonniers avant de lui abandonner sa main à baiser ? Le chevalier servant accomplissait toutes ces prouesses et bien d'autres plus difficiles encore sans murmurer. Aussi les femmes qui ont toujours aimé la brioche plus que le pain, le superflu plus que le nécessaire, l'idéal plus que la réalité, tenaient à leur chevalier servant, et on comprend assez qu'elles ne pouvaient le trouver dans leur mari.

Et les maris, dira-t-on, quelle attitude gardaient-ils ? quelle figure faisaient-ils ? Les maris se faisaient les chevaliers servants d'une femme autre que la leur, et laissaient leur épouse, avec laquelle ils avaient généralement contracté un mariage d'affaires, agir à sa guise. Semblable conduite s'est souvent rencontrée : les Espagnols galantisaient la femme du voisin pendant qu'on faisait la cour à la leur ; les Italiens laissaient leur femme pour se faire le sigisbée d'une étrangère ; les Français du dix-huitième siècle regardaient comme honteux de s'éprendre de leur femme. Il y avait bien par-ci par-là quelques maris jaloux et réfractaires, mais l'opinion en faisait si bonne justice qu'ils servaient d'exemple aux autres.

L'histoire du troubadour Cabestaing et de la comtesse de Roussillon, histoire restée longtemps populaire, peint tout un côté des mœurs de l'époque. Cette comtesse de Roussillon n'avait pas voulu abriter ses

amours derrière l'ombre du mystère; elle avait exigé
de son amant qu'il la nommât en toutes lettres. Le
mari, ayant appris la chose, se donna le plaisir d'une
vengeance raffinée. Il fit tuer Cabestaing, fit cuire
son cœur et le donna à manger à sa femme, sans lui
dire ce que c'était. « Comment avez-vous trouvé ce
plat? lui demanda-t-il quand elle eut fini. — Exquis,
en vérité. — Eh bien, c'est le cœur de votre amant
que vous venez de manger. » La pauvre femme en
mourut de saisissement. De nos jours, la cour d'assises acquitterait cent fois pour une le mari qui agi-
rait ainsi. Alors, il n'en fut pas de même, et un cri
unanime de réprobation s'éleva contre lui; les seigneurs voisins vinrent ravager ses terres; le roi Alphonse d'Aragon, son suzerain, le priva de son fief et
le mit en prison; enfin, pendant plusieurs siècles, on
célébra, dans la cathédrale de Perpignan, un service
annuel en souvenir des deux amants.

Pour comprendre ce fait qui nous paraît anormal,
il faut se souvenir que l'opinion était alors entre les
mains des femmes. L'opinion, cette reine du monde,
change et se déplace souvent; elle était dans l'agora
ou sur le forum à Athènes et à Rome; pendant un
moment, elle résida dans la chaire chrétienne; aux
salons, qui l'ont dirigée longtemps, ont succédé les
journaux. Alors elle se trouvait entre les mains des
dames, qui exerçaient une omnipotence à laquelle
personne ne pouvait se soustraire. Quand Roland est
enfermé dans le vallon de Roncevaux, à ceux qui lui
conseillent de fuir, ou du moins de recourir à son cor
merveilleux pour appeler Charlemagne à son secours,

il répond, en refusant un acte qui lui semble une lâ-
cheté : « Que diront les dames? » A la bataille de la
Mansourah, alors que s'échangent ces terribles coups
d'épée dont Joinville nous a légué le souvenir, pour
s'exciter au courage, les chevaliers s'écrient : « Par
la coiffe-Dieu, il en sera parlé dans la chambre des
dames! » Cinq siècles plus tard, lorsque Tallard voit
ses troupes plier devant l'ennemi, il ne les menace
pas de l'opinion féminine : « Comme nous allons être
chansonnés sur le Pont-Neuf! » leur dit-il, et ces
mots les ramenèrent au devoir : l'opinion avait
changé de milieu.

Ce pouvoir, cette domination, comment les femmes étaient-elles parvenues à les conquérir? D'abord
elles s'en étaient emparées, ce qui a toujours été la
meilleure manière de posséder le pouvoir, lequel appartient ordinairement à celui qui a le courage de
mettre la main dessus. Puis cette suprématie leur
était arrivée peu à peu, par le fait des circonstances
d'abord, par le concours des trouvères et des troubadours ensuite, qui donnèrent naissance aux cours
d'amour, lesquelles marquent le degré le plus élevé
de la domination féminine. Les troubadours et les
trouvères s'en allaient de château en château, récitant
leurs compositions et celles de leurs confrères, égayant
par ces chants les longues solitudes des châtelaines,
ou bien apportant de la variété dans les fêtes, dans
les réunions, dans les tournois. Comme on se lasse
de tout, on se fatigua bien vite d'entendre ces longs
poèmes, ces romans d'aventure dont la récitation durait plusieurs jours, puisqu'on n'en disait qu'un chant

par soirée; ils finissaient par tous se ressembler, mettant les mêmes aventures sous des noms différents.

Les troubadours, qui, souvent, étaient des gens de haute naissance, et qui ne croyaient pas déroger en cultivant la gaie science, comme on appelait alors la poésie, se mirent à composer des fabliaux, pièces de courte haleine, qui avaient pour objet le déduit amoureux et l'éloge des dames. C'était un moyen de se faire écouter bien plus sûrement qu'en racontant les exploits de Roland ou de Garin le Lohengrin. Pour varier leurs compositions, pour leur donner plus d'entrain et de piquant, ils s'avisèrent de composer des dialogues, appelés *tensons* ou *jeux partis*, et dans lesquels ils disputaient quelques points de la jurisprudence amoureuse. Les questions posées étaient les suivantes : « Vaut-il mieux être le secret objet des préférences d'une femme ou se voir publiquement déclaré son ami? — Quel est le plus heureux de celui à qui l'on adresse un doux regard, de celui dont on serre la main, ou de celui dont on presse le pied? — Si votre maîtresse vous offrait de vous rendre heureux tout de suite ou de vous accorder toute la nuit suivante, lequel choisiriez-vous? »

Quand les deux poètes avaient débattu la question, donné toutes les raisons en faveur du pour et du contre, ils concluaient et s'adressaient aux dames présentes pour faire confirmer leur jugement. Celles-ci délibéraient gravement et formulaient une sentence qui avait force de loi, et dont le recueil servit au chapelain André pour composer son *Art d'aimer*, à Martial d'Auvergne pour ses *Arrests d'amour*. Ces cours d'amour, formées par le hasard, prirent une existence presque régulière ; elles s'assemblèrent pour juger les différends portés à leur barre par des chevaliers qui se plaignaient de l'inconstance de leur dame, ou des dames qui accusaient leur ami de s'être montré trop peu libéral ou trop respectueux. C'est dans une de ces réunions que fut rendu le fameux arrêt qui déclarait incompatibles amour et mariage. Le nom d'Éléonore de Guyenne et celui de la comtesse de Champagne sont restés historiques dans les fastes des cours d'amour. Où était la sanction des arrêts de ce tribunal? demandera-t-on peut-être. Où était celle du salon de l'hôtel de Rambouillet, qui exerça pourtant une si grande influence sur la société polie du dix-septième siècle? Où était celle du salon de la maréchale de Boufflers, qui fut l'oracle de la société au siècle suivant?

Il ne faut pas s'étonner de voir de semblables questions, et d'autres bien plus délicates encore, portées devant l'aréopage féminin et longuement discutées en sa présence. A cette époque encore grossière, malgré l'auréole poétique dont nous nous plaisons à la couronner, le langage était beaucoup plus libre qu'il ne l'est aujourd'hui, sans jamais toucher à la licence ; c'était simplicité primitive qui appelle les choses par leur nom, qui ne sait pas encore rougir de la nature, et qui croit pouvoir allier la pudeur avec la naïveté. Un phénomène de ce genre se retrouve encore chez les populations méridionales, en Espagne et en Italie, par exemple ; vous y entendez les femmes les plus chastes, les plus honnêtes, se servir d'expressions, dire des choses qui, à quelques degrés de latitude, les feraient passer pour des femmes dévergondées, tellement la pudeur est une affaire de convention : erreur au delà des Alpes, vérité en deçà. Ainsi était le moyen âge, dont le langage, les actes, les plaisanteries sont bien souvent pour nous choquer, semblables en cela aux sculptures qu'on retrouve encore dans plus d'une cathédrale gothique. Les fabliaux parlent avec une crudité de langage, fort adoucie par Boccace, qui les a imités, mais crudité plus saine et moins dangereuse que les peintures dans lesquelles se complaît le roman moderne. Ceux qui voudraient avoir une idée de la liberté tolérée dans le langage pourront consulter le fabliau intitulé *le Sentier battu*, et qui fait assister à une soirée dans laquelle on joue aux jeux innocents. Deux personnes sont tour à tour sur la sellette, et les questions qu'elles se posent obtiendraient peu de succès dans nos salons modernes, où l'on dit absolument la même chose, mais à mots couverts et à l'aide de sous-entendus que tout le monde comprend.

Mais de la liberté du langage il ne faudrait pas conclure à celle des mœurs; un des caractères de cette galanterie, c'est d'être noble, spirituelle, idéaliste, de relever les âmes en enflammant les cœurs. Et ce ne sont point là de vaines formules de panégyriques, mais l'expression de la vérité. Les époques de mœurs raffinées et corrompues sont celles où les hommes et les femmes se trouvent resserrés dans un étroit espace, menant également une vie oisive et ennuyée; la facilité de se voir à chaque instant, le désir de remplir les vingt-quatre heures de chaque journée, les lancent

dans la galanterie, comme en Espagne, comme en
Italie, comme en France au dix-huitième siècle; mais
là il n'en est pas de même. Un chevalier et sa dame
resteront parfois des années sans se voir; s'ils profi-
tent d'une occasion donnée, c'est une exception, c'est
un fait sans conséquence qui ne saurait ni les cor-
rompre, ni les amollir. La loi, la règle, c'est que les
chevaliers doivent conquérir peu à peu, par l'effet du
temps et de la bravoure, les bonnes grâces de leur
dame. Dix ans de servage pour obtenir une écharpe,
dix ans pour arriver à baiser la main.

Chez des gens qui vivraient côte à côte, qui se ver-
raient tous les jours, de semblables conditions ne
pourraient même être formulées, obtiendraient le
sort grotesque de cet ordre de la Persévérance que
madame de Genlis voulait instituer; mais un chevalier qui emporte un sourire de sa dame, qui va guerroyer au fond de l'Allemagne et de la Palestine, vivra
avec son souvenir, et, après de longs jours d'épreuves
et de fatigues, il reviendra, ne demandant qu'à contempler celle dont la douce figure l'a accompagné,
payé de tous ses maux s'il obtient de baiser sa main.
Comparez ce respect chevaleresque à l'acte de Lauzun
envoyant un billet impertinent à une dame de la cour,
lui donnant rendez-vous dans des termes qui eussent
révolté une cuisinière. Aussi concevez-vous que pour
ces hommes il ne puisse pas y avoir de femmes
laides : ils les voient par l'imagination plus encore
que par les yeux. Les femmes, d'ailleurs, le veulent
ainsi, et, dans une cour d'amour, où l'on discute sur
la question de savoir s'il vaut mieux avoir une maî-

tresse agréable ou une maîtresse jolie, une des dames, siégeant comme juge, déclare qu'elle n'aimera jamais quelqu'un qui ne la trouvera pas jolie.

Quelle femme ne sera de son avis? Laquelle n'imitera pas cette autre, jugeant également dans une semblable occasion, et qui, entendant discuter la question de savoir ce qu'il faut le plus estimer chez une femme, ou son corps ou son esprit, se tourne du côté de celui qui soutient cette dernière alternative et lui dit avec une sorte de dédain : « Je vous donnerai la jouissance de mon esprit. » Madame de Staal, qui était bien femme, a dit avec raison : « Nous tenons plus à nos agréments qu'à nos passions. »

La vanité, le souci de leur sécurité avaient poussé les femmes à accepter le servage des chevaliers, à se faire un ami dont le bras pût les défendre, dont la valeur pût rejaillir sur elles. Ce fut également l'amour-propre qui les amena à accepter l'hommage des trouvères et des troubadours, dont les vers devaient répandre leur nom, immortaliser le souvenir de leur beauté. Cet amour est encore plus platonique que l'autre, de la part des dames qui trouvent mille ruses pour s'y soustraire lorsque leurs soupirants deviennent trop pressants. Si quelques-unes ont répondu à cette passion si vivement exprimée, c'est parce que leurs soupirants étaient nobles et qu'en leur cédant elles ne dérogeaient pas. Sur ce point, les femmes ont toujours été intraitables. On a vu plus haut le trait de madame de Genlis s'indignant d'une déclaration d'amour parce qu'elle venait d'un roturier, et celui du comte d'Andlau qui envoyait sa généalogie aux

femmes qu'il voulait courtiser. L'amour-propre se-
rait-il donc le sentiment dominant dans les passions
féminines?

Pour la plupart des troubadours, cette passion n'é-
tait qu'une feinte, destinée à échauffer leur imagination et à donner à leurs vers un caractère qui les fît
plus apprécier. De cette époque date la couleur amoureuse donnée à toutes les poésies; la Laure de Pétrarque, la Béatrix de Dante sont des fictions poétiques; ce n'est pas que Laure n'eût séduit Pétrarque
par sa beauté, comme elle émerveilla le pape et le roi
de Sicile; mais c'était le poète qui la chantait et qui
l'aimait, l'homme se délassait de ses travaux auprès
d'une compagne de laquelle il eut trois enfants naturels; ce n'est également que dans ses vers que Dante
garda fidélité à sa Béatrix. Dès ce moment, les femmes du plus haut rang ne rougirent pas de se laisser
aimer par les poètes et même par d'autres; une passion était un hommage rendu à la beauté; Anne
d'Autriche était courtisée par Bassompierre, qui lui
exprimait sa passion en des termes qui ne seraient
plus de mise aujourd'hui.

Celui qu'on appelait un honnête homme, c'est-à-dire
un homme de naissance et bien élevé, devait avoir
une maîtresse, mot qui n'apportait pas avec lui une
idée flétrissante pour celle qui le portait, mais qui signifiait la dame des pensées. Sully en avait une pour
se conformer à l'usage. Au milieu du dix-septième
siècle, l'ambassadeur de Portugal, marquis de Cas-
quez, portait sur son chapeau un bas de soie donné
par sa maîtresse; il se promenait au Cours-la-Reine

ayant devant lui une cassette pleine de gants d'Espagne, et il en envoyait aux dames qui lui plaisaient.
Les créations les plus nobles et les plus grandioses
ont toujours une terminaison mesquine et grotesque :
cette poésie chevaleresque s'éteignit au dix-huitième
siècle dans les bouquets à Chloris des poètes de troisième ordre.

Sous l'influence d'un sentiment qui mettait la
femme sur un piédestal aussi élevé, qui en faisait une
sorte d'idole sous le char de laquelle il était glorieux
de se faire écraser, des exploits merveilleux et à peine
croyables si l'histoire n'était là pour les attester furent
accomplis. Les occasions nous révèlent aux autres et
plus encore à nous-mêmes, a dit un moraliste; et jamais cette expression ne fut plus juste qu'à cette
époque. Il n'est pas d'entreprise aussi périlleuse, on
pourrait dire insensée, que les femmes n'exigeassent
de leur amant pour s'en faire honneur, pour en tirer
vanité. Dans un moment d'exaltation, ils faisaient
un vœu, le plus souvent téméraire, et ils mettaient à
poursu vre son accomplissement une énergie, un courage sans bornes. N'est-ce pas ce qu'a voulu la nature
en donnant à la jeunesse ces vifs mouvements d'im-
pulsion qui nous forcent à vivre, à aller en avant, à
nous engager dans une voie, sans même nous enqué-
rir si elle a une issue? La vieillesse, âge de la pré-
voyance, n'est-elle pas aussi l'âge de l'inaction?

De tous ces stimulants, l'amour est le plus puissant, celui qui a fait accomplir le plus d'entreprises
héroïques; et les folies de don Quichotte sont de beaucoup dépassées par celles des chevaliers dont il est la

caricature. A certains jours, au milieu du repas, on
apportait un paon rôti, mets détestable au point de
vue culinaire, mais qui passait pour l'animal noble
par excellence; tous les chevaliers se levaient, et là,
en présence des dames, ils faisaient un vœu qu'il eût
été déshonorant de ne pas remplir. Un prince qui
voulait entraîner ses vassaux à une croisade, à une
guerre, à une expédition quelconque, s'y prenait souvent de cette façon, profitant de l'exaltation du moment pour leur arracher une promesse à laquelle ils
ne pouvaient plus ensuite se soustraire. Folie! dira-t-
on; oui, folie, mais folie héroïque qui a fait accomplir
et entreprendre de grandes choses. Le moyen âge a
eu deux folies : la folie de la religion, la folie de l'a-
mour : Dieu et ma dame! et, sous l'influence de ces
deux sentiments, il a réalisé des merveilles d'héroïsme
dont les peuples jeunes sont seuls capables et qui font
excuser bien des torts, qui effacent bien des erreurs.
Rien de grand ne se fait sans être passionné! a dit
Saint-Simon.

Un récit imaginé par un trouvère peint admirablement le délire amoureux qui s'était emparé d'une
époque où l'on vit naître les galois, surnommés les
amoureux transis. Cette secte, car c'en fut véritable-
ment une, soutenait que l'amour doit suffire à tout
et remplacer tous les autres sentiments. Afin de le
prouver et de montrer que les influences extérieures
n'avaient plus aucune prise sur eux, pendant l'été ils
se couvraient de fourrures et se tenaient près de grands
feux allumés; pendant l'hiver, au contraire, ils allaient
vêtus de toiles : de là leur nom d'amoureux transis.

Le fabliau intitulé *le Chevalier et la Chemise* raconte un fait qui n'est guère moins extraordinaire et qui n'est pas plus incroyable. Il s'agit d'un noble chevalier qui courtise une dame, qui demande à être son ami, à porter ses couleurs, et qui promet en revanche une obéissance sans bornes à ses volontés. La veille d'un tournoi solennel, il voit venir vers lui la suivante de la dame ; celle-ci lui apporte une chemise de sa maîtresse, lui enjoignant formellement de sa part de la mettre par-dessus ses habits et de se présenter ainsi au tournoi sans revêtir d'autre armure ; elle ajoute qu'à deux autres chevaliers, qui courtisaient sa maîtresse, elle a fait la même proposition, et que ceux-ci l'ont renvoyée bien loin en la traitant de folle. Le chevalier baise la chemise et promet d'obéir. Le lendemain, en effet, il se présente dans la lice revêtu de cette simple chemise. Il n'excite l'étonnement de personne, des singularités de ce genre sont fréquentes ; mais il voit tous les combattants s'éloigner de lui par courtoisie, ne voulant pas frapper un homme qu'aucune armure ne protège. Ce n'était point là son affaire ; il ne s'agissait pas seulement de paraître au tournoi, il fallait en sortir vainqueur. La lance en arrêt, il fond sur les combattants, qui, forcés de se défendre, font pleuvoir sur lui les coups de masses d'armes et de plats d'épée ; inébranlable, il soutient ces assauts, et il est transporté mourant mais vainqueur aux pieds de sa belle inhumaine, qui lui remet le prix destiné au plus brave.

Quelques jours suffisent pour guérir ses blessures, et il va assister à un grand festin chez le mari de la dame de ses pensées, lequel avait donné le tournoi. Auparavant, il envoie son écuyer vers elle avec la chemise qu'il avait portée au tournoi, encore toute tachée de son sang, et la prie de la mettre par-dessus ses habits pour l'amour de lui. Elle ne se montra pas moins courageuse, et, en entrant dans la salle du festin pour servir les convives, comme c'était alors l'usage des châtelaines, elle parut couverte de cette chemise sillonnée de taches sanglantes. Chacun l'approuva et l'admira; quant au mari, il ne dit rien, n'étant ni si brave ni si vaillant que celui qu'on lui préférait si ouvertement.

Ainsi voilà le caractère de l'époque bien déterminé : aux braves, aux vaillants, tout est permis, tout appartient : c'est le droit de la force, mais sous sa forme héroïque et chevaleresque. Franchissez cinq siècles, et vous assisterez à une scène presque identique, aussi caractéristique : celle-là non point éclose dans l'imagination d'un poète, mais rapportée par un témoin. On est dans un de ces nombreux salons du dix-huitième siècle où le jeu était la principale distraction des invités, souvent la principale ressource de l'amphitryon. Un grossier Turcaret est assis entre deux dames de la cour, qui puisent à pleines mains dans ses poches pour en tirer des poignées d'or; lui, plonge ses mains dans leur poitrine largement décolletée, et celles-ci de rire comme des folles. L'influence de Law a passé par là, et l'omnipotence de l'argent a remplacé la suprématie de la bravoure.

Si la galanterie française n'est pas entièrement irréprochable au point de vue de la stricte morale; si on peut l'accuser de s'être souvent égarée dans sa route et d'avoir abouti à des complaisances coupables, lorsque son but était d'élever l'âme et de l'ennoblir; si on peut la rendre responsable de la corruption de mœurs qui atteignit les siècles suivants, il ne faut pas oublier qu'elle fut un progrès véritable et qu'elle exerça sur les relations sociales l'influence la plus heureuse. Elle contribua à adoucir les mœurs de ces rudes et grossiers hommes d'armes qui ne connaissaient que la force et la violence; elle assura un peu de sécurité à la femme, sans cesse menacée de rapt et de violence. Il fallut l'exagération de cet idéal pour habituer au respect ces hommes encore à moitié barbares et qui se sentaient tentés à chaque instant d'en appeler à la force.

Une dame qui avait à se plaindre du manque de courtoisie d'un chevalier, n'avait qu'à aller frapper son écu suspendu à l'entrée de la lice pour que le chevalier félon se vît honni par tous et exclu du tournoi. Malgré tant de précautions, malgré tant de privilèges, les femmes étaient souvent l'objet de violences odieuses, et le maréchal Boucicaut institua un ordre de treize chevaliers qui se vouaient uniquement à les servir et à les protéger. Singulier rapprochement à faire. Dans l'Europe du moyen âge, si galante, si chevaleresque, une femme ne pouvait faire un pas sans voir son honneur courir les plus grands risques. Dans l'Amérique, au contraire, où les mœurs sont moins que galantes, les plus grands privilèges sont accordés aux femmes, mais sans l'accompagnement de cette politesse exquise qui en rehausse le prix; et

ces Vénus populaires, comme les appelle un voyageur
contemporain, sont entourées de plus d'égards que les
grandes dames de Versailles.

Ne nous y trompons pas pourtant, ne faisons pas ces
hommes meilleurs qu'ils ne sont. Ces chevaliers si galants, si empressés, si dévoués, étaient des maris durs
et tyranniques; en rentrant chez eux, ils déposaient
ces habitudes de courtoisie pour redevenir les hommes
d'armes durs et grossiers. Ils oubliaient les soumissions et les protestations tendres pour recourir aux
rudes paroles et aux coups. Sans doute il n'est pas
besoin de reculer vers le douzième siècle pour rencontrer de semblables contrastes, mais du moins les
hommes de ce temps étaient-ils excusables. Ils étaient
victimes de leur générosité et de leur imagination :
ils avaient dressé un autel à la femme, ils lui avaient
adressé leurs hommages comme à une divinité; et
quand ils s'approchaient d'elle, quand ils rentraient
dans le sanctuaire, ils ne trouvaient plus qu'un être
faible et mortel comme eux-mêmes.

Pour exprimer ce contraste dont tous les siècles se
sont plaints à leur tour, le moyen âge avait inventé une
légende aussi ingénieuse que celles léguées par l'antiquité. Charlemagne, disait cette légende, était amoureux d'une belle Allemande dont il ne pouvait vivre
séparé. Elle vint à mourir, et il ne voulut pas qu'on
l'enlevât de sa chambre, où elle resta, objet de dégoût et
de terreur pour ses familiers. Pour lui, il ne s'apercevait
de rien; il s'asseyait avec délice auprès de ce cadavre
en décomposition, lui parlant comme si la vie eût
continué à l'animer. L'archevêque Turpin, se dou-

tant qu'il y avait là-dessous quelque sortilège, profita d'une absence du roi pour examiner le cadavre. A force de chercher, il trouva sous la langue un anneau enchanté dont il s'empara. « Quelle est cette pourriture ? s'écria Charlemagne en rentrant, qu'on la jette à la rivière ! » Le charme était détruit, et il ne trouvait plus qu'un cadavre en décomposition là, où un moment auparavant, il voyait une femme incomparable.

Cette histoire est celle de la galanterie française retombant de l'idéal dans la réalité. Sentiment si bien exprimé par une femme, Marguerite de Navarre, qui disait avec une sorte de mélancolie : « Voulez-vous cesser d'aimer : possédez l'objet aimé. »

VII

LA JALOUSIE ESPAGNOLE

LE SIGISBÉISME ITALIEN

L'AMOUR AU DIX-HUITIÈME SIÈCLE

Un mot de grande dame. — L'occupation la plus naturelle du monde. — La vie de l'hidalgo. — L'esclave libre. — « Donne-le-moi amoureux, je te le rends ruiné. » — Un chocolat empoisonné, et les coups de bâton du comte de Boufflers. — Trois femmes pour une. — Les *embecivado* et les *amance-bada*. — Pages et chevaliers d'honneur. — Douceurs du sigisbéisme. — « S'ennuyer et bâiller, bâiller et s'ennuyer. » — *Il bello, il brutto, il buono*. — La morale italienne. — Louis XV et les écrouelles. — Byron et madame Guiccioli. — « L'amour nous les a pris, l'hymen nous les rendra. » — La-fare et la duchesse de Bourgogne. — « Vous m'en direz tant! » — L'honneur repousse comme les cheveux. — Un mot du marquis de Genlis. — Lauzun et Marie-Antoinette. — Deux premiers chapitres de l'histoire des femmes.

« J'étais l'autre jour chez la marquise d'Alcanizas, c'est une des plus grandes et des plus vertueuses dames de cette cour : elle nous disait à toutes : Je vous l'avoue, si un cavalier avait été avec moi en tête-à-tête une demi-heure, sans me demander tout ce que l'on peut demander, j'en aurais un ressentiment si vif que je le poignarderais si je pouvais. — Et lui accorderiez-vous toutes les faveurs qu'il pour-

rait vous demander? interrompit la marquise de
Liche, qui est jeune et belle. — Ce n'est pas une
conséquence, dit madame d'Alcanizas; j'ai même
lieu de croire que je ne lui accorderais rien du tout;
mais au moins je n'aurais aucun reproche à lui faire;
au lieu que, s'il me laissait si fort en paix, je le prendrais pour un témoignage de son mépris. Il n'y a
guère d'Espagnoles qui n'aient de pareils sentiments
là-dessus. »

Ainsi parle madame d'Aulnoy dans la curieuse re-
lation de son voyage en Espagne; tous les détails
qu'elle donne n'ont rien d'exagéré, on en trouve la
confirmation dans Saint-Simon, dans le marquis de
Louville, dans Van Arsaens et dans les autres voyageurs qui ont visité ce pays vers le dix-septième siècle.
Et cette manière de voir n'était point particulière à
l'Espagne, dans toute l'Europe civilisée les idées
étaient les mêmes. En France, une dame de la cour
reprochait à un grand seigneur d'avoir profité d'un
moment où ils étaient seuls pour porter la main sur
elle : « Eh! madame, qu'eussiez-vous dit si je n'avais
rien tenté? » Une autre, lisant le *Grand Cyrus*, et
voyant un amant resté seul avec sa maîtresse lui tenir
de grands et d'interminables discours, s'écriait : « Que
d'esprit mal employé! Ils étaient ensemble et ils
étaient seuls! »

Par quel singulier phénomène de semblables idées,
qui nous paraissent monstrueuses, qui sont à nos
yeux le renversement de toute morale, avaient-elles
fini par régner, par devenir une règle de conduite
dans la partie de l'Europe la plus éclairée, la plus

civilisée, la plus religieuse? Elles étaient une conséquence logique et fatale de cette galanterie chevaleresque qui, un moment, avait animé tous les esprits,
et qui s'était modifiée selon les idées et le caractère de
chaque peuple. En Espagne, elle avait créé la folie
amoureuse; en Italie, le sigisbéisme; en France, la
spirituelle débauche du dix-huitième siècle.

Les descendants du Cid, ces fiers hidalgos qui
avaient si longtemps combattu les Maures en soupirant pour Chimène, ne surent plus à quoi dépenser
leur activité le jour où le dernier de leurs ennemis
eut disparu du sol natal, le jour où Charles-Quint et
Philippe II leur eurent enlevé toute importance politique pour les réduire au simple rôle de courtisans.
Les classes oisives n'ont jamais pu trouver que trois
sortes de distractions : le jeu, le vin, l'amour. De ces
trois stimulants, le dernier est certainement le plus
fort, parce qu'il occupe à la fois le cœur, l'imagination et les sens, et parce qu'il a la nature pour complice. « L'amour est le fruit du loisir et de la richesse », dit le *Roman de la Rose*; et partout où des
hommes et des femmes se sont rencontrés ensemble
n'ayant aucune préoccupation grave pour remplir
leur esprit, que ce soit à la cour des princes ou sur
une plage de bains de mer, aussitôt est né ce commerce de galanterie que les Américains appellent
flirtation. Ces gens qui ne se connaissent pas, qui
hésiteraient bien longtemps avant de lier entre eux
un commerce d'amitié ou à nouer de simples relations sociales, vont du jour au lendemain peut-être
contracter les nœuds les plus intimes et les plus

serrés. Ils ressemblent à ce vieux seigneur de la cour de Louis XIII, qui, laissé seul avec une jeune fille, se met aussitôt à lui parler amour et à devenir très entreprenant ; comme on lui en faisait des reproches : « Je ne la connaissais pas, de quoi aurais-je pu lui parler ? »

L'Espagnol se trouvait livré à deux sentiments entièrement opposés : d'une part, une jalousie pour sa propre femme, jalousie qui le poussait aux actes les plus barbares ; d'autre part, une convoitise ardente pour la femme de son voisin, convoitise attisée par un tempérament de feu si bien indiqué par ce proverbe qui peut s'appliquer à tous les Espagnols : « L'Andalou courtiserait jusqu'à sa grand'mère. » Alors eut lieu un de ces compromis auxquels notre esprit se laisse aller si facilement lorsqu'il est la dupe du cœur, c'est-à-dire lorsqu'il veut faire ce qu'il désire. D'un côté, l'Espagnol entoura sa femme de duègnes, il l'enferma sous des verrous et des grilles multipliés, pensant que c'était là une précaution infaillible. De l'autre, il alla courtiser la femme de son voisin, flanquée également de duègnes et de grilles, estimant que ses verrous seuls étaient solides, que sa femme seule était fidèle, et qu'il aurait bon marché de toutes les autres.

Puis il mena une vie qui semblera étrange à qui ne connaît pas la puissance de l'amour, la large place qu'il prend dans notre existence. Toute sa journée se consumait à passer sous les fenêtres de sa maîtresse, à la suivre de loin quand elle pouvait sortir escortée de ses duègnes ou de ses écuyers, à l'accompagner à l'église et à lui donner de l'eau bénite, faveur qui lui fut bientôt enlevée, le nonce, sur la demande d'un mari jaloux, ayant interdit cet acte sous peine d'excommunication. La nuit, il se glissait dans l'ombre, il s'approchait de la fenêtre grillée où sa dame venait se placer quand son mari et ses surveillantes étaient endormis. Ce qu'ils se disaient, ceux-là le savent qui ont aimé longtemps : ils redisaient sans cesse la même chose, et ils ne se répétaient jamais. Le lendemain recommençait la même vie, et il en était ainsi tout le long de l'année.

Quelle était la récompense capable de payer tant d'amour, tant de constance? Une entrevue ménagée par le hasard de temps en temps. Ordinairement il n'y en avait qu'une par an, le jeudi saint. Ce jour-là les femmes les plus étroitement renfermées sortaient pour faire leurs dévotions, accompagnées de duègnes qu'elles trouvaient moyen de perdre dans la foule. Elles se dérobaient par une porte de côté, entraient dans une maison louée exprès pour la circonstance, puis revenaient dans l'église au bout de deux ou trois heures. Ce rendez-vous unique soutenait les deux amants pendant toute l'année. Qui sait si une facilité plus grande à satisfaire leur passion n'en eût pas amorti la vivacité?

Plus la femme est esclave, plus elle est étroitement surveillée, plus grand est le degré de liberté qu'elle sait conquérir. Quoique enfermée au harem, quoique entourée d'eunuques impitoyables, la musulmane peut ourdir une intrigue plus facilement que l'Européenne : seulement elle risque davantage. Il en était de même de l'Espagnole, qui avait su avec dextérité passer à travers les rudes chaînons de la jalousie maritale. Le salon d'une Espagnole était sacré, et jamais son mari n'eût osé y mettre le pied sans une autorisation expresse; toutes celles qui s'y trouvaient formaient une sorte de franc-maçonnerie qui n'eut jamais de traîtres. Toutes s'aidaient dans leurs intrigues; et la jalousie, qui fait le fond de la nature féminine, ne leur fit jamais manquer à ce devoir qu'elles s'étaient imposé, chose dont on peut s'étonner à bon droit.

Mais quelque chose est plus surprenant encore; non seulement elles avaient limé les ongles à la jalousie masculine, au point de faire respecter leurs réunions, mais encore elles avaient forcé ceux qui les surveillaient de si près à prêter la main à leurs intrigues. Une femme enveloppée dans sa mantille se voyait suivie par quelqu'un dont elle craignait d'être reconnue, elle s'adressait au premier cavalier qu'elle rencontrait : « Senor, lui disait-elle, voici un cavalier qui me suit et dont je voudrais être débarrassée. » Et celui-ci, sans demander d'autre explication, sans chercher à connaître celle qui réclamait son bras et qui était peut-être sa propre femme désireuse de se délivrer d'un surveillant incommode, allait lui barrer le passage, menaçant de tirer l'épée contre lui s'il ne s'arrêtait aussitôt. D'autres fois, une femme qui avait noué une intrigue ne savait où donner un rendez-vous. « Senor, disait-elle au premier cavalier qui se trouvait sur sa route, j'ai besoin de votre chambre. » Et celui-ci, sans observation aucune, la conduisait dans son domicile, qu'il mettait entier à sa disposition, et dans lequel il ne rentrait que lorsqu'elle l'avait quitté, sans chercher à connaître qui elle avait pu introduire.

Sans doute, en agissant ainsi, les Espagnols obéissaient au précepte : « Fais à autrui ce que tu voudrais qu'on fît pour toi-même. » Mais ils cédaient aussi à la disposition de leur esprit généreux et chevaleresque. Dans leurs amours ils étaient magnifiques, et tout ce que leur maîtresse leur demandait, elle était sûre de l'obtenir. Aussi n'y a-t-il point d'exagération dans cette parole d'un duc d'Albe, disant à sa maîtresse qui contemplait la lune : « Je vous en prie, ne la regardez pas ainsi; car, si vous en aviez envie, je ne pourrais pas vous la donner. » Ils n'attendaient pas qu'on leur demandât, ils donnaient pour satisfaire à leur amour et à leur orgueil, immenses tous les deux. Aussi une dame de la cour disait à une de ses amies, en lui parlant d'un cavalier : « Donne-le-moi amoureux, je te le rends ruiné. » Ce qui est aujourd'hui le fait des courtisanes était alors l'œuvre des plus grandes dames.

Dans cet amour les Espagnols apportaient toutes leurs passions, surtout celle de la jalousie; ce sentiment ne déplaisait point aux femmes, qui regardaient un coup de poignard comme une preuve d'attachement. D'ailleurs ce sentiment, elles le partageaient. Madame d'Aulnoy parle d'une dame qui apprit l'infidélité de son amant; elle lui donna un rendez-vous : « Tout le monde est à ma dévotion ici, lui dit-elle, et vous ne pouvez m'échapper. Choisissez entre ce poignard et cette tasse de chocolat empoisonné. » Celui-ci, sans chercher à sauver sa vie, sans essayer de se venger sur sa maîtresse, avala le poison sans hésiter. « Il est un peu amer, lui dit-il froidement, une autre fois sucrez-le davantage. » Et il attendit les convulsions.

Voulez-vous voir combien la différence des caractères et des mœurs peut amener des résultats opposés dans des circonstances entièrement identiques? Au siècle dernier une marquise veut se venger du comte de Boufflers, non parce qu'il l'a quittée (l'inconstance est alors à la mode), mais parce qu'il s'est permis sur son compte des indiscrétions et des épigrammes. Elle lui donne un rendez-vous auquel il accourt en chevalier français. A peine est-il assis, qu'il voit entrer quatre solides laquais qui le dépouillent de ses habits, l'attachent sur le lit, et lui administrent cinquante coups de bâton que la marquise compte un à un. Cette opération terminée, Boufflers se rhabille avec le plus grand sang-froid, et, tirant deux pistolets de ses poches, il les dirige sur les laquais qu'il tient sous sa main. Toujours l'arme de chaque main, il les force à déshabiller la marquise, à lui administrer cinquante coups du même bâton, et que lui aussi compte scrupuleusement. Il les oblige ensuite à se bâtonner successivement, veillant à ce qu'ils frappent avec force ; puis il demande un reçu des coups de bâton qu'il a fait administrer, et sort en disant à la marquise qu'elle peut, si elle le veut, publier l'aventure. Évidemment voici deux époques bien différentes, bien éloignées l'une de l'autre.

La polygamie ne serait-elle pas dans la nature? On

pourrait le croire en voyant tous les peuples qui se
sont adonnés aux femmes en avoir trois différentes,
pour répondre à trois besoins distincts. L'antiquité
avait la femme légitime qui lui donnait des enfants,
l'hétaïre qui le charmait par sa grâce et par sa conversation, la concubine ou l'esclave destinée aux appétits
sensuels. L'Espagnol avait également sa femme légitime pour perpétuer la race; il avait une maîtresse
qui était toujours une dame de noble extraction, dont
le souvenir l'accompagnait le jour et la nuit, dont la
pensée remplissait son existence, mais dont il ne pouvait avoir la société qu'une fois par an; aussi, comme
il n'était pas plus un amoureux platonique que Dante
et Pétrarque, qui faisaient des enfants à leurs cham-
brières tout en soupirant pour Béatrix et pour Laure,
ces nobles hidalgos allaient se reposer dans les bras
des comédiennes de ces aspirations brûlantes et éthé-
rées.

Et comme si ce n'était pas assez de ces trois sortes
de femmes pour ces hommes dont la vie était tout entière absorbée par l'amour, ils en avaient une quatrième, qu'on pourrait appeler celle de la vanité. Ils
se déclaraient amoureux des filles d'honneur de la
reine, ils portaient leurs couleurs, ils les suivaient à la
promenade. Pour leur plaire, il n'était pas de dépenses, pas de sacrifices qu'ils ne fissent. On les
appelait *embecivados*, ce qui veut dire enivrés d'a-
mour, et comme ils étaient censés n'avoir pas la libre
disposition de leur raison, on leur permettait de rester
couverts devant le roi; ils réalisaient ainsi cette définition de Platon : « Cet homme-là est mort à lui,

même, c'est l'âme de sa maîtresse qui l'anime. » Ils n'étaient pas tant morts que cela ; en sortant de jouer le rôle d'*embecivados*, ils allaient souper joyeusement en compagnie des courtisanes, nommées leurs *amancebada*. Le soir du jeudi saint, après avoir figuré dans la procession des flagellants, après s'être mis les épaules en sang en l'honneur des belles dames qui les regardaient du haut de leur balcon, ils allaient se livrer à une orgie, où n'étaient respectés ni le jeûne ni l'abstinence. Singulier mélange de religion, de galanterie et de débauche qui s'est retrouvé partout où l'homme a fait bon marché de sa raison pour embrasser des croyances, qui ont d'abord été une foi ardente et sincère pour dégénérer bientôt en grossière superstition.

Voulez-vous savoir les conséquences d'un état de choses si contraire aux conventions de la morale sociale et religieuse, mais accepté sans protestation par des gens qui disent leur chapelet toute la journée ? Il en est une que madame d'Aulnoy va nous révéler : « Ce qu'il y a d'effroyable, c'est qu'il y a peu de personnes en ce pays, soit de l'un ou de l'autre sexe, et même des plus distinguées, qui soient exemptes de cette maligne influence (la syphilis). Les enfants apportent le mal du ventre de leur mère, ou le prennent en tetant leurs nourrices. Une vierge en peut être soupçonnée ; et à peine veulent-ils se faire soigner, tant ils sont certains de retomber dans les mêmes accidents. On s'entretient de cette maladie chez le roi et chez les femmes de première qualité, comme de la fièvre ou de la migraine, sans s'en em-

barrasser autrement. Dans le doute où l'on est que la
femme la plus vertueuse ou le petit enfant n'en aient
leur part, on ne saigne jamais au bras, mais au
pied. » Et maintenant que les poètes célèbrent les
douceurs de l'amour, et proclament que l'on doit
céder à ses lois !

La corruption morale n'était pas moins grande que
la corruption physique. Lucien Bonaparte raconte,
dans ses Mémoires, que tout s'obtenait par le Prince
de la Paix ; que les femmes et les filles étaient obligées
de venir le solliciter et de subir ses caprices, et que
lorsqu'elles se présentaient accompagnées on ne les
recevait pas. On n'accusera plus d'exagération ces
paroles de Byron : « Si vous faites à une Espagnole
une de ces déclarations qui vous attireraient deux
bons soufflets de la part d'une Anglaise, elle vous ré-
pondra avec une révérence : Votre recherche me
fait beaucoup d'honneur, attendez que je sois mariée, et vous ferez à votre plaisir. »

En Italie une évolution semblable se fit dans les
esprits, modifiée par le caractère italien, qui n'avait
ni cet orgueil, ni cette générosité du caractère espagnol, mais qui possédait surtout la souplesse, la ruse
et la patience. Là aussi une espèce de torpeur succéda
à l'agitation politique, alors que des tyrans eurent
subjugué ces républiques turbulentes, fermé le forum
et rempli la ville d'espions qui rapportaient jusqu'aux
moindres paroles. Là aussi l'oisiveté mena à la galanterie, et cela d'autant plus facilement que l'Italien
y est naturellement porté ; c'est même pour lui un
besoin des sens bien plus qu'un besoin de l'âme

comme chez l'Espagnol, ou un besoin d'imagination
comme chez les Français. Aussi y a-t il dans sa galanterie quelque chose de moins relevé, de moins idéal
que chez ces deux autres peuples; et il faut se souvenir de cette phrase du président de Brosses toutes les
fois que nous nous trouvons en présence d'un acte ou
d'une parole qui choquent notre délicatesse : « Je ne
parle pas de la chose dont nos plaisirs et nous tirons
notre origine, de la chose proprement dite par excellence. On ne s'en choque pas plus ici que de toute
autre opération naturelle : c'est une bonne police qui
devrait être reçue partout. »

Un sentiment non moins puissant se trouvait à
côté de celui-là, le sentiment de la jalousie. Ces
hommes doués d'un nez inquisitorial, d'une finesse
de diplomate, d'une patience de chasseur, n'imitèrent
pas les Espagnols, ils ne s'en fièrent ni aux duègnes
ni aux grilles, ils ne s'en remirent qu'à eux-mêmes
du soin de veiller sur leurs femmes. Ils s'établirent
leurs gardiens, leurs geôliers, et cette surveillance,
portée jusqu'à la passion, leur empêcha de sentir le
vide de leur existence, la tristesse de leur habitation.
Cette surveillance jalouse produisit son effet ordinaire, elle poussa les femmes aux intrigues, loin de
les en écarter; toutes auraient répondu comme la
princesse de Conti à laquelle son mari recommandait
de ne pas le tromper : « Je n'en ai envie que lorsque
je vous vois. »

Alors commença une lutte vraiment épique entre
les trois personnages mis en présence dans chaque famille, le mari, la femme et l'amant. Représentez-vous

ces maisons d'Italie étroites et exiguës, cette vie en plein air, exposée à tous les regards curieux, à toutes les langues indiscrètes. Quels prodiges de finesse, d'habileté, de diplomatie ne fallait-il pas à deux amants pour se rencontrer, pour obtenir une minute de tête-à-tête! Avec la centième partie de l'habileté déployée dans cette guerre intérieure un homme d'État placerait sa patrie au premier rang. Lisez Boccace, lisez tous les conteurs italiens, ils ne font que dire ce qu'ils ont vu et entendu; loin d'exagérer, ils restent au-dessous de la réalité, et ils ne nous donnent qu'un écho affaibli des merveilleuses aventures qui se passaient chaque jour sous leurs yeux.

Tout s'use, même les sentiments les plus extrêmes. Un jour vint où l'Italien se lassa de surveiller sa femme, et plus encore de voir son voisin surveiller la sienne avec tant de soin. Ce dernier sentiment est des plus naturels. Un Turc demandait à Chamfort pourquoi le Français n'enfermait pas sa femme : « Parce qu'il a peur que son voisin n'en fasse autant », répondit le philosophe humoristique. Alors arriva une sorte de compromis : l'Italien, ne voulant renoncer ni à sa jalousie ni à sa liberté, donna à sa femme un surveillant sous le nom d'écuyer d'honneur. La mode en était alors générale; toute femme titrée avait son chevalier d'honneur, dernier reste des mœurs chevaleresques. C'est avec lui, et non avec son mari, qu'elle se montrait dans les grandes cérémonies; c'est lui qui lui donnait la main pour la conduire, c'est lui qui l'accompagnait dans ses promenades et dans ses voyages. La fille de Louis XV, devenue religieuse, disait que

ce qui lui semblait le plus pénible dans son nouvel
état, c'était de descendre toute seule un petit escalier
raide et étroit, elle habituée à descendre le grand escalier de Versailles appuyée sur le bras de son chevalier
d'honneur. Les rôles ne tardèrent pas à changer; la
femme transforma en esclave soumis celui qui devait
être son gardien sévère; les maris se résignèrent, d'a-
bord pour conserver leur liberté, ensuite en pensant
qu'il valait mieux avoir affaire à un qu'à plusieurs,
et que cet amant se chargerait d'écarter les autres.
C'est ainsi que le sigisbéisme entra dans les mœurs.

Pour ceux qui aiment le spectacle des contradictions du cœur humain, en voici une des plus originales. Ces hommes désertent le foyer conjugal pour
échapper aux jalouses exigences de leurs femmes et à
la nécessité de vivre sans cesse auprès d'elles, et voilà
qu'ils mettent sur leurs épaules des chaînes encore
plus lourdes. C'est un homme qui s'y connaît bien,
c'est un homme qui a longuement fait l'apprentis-
sage du servage amoureux, c'es Byron qui parle
ainsi du sigisbéisme : « L'endroit est effroyablement
moral, écrit-il à un de ses amis auquel il veut donner
une idée de l'Italie, car vous n'y pouvez regarder la
femme de personne, excepté la femme de votre voisin. Frappez-vous à la porte à côté de *l'unique*, vous
êtes grondé et soupçonné de perfidie; si bien qu'une
relazione ou *amicizia* devient une affaire régulière
qui dure de cinq à quinze ans; à laquelle époque, si
de fortune il survient un veuvage, tout finit par le
spolalizio; et, en attendant, l'engagement est soumis
à tant de règles, à tant de devoirs, qu'il ne vaut guère

mieux qu'un mariage. Un homme devient tout juste une partie des propriétés de la femme : c'est sa chose... Elles sont tenaces à un point inouï et jalouses comme des furies, ne permettant pas à leurs amants même de se marier, si elles peuvent les en empêcher, et les gardant toujours pendus à leurs côtés en public et en particulier tant qu'elles le peuvent. Bref, elles ont transporté le mariage dans l'adultère. La raison en est simple : elles se marient pour leurs parents et aiment pour elles-mêmes. Elles exigent la fidélité d'un amant comme une dette d'amour, et elles paient le mari comme un créancier, c'est-à-dire pas du tout. »

Ne vous figurez pas que l'état du sigisbée soit si enviable et qu'une félicité sans égale récompense tant de sacrifices. Accompagner sa maîtresse à la promenade et à l'église, porter son chien et son éventail, lui tenir compagnie toute la journée chez elle, être auprès d'elle dans les *conversazione*, se tenir jour et nuit à sa disposition pour satisfaire tous ses caprices, entourer d'honneur et d'égards le mari, tel est le programme imposé à un sigisbée, programme qui éloignerait du mariage tout homme à qui on le présenterait au moment de monter à l'autel. Il y a donc la grâce d'état pour que les sigisbées acceptent avec tant de plaisir d'aussi grandes exigences ? En aucune façon, et les sigisbées ne se font aucune illusion sur leur bonheur. « Que peut-on faire toute la journée en compagnie de sa maîtresse ? demande-t-on à l'un d'eux. — Bâiller et s'ennuyer, s'ennuyer et bâiller », répond-il avec le plus grand sang-froid. Mais alors pourquoi accepter une servitude qui apporte si peu de compensation? Pourquoi, parce que c'est dans les mœurs, parce que c'est dans le sang, parce qu'on ne sait que faire des vingt-quatre heures de sa journée et que c'est une façon comme une autre de les employer. La chose est si naturelle, qu'un engagement de cette nature qui dure parfois toute la vie se conclut en une minute. « *Mi volete bene?* demandez-vous à une femme que vous voyez pour la première fois. — *Ben ti voglio* », répond-elle si elle est libre et si vous lui convenez, et vous voilà sous sa puissance pour une durée de temps que vous ne sauriez calculer.

Mais cette domination, comment les femmes la maintiennent-elles, surtout en l'accompagnant de tant de sujétions et de tant d'exigences? En prenant les hommes, non par le cœur qui fait souvent défaut, non par les sens qui arrivent à s'émousser, mais par l'amour-propre, toujours profond et vivace. Elles n'ont qu'un mot à dire : « Je me suis donnée, j'ai violé les devoirs les plus saints, les engagements les plus sacrés! » et les cœurs les plus durs s'amollissent comme de la cire. Elles n'ont qu'un signe à faire, elles n'ont qu'à mettre sur leur front cette humeur impérieuse qui leur est si naturelle, à faire sentir qu'elles vont faire jeter à la porte le récalcitrant comme un laquais, et on baise les chaînes qui paraissent si lourdes, et on regarde comme un paradis ce qui vous semblait une triste prison. Ah! les femmes connaissent et leur puissance et la faiblesse des hommes, et elles l'avouent quand elles sont en veine de franchise.

Lorenzo d'Aponte, le librettiste de Mozart, rencontre dans une diligence une femme qui lui fait l'éloge des sigisbées et termine en disant : « Ce sont de bonnes bêtes. » Puis, comme elle n'en a pas, elle lui propose d'être le sien, honneur que le poète refusa à son grand étonnement, tellement elle était habituée à voir les hommes présenter docilement la tête à ce joug.

Comme on ne saurait trop multiplier ce qui est utile, les femmes avaient trois sortes de sigisbées, comme les hommes avaient trois sortes de femmes. *Il bello*, le bellâtre, l'homme à la barbe noire, aux yeux ardents, à la physionomie expressive, comme on en rencontre tant en Italie ; celui-là est pour la montre, on le traîne après soi pour en tirer vanité. *Il brutto*, le sigisbée à tout faire, qu'on chargeait des commissions et des besognes ennuyeuses, sorte d'amoureux ridicule dont on se moquait plus encore que des autres. *Il buono*, le préféré, l'ami du cœur, celui pour qui sont toutes les tendresses et toutes les faveurs. C'est là cet ami secret qu'ont toutes les femmes, même les plus chastes et les plus vertueuses, et qui réalise pour elles le type idéal qu'elles se font de l'amant et du mari ; il est souvent bête, grossier, sans éducation, car les femmes ont une préférence bien marquée pour les imbéciles ; mais celle qui l'a choisi le voit à travers son imagination, et elle l'aime d'autant plus qu'il est son œuvre, sa création, l'enfant de son imagination.

Et si c'est seulement en Italie que le sigisbéisme existait en institution, c'est partout qu'il se trouvait en fait. C'est dans tous les pays que les femmes attachent à leur char ceux qui sont assez sots pour s'y enchaîner, et pour ne recevoir en récompense que des moqueries et des épigrammes, ou du moins pour se payer de cette même monnaie, de sourires, d'œillades, de serrements de mains, et autres semblables faveurs en échange desquelles ils donnent leur fortune, leur vie, leur honneur. Les beaux du Directoire se faisaient les suivants des merveilleuses, portant l'un son mouchoir, l'autre sa lorgnette, un troisième son éventail. Dans une caricature du temps, une femme dit à une de ses amies : « Pourquoi traînes-tu après toi ce gros homme ?—Eh ! sans lui, pourrais-je me moucher ? » De tout temps, l'homme qui s'est soumis aveuglément aux femmes, qui a obéi en esclave à leurs caprices, a été ridicule, et c'est à son intention que l'antiquité avait imaginé sa fable de Circé changeant en bêtes les compagnons d'Ulysse.

On se demandera peut-être comment les Italiennes, si profondément religieuses, pouvaient allier la galanterie avec une dévotion dont on ne saurait suspecter la sincérité. C'est bien peu connaître l'esprit humain qui sait, de la meilleure foi du monde, faire marcher de front les idées les plus opposées. « La morale italienne est ce que vous avez jamais vu de plus curieux, dit lord Byron ; la perversité, non seulement d'action, mais encore de raisonnement, est singulière chez les femmes. Ce n'est pas qu'elles ne considèrent la chose en elle-même comme mal et très mal, mais l'amour ne sert pas seulement à excuser l'action, il la change en vertu réelle, pourvu qu'il soit désintéressé, que ce ne soit pas un caprice, et qu'il se borne à un seul objet. J'ai vu des anciennes figures de quatre-vingts ans qu'on me signalait comme étant des *amorosi* de quarante, cinquante et soixante ans de continuité. Je ne puis dire avoir vu maris et femmes ainsi accouplés. »

Chaque année, les Italiennes faisaient régulièrement leurs dévotions à l'époque de Pâques. Le prédicateur leur criait anathème à propos de l'irrégularité de leur vie ; elles rentraient chez elles en pleurant et décidées à rompre avec leurs habitudes, mais elles trouvaient un mari si froid, si indifférent, un amant si soumis, si empressé, que leurs bonnes résolutions s'évanouissaient aussitôt. Et, le plus souvent, la rupture momentanée apportée par le temps pascal n'aboutissait qu'à une chose, à un changement de sigisbée. « L'amour, dans cette partie du monde, n'est point une sinécure, dit Byron ; nous entrons dans la saison où chacun, se préparant pour l'année qui vient, clôt ses intrigues de l'année passée et croise pour trouver partenaire et former de nouveaux arrangements. »

Et ce n'était pas en Italie seulement que se donnait cette comédie ; rappelez-vous ce qui se passait chaque année à Versailles, alors que Louis XIV quittait madame de Montespan à l'approche du temps pascal pour la reprendre une fois cette époque passée. Louis XV était plus consciencieux, ou du moins il connaissait mieux sa faiblesse, lorsqu'il refusa de faire ses pâques, en 1739, pour ne pas quitter madame de Mailly. Cette année, il ne toucha pas les écrouelles, ce qui fit grand scandale à la ville et à la cour; aussi l'avocat Barbier écrivit-il dans son journal ces lignes qui ne seront pas un des moindres étonnements des temps futurs : « Il est dangereux pour le roi de donner un pareil exemple à son peuple, et nous sommes assez bien avec le pape pour que le fils aîné de l'Église ait une dispense de faire ses pâques en quelque état qu'il soit et en toute sûreté de conscience. »

Les Italiennes ne se piquaient pas de tant de scrupules ; elles étaient galantes et dévotes avec autant d'ardeur. Elles eussent volontiers répété le mot du duc de Bourgogne, qui, soupant avec la Voisin un vendredi, lui faisait observer le maigre. Et comme celle-ci s'étonnait de le voir respecter un commandement de l'Église au moment où il violait le sixième commandement de Dieu : « C'est bien assez d'un péché, je n'en veux pas commettre deux », lui répondit-il. Elles aussi, elles se fussent fait hacher plutôt que de faire maigre un jour d'abstinence ; et lorsque, avec le Code Napoléon, on introduisit le divorce, elles se montrèrent profondément scandalisées. C'est que tout le décorum extérieur était respecté scrupuleusement : aux églises, aux assemblées, les hommes étaient séparés des femmes. Et ces mêmes femmes, qui, pour rien au monde, n'auraient voulu parler avec un homme dans un salon où se trouvaient deux cents personnes, allaient, en sortant de là, faire un compliment de condoléance à une amie sur la mort de son sigisbée. C'est le pendant des Japonaises, se baignant chaque jour en société dans un état complet de nudité, et se montrant scandalisées de voir les Européennes se décolleter pour aller au bal.

Byron fut ouvertement le sigisbée de madame Guiccioli, devenue plus tard marquise de Boissy, et que tout le monde a pu voir dans les salons de Paris, où elle parlait de Byron avec autant d'aisance que si elle eût été sa femme. Quand il se sentit passionnément amoureux d'elle, son premier mouvement fut de l'enlever, ce qui eût été logique en Angleterre. « Gardez-vous-en bien, lui dit-on, c'est la seule chose qu'on ne pardonne pas. » Une fois, il la décida à venir le voir à sa campagne, ce qui fit scandale. Madame Benzoni, qui avait un salon fort en réputation, dit à une amie de Byron : « Vous devriez gronder votre ami ; jusqu'à cette malheureuse affaire, il s'était si parfaitement conduit. » Mais il pouvait parader auprès d'elle à la promenade, dans les théâtres, dans les salons ; il pouvait passer les jours et les nuits auprès de son lit quand elle était malade. Et quand Guiccioli voulait montrer un ressentiment qui n'avait rien de désintéressé, sa famille lui disait qu'il était, ou un sot d'avoir attendu si longtemps, ou un drôle d'avoir parlé si tard, et elle lui imposait silence, lui répétant ce mot d'un ancien en semblable circonstance : « Vous êtes Cornélius Tacitus, prenez garde de devenir Cornélius Publius. »

Là aussi, la galanterie avait amené la décadence et la ruine de la société. Toutes ces femmes, retirées chez elles et ayant sous la main un sigisbée pour les distraire, n'éprouvaient pas le besoin de ces relations sociales qui sont un stimulant pour l'esprit et pour l'intelligence. Enfermées toute la journée en tête-à-

tête, elles s'ennuyaient et bâillaient, n'ayant pas
même la ressource des querelles et des disputes qui
sont à l'amour ce que le vent est à la flamme.
Les gouvernements, qui, en maint endroit, avaient
rappelé les courtisanes, favorisaient cet état de choses,
loin de le combattre : ces Samsons, énervés par ces
Dalilas, n'étaient plus des adversaires dont leur domination pût redouter les attaques ; et là comme ailleurs,
comme en France et en Espagne, c'est une révolution politique qui a amené un changement dans les
mœurs.

En France, la galanterie se modifia selon le génie
et le caractère de la nation ; elle n'arriva point aux
dramatiques fureurs de la jalousie espagnole, elle ne
tomba point dans l'abrutissement du sigisbéisme italien, elle resta vive, spirituelle, même un peu rail-
leuse ; le Français s'est toujours moqué de ses sentiments les plus élevés, afin sans doute de ne pas s'y
abandonner entièrement. La vie des cours rapprocha
les hommes et les femmes, et avec les idées de galanterie qui régnaient alors, ils en seraient vite arrivés,
comme le fit plus tard le dix-huitième siècle, à la débauche, puis à la lassitude, si les circonstances ne s'y
étaient pas opposées. La vie de cour rendait les intrigues difficiles, quelque envie qu'on eût d'en nouer.
Parfois le souverain voulait, comme Louis XIV,
maintenir un certain décorum, et prétendait ne pas
être imité par ses courtisans dans ses débordements.
Puis l'existence était si remplie du soin de suivre le
prince, de se trouver sans cesse sur son passage et
devant ses yeux ; il y avait tant de regards jaloux et

malveillants pour épier les actes, les paroles, les sourires, que l'occasion d'un rendez-vous était difficile à
trouver, même par ceux qui en avaient le plus envie.
Et quand elle s'offrait dans une galerie isolée, sous la
charmille d'un jardin, il fallait la saisir, parce qu'elle
ne revenait plus. « Quel endroit! avec une autre
femme que vous, dit un courtisan à une dame en
compagnie de laquelle il venait de traverser une allée
déserte. — Et avec un autre homme que vous! » fit
celle-ci en levant les épaules.

Aussi n'en croyez ni Brantôme, ni Saint-Simon,
ni les autres écrivains; à prendre leurs paroles au
pied de la lettre, la cour eût été un vaste harem où il
n'était la peine que de jeter le mouchoir. Rien de
semblable; là comme ailleurs on péchait beaucoup
plus en pensée, en désir et en parole qu'en réalité.
La volonté ne manquait pas, mais la possibilité faisait défaut. Et justement ces barrières élevées entre
les deux sexes irritaient leurs désirs, perpétuant leurs
habitudes de galanterie et de soumission. Qu'est-ce
en effet que l'amour, sinon un désir non satisfait et
qui cesse d'exister le jour où il a atteint l'objet convoité? C'est pour cela que les cours d'amour du
moyen âge proclamaient si haut qu'amour et mariage ne pouvaient subsister ensemble; dans le cas
où ils étaient réunis, ils disparaissaient pour faire
place à un sentiment d'une autre nature, plus solide,
plus durable, mais tout différent.

La vivacité de ces désirs était encore augmentée
par les idées qui avaient cours alors, et qui, dernier
écho des habitudes chevaleresques, proclamaient une

liberté de mœurs que nous avons peine à comprendre
aujourd'hui. Aussi ne faut-il pas juger des actes de
cette époque d'après nos idées modernes. Ce nous est
un grand sujet d'étonnement de voir la duchesse de
Savoie trouvant Thoré caché sous son lit et lui demandant quel cadeau il comptait lui faire ; celui-ci
ayant dit une somme très raisonnable, elle le ren-
voya sans punition. Un jour la duchesse de Bourgogne, voyant Lafare parler bas à l'oreille de son
voisin, lui demanda ce qu'il disait : « Je disais,
madame, que, si vous étiez une fille d'opéra, j'y
mettrais jusqu'à mon dernier écu. »

On en vient alors à trouver très naturelle la réponse si souvent citée de la reine Marie Leczinska.
Le maréchal la Mothe racontait devant elle que le
maréchal de Soubise avait donné cent mille livres
pour posséder madame de l'Hospital. « Comment
une femme se donne-t-elle pour cent mille livres ?
demanda la reine. — Mais le maréchal de Soubise lui en a donné davantage. D'abord une maison toute meublée ; Votre Majesté conviendra que
c'est bien différent. — Différent, sans doute, reprit la
reine ; mais fût-ce un million. — Eh bien, reprit le
maréchal, mettez-en deux. — Oh ! dit la reine, vous
m'en direz tant ! » Cette bonne princesse se montra
une autre fois non moins curieuse et non moins
naïve, et l'aventure est à rapprocher de celle de La-
fare avec la duchesse de Bourgogne. Son chevalier
d'honneur lui racontant que dans la guerre de Hongrie les pandours s'étaient emparés d'un village et
avaient violé les femmes : « Si j'avais été là, qu'eus-

siez-vous fait? lui demanda-t-elle. — Ce que mon
devoir m'ordonne : j'aurais défendu Votre Majesté
jusqu'à la dernière goutte de mon sang. — Mais
si tous vos efforts avaient été inutiles? poursuivit la
royale curieuse. — Ma foi, madame, j'aurais imité
le chien du jardinier, qui partage le dîner de son
maître quand il a perdu tout espoir de le défendre. »
La reine sourit, et bien peu se seraient fâchées à sa
place.

Il faut se souvenir que l'usage permettait de se
porter amoureux des reines et des plus grandes princesses. Bassompierre faisait à Marie de Médicis des
déclarations en des termes qui nous sembleraient
singulièrement libres. Aussi ce fut un sujet de scandale que de voir Philippe III faire assassiner le duc de
Médina Sidonia amoureux de la reine; et Louis XIII
n'osa pas laisser voir que, s'il fut impitoyable pour
Montmorency, c'était surtout parce qu'on avait trouvé
sur lui le portrait d'Anne d'Autriche. Mais c'était là
l'exception, et Frédéric II, qui faisait enfermer le
baron de Trenck, amant de sa sœur Amélie, ne
s'offusquait pas des vers de Voltaire à la princesse
Ulrique. Cette liberté de langage régnait aussi bien
dans la classe bourgeoise que dans la classe noble.
Mademoiselle Curchod, qui devint madame Necker,
recevait des pièces de vers de ses soupirants; l'un
parlait de la beauté de sa gorge, l'autre disait avoir
rêvé qu'il était couché auprès d'elle; et cette liberté
de langage, qui devait la faire rougir trente ans plus
tard, n'effarouchait point la jeune fille protestante.

Il est vrai de dire que les déclarations prenaient

souvent une forme plus ingénieuse et plus délicate.
La prude la plus sévère ne pourrait, même aujour-
d'hui, se fâcher du quatrain du poète Roy. Il se promenait dans les allées de Sceaux, quand il fut rencontré par la duchesse du Maine, qui lui demanda à
brûle-pourpoint quelle idée secrète il roulait dans sa
tête. Pour réponse il improvisa ces vers :

> Cette déesse qui s'amuse
> A me demander mon secret,
> Si j'étais Apollon ne serait point ma muse :
> Elle serait Téthis, et le jour finirait.

Il n'était même pas besoin de prendre tant de précautions pour faire une déclaration à ces femmes qui,
semblables à la duchesse de Longueville, menaient
l'amour tambour battant ; qui disaient : « A nous
autres, grandes dames, l'honneur repousse comme les
cheveux », et qui se vantaient tout haut, comme la
duchesse de Rohan, de ne s'être jamais données qu'à
d'honnêtes gens ; de n'avoir jamais eu qu'un galant
à la fois, et d'avoir quitté les amourettes quand les
affaires de leurs maris l'exigeaient. Aussi, dans une
société semblable, l'homme qui n'avait pas de maîtresse déclarée devait passer pour un cavalier incom-
plet. L'abbé Fouquet, voulant empêcher le mariage
de Marsillac, le futur duc de la Rochefoucauld, avec
la fille du duc de Liancourt, envoie à ce dernier les
lettres écrites par Marsillac à madame d'Olonne :
« Pour moi qui ai été galant, répondit le duc de
Liancourt après avoir lu les lettres, je suis bien aise
de savoir qu'il écrit aussi bien que cela. Je doutais

qu'il eût autant d'esprit, et cette affaire avance la sienne. » Trouverait-on aujourd'hui beaucoup de beaux-pères pour parler ainsi ?

Lorsqu'à des hommes et des femmes imbus de telles idées toute liberté fut accordée; lorsque Louis XIV ne fut plus là pour imposer une certaine décence extérieure, et que les seuls exemples à imiter furent ceux du Régent et de Louis XV, alors eut lieu un chassé-croisé, une orgie carnavalesque dont l'histoire n'offre pas d'autre exemple. L'adultère avait toujours été une exception, il avait toujours encouru le blâme, même aux époques les plus relâchées; il devint la règle, il devint presqu'une nécessité sociale. « Quand j'entrai dans le grand monde, dit le cardinal de Bernis, j'y trouvai établi qu'il était ridicule à un mari d'aimer sa femme, à une femme d'aimer son mari. »

Le comte de Gisors ne fit pas moins scandale à Paris que Drusus à la cour de Tibère, tous les deux avaient le ridicule d'aimer leur femme. Mais leur exemple ne fut pas contagieux. La mère du Régent le reprenant sur sa conduite et sur la manière dont il parlait des femmes, il lui répondit : « Vous ne connaissez pas les femmes d'aujourd'hui; dire qu'on couche avec elles, c'est leur faire plaisir. » Les maris d'humeur chagrine n'osaient faire du bruit par crainte du ridicule. Le marquis de Tavannes, passant devant la chambre de sa femme, qui était ouverte, et l'y voyant en conversation criminelle, se contente de lui dire : « Vous devriez bien fermer votre porte. » Valfons, nouvellement arrivé à la cour, a une aventure avec une grande dame, le lendemain tout le monde

lui en parle, et le roi le félicite. Il est avec la femme
de d'Argenson, ministre de la guerre, qui lui dit avec
la plus grande bonhomie : « Si je vous envoie à la
Bastille, on dira que c'est moi qui vous y mets; si je
vous mets aux Invalides, on dira que c'est ma femme
qui vous y envoie. » Lorsque le duc de Fleury veut se
fâcher des galanteries trop nombreuses de sa femme,
sa belle-mère lui répond en haussant les épaules avec
une suprême impertinence : « Se fâcher pour une pareille chose! allez donc! vous êtes fou. Votre père
était de bien meilleure compagnie! »

Tous les sentiments s'usent, même les plus vifs et
les plus passionnés. *Sunt ut non sint :* ils vont afin
de ne plus être, a dit saint Augustin de nos désirs;
et quand nous ouvrons la main pour voir ces fruits
recherchés avec tant d'ardeur, cueillis avec tant de
peine, nous sommes étonnés de les trouver pleins de
cendres. C'est ce qui arriva à la galanterie, qui ne se
soucia plus de faveurs qu'elle pouvait obtenir en éten-
dant la main, et que jadis elle conquérait par vingt
ans de soumission et d'héroïsme. Regardez ces marquises de Lancret, de Boucher, de Watteau, elles semblent sourire sous la poudre qui couvre leurs joues
et leurs cheveux : c'est une erreur, elles s'ennuient
à mourir. Leur seule distraction est de changer d'a-
mant comme à la danse on change de partenaire; le
caprice, la mode surtout les guident dans leurs choix.
Plus un homme a de bonnes fortunes, plus il lui en
arrive, et toutes les femmes courent après le maréchal de Richelieu depuis qu'il a été aimé par les filles
du Régent.

Finmarkou passe plusieurs jours chez la belle comtesse de Boufflers, déguisé en laquais ; il se vante d'avoir obtenu ses faveurs, et aussitôt on se le dispute. Si quelque amant novice prend ces passions au sérieux, s'il veut rendre éternels des liens qui ne doivent durer qu'un jour, on lui fait vite sentir qu'il n'est plus au temps des Amadis : « Vous êtes en vérité d'une enfance rare, dit madame d'Esparbelle au jeune duc de Lauzun ; vos principes, votre façon de voir n'ont pas le sens commun. Croyez-moi, mon petit cousin, il ne réussit plus d'être romanesque, cela rend ridicule et voilà tout. J'ai bien eu du goût pour vous, mon enfant, ce n'est pas ma faute si vous l'avez pris pour une grande passion, et si vous vous êtes persuadé que cela ne devait jamais finir. Vous avez beaucoup d'avantages pour plaire aux femmes ; profitez-en pour leur plaire, et soyez persuadé que la perte d'une peut toujours être réparée par une autre : c'est le moyen d'être heureux et aimable. »

Et ces préceptes, toutes les femmes les mettaient en pratique avec la plus grande facilité et sans la moindre honte, allant chercher leurs amants parmi les comédiens, lorsque les gens de leur monde ne leur paraissaient plus désirables. « Je suis très embarrassé, disait l'acteur Clairval à un de ses camarades ; le marquis de Stainville me promet cent coups de bâton si je retourne chez sa femme, et celle-ci m'en promet deux cents si je n'y vais pas. — Retourne chez la marquise, mon ami, tu as cent pour cent à gagner. » En un mot, la liberté de leur conduite justifiait plus que jamais le mot de Baculard : « Les

femmes regardent les amants comme des cartes à
jouer, elles s'en servent quelque temps, et, quand
elles ont gagné, elles les jettent pour en demander de
neuves. »

Il est vrai que les hommes le leur rendaient bien ;
et les descendants de ces chevaliers qui ne parlaient
à leur dame qu'un genou en terre, usaient maintenant vis-à-vis d'elles de procédés singulièrement cavaliers. A une de ses maîtresses qui lui donnait rendez-vous près les cuisines du Palais-Royal, Richelieu
répondait : « Restez-y, mon petit ange, restez-y avec
les marmitons, c'est là votre vraie place. » Un jour
Lauzun est de garde à Versailles; ne sachant que
faire, il écrit à une vicomtesse, sœur du prince d'Hé-
nin, qu'il a rencontrée une seule fois dans une réunion : « M. de Lauzun ordonne à madame de C*** de
venir lui tenir compagnie à Versailles, où il est de
garde et où il s'ennuie à mourir. » Et madame de C***
arriva quatre heures après. Et Lauzun peint de la
façon suivante la vie qu'il menait alors : « Oh ! pour
le coup je fus affiché, et rien ne fut plus plaisant que
ma manière de vivre. J'étais d'une manière fort honnête et même assez recherchée avec madame de Lauzun; j'avais publiquement madame de C*** dont je me
souciais fort peu; j'entretenais la petite Eugénie que
j'aimais beaucoup; je jouais gros jeu, je faisais ma
cour au roi, et je chassais très exactement avec lui. »

Toujours trois sortes de femmes, comme à
Athènes, comme à Rome, comme à Madrid. Mais ce
qui caractérise cette société, c'est cette galanterie à
froid, ce sont ces intrigues nouées uniquement

comme distraction et comme passe-temps, et dont le
marquis de Genlis peignait le caractère, lorsqu'il disait d'une grande dame dont il avait obtenu les faveurs : « Je l'ai eue une fois pour moi, une fois pour
elle, et comme je n'avais plus personne à obliger, je
n'y suis pas retourné. »

Alors, lassés d'un amour qui ne leur offrait rien de
nouveau, qui se présentait toujours le même sous des
noms différents, les hommes se tournèrent vers les
courtisanes et les comédiennes. Là du moins les
attendaient du nouveau et de l'imprévu; ces filles
leur résistaient, non par vertu, mais par caprice; elles
les amusaient par leur langage incorrect, par leur ar-
got, par leurs fantaisies. C'était pour eux une nouveauté piquante que de les voir prendre leur grand
cordon du Saint-Esprit, s'en parer ou le fouler aux
pieds; comme c'était une nouveauté pour Louis XV
d'entendre la Du Barry lui crier : « La France, ton
café f... le camp. » C'était surtout pour eux un grand
agrément que de n'avoir point de frais à faire : non
des frais d'argent, qui coûtaient peu à des hommes
habitués à jeter par la fenêtre le leur et celui des
autres; mais des frais d'esprit et d'amabilité, qui servaient du moins d'excuses et de prétexte à la galanterie. Comme on faisait honte à Lauzun de fréquenter
une comédienne, il répondit : « Si vous saviez comme
elle est bête et comme cela est commode, on peut parler de tout devant elle sans danger. »

Ce mot signalait une nouvelle décadence, la fin de
la société polie et de la conversation. Les femmes ne
firent rien pour arrêter cette décadence, au contraire

elles s'y associèrent. Loin de jeter l'anathème sur les hommes qui les abandonnaient pour des filles sans naissance et sans éducation, loin de les bannir de leur présence, elles les recherchaient au contraire avec une curiosité nouvelle, désireuses sans doute de savoir par quels charmes, par quels sortilèges d'indignes rivales avaient pu l'emporter sur elles. Un jour on entendit à Versailles une singulière conversation : on parlait de Lauzun, on disait qu'il visait bien haut, c'est-à-dire jusqu'à la reine : « Lui, il ne pense qu'aux filles et aux comédiennes ! — Ne vous y trompez pas, c'est ainsi qu'on a les reines », répliqua un vieux courtisan. Et en effet, Marie-Antoinette commença à faire attention à Lauzun le jour où l Œil-de-bœuf retentit de ses aventures galantes.

Il fallut bien peu de chose pour transformer cette société lasse de ces intrigues toujours les mêmes, de ces déclarations d'amour formulées par habitude et seulement du bout des lèvres : elle avait pu boire à longs traits dans la coupe du plaisir, et au lieu de l'ivresse, c'est l'ennui qu'elle y avait trouvé. Un jour la cour donne l'exemple de la régularité dans la vie et de l'union dans les ménages, et aussitôt ces époux qui ne se connaissaient même pas, qui n'avaient jamais soupé ensemble, roucoulent comme des tourtereaux. Le lendemain une tourmente souffle sur la France, et ces femmes vaines, futiles, débauchées, deviennent héroïques et sublimes, soit qu'elles montent sur l'échafaud, soit qu'elles suivent leurs maris dans l'exil pour en partager avec eux les privations et les amertumes : montrant une fois de plus que c'est seulement lorsqu'elles obéissent au devoir, lorsqu'elles remplissent le rôle à elles destiné par la nature, qu'elles sont dignes de respect et d'admiration, et qu'elles trouvent en elles-mêmes une paix et un contentement que les passions les plus vives ne sauraient leur apporter.

Avec le dix-huitième siècle se termine le second cycle de l'histoire de la femme, la seconde période de sa vie sociale. Dans la première, l'homme, abusant du droit de la force, l'a prise à la fois pour esclave et pour instrument de plaisir; il l'a poussée dans les champs pour faire le métier de bête de somme, ou bien il l'a condamnée à l'abrutissement de la captivité : et au lieu d'avoir à ses côtés un être semblable à lui, il n'a trouvé qu'un animal, qu'une chose, qu'une brute, et la satiété et le dégoût sont venus l'en détourner.

Alors une réaction a eu lieu, violente et exagérée, comme toutes les réactions. Cet être qu'on avait rejeté si bas, on l'a exalté outre mesure, on l'a hissé sur un piédestal, on s'est prosterné devant lui comme devant une divinité au-dessus de l'humaine nature. Mais il n'y avait rien de désintéressé dans ces honneurs qu'on lui rendait : si on l'élevait si haut, c'était pour rendre sa possession plus difficile et plus désirable; si on proclamait si ouvertement qu'il n'y avait rien de terrestre ni de grossier sous cette gracieuse enveloppe, c'était pour que sa condescendance aux vœux de ses adorateurs leur apportât de plus ineffables jouissances : c'était un raffinement de voluptueux, plutôt que le prosternement d'un adorateur sincère. Cet édifice factice s'est écroulé, l'autel est tombé, l'idole a

16

roulé dans la boue, et cette seconde tentative, partie
d'un point de vue tout différent de la première, est
pourtant arrivée au même résultat, elle s'est éteinte
dans la débauche et dans la satiété.

Pour la troisième fois la femme pose à la société
l'énigme du sphinx, car c'est par elle qu'ont péri le
monde ancien et le monde féodal. Nous assistons à
l'aurore de cette transformation dont nous ne pouvons
prévoir ni la durée ni les vicissitudes, dont nous ne
soupçonnons même pas toute l'importance. Nous
sourions quand nous voyons les femmes réclamer l'é-
galité, nous les confondons avec ces folles qui amusent
chaque jour les réunions publiques par leurs visions
cornues. Ce qu'elles réclament, c'est ce que réclamait
Porcie, lorsqu'elle disait à Brutus : « Je ne suis pas
ta femme pour être à côté de toi au lit et à table, mais
pour partager tes secrets, tes soucis et tes souffrances. »

Ainsi ont fait les femmes nobles et courageuses
qui ont honoré leur sexe, car tous les siècles en ont
compté, quoique l'histoire ait oublié de recueillir leur
nom. Et en agissant ainsi, elles n'ont fait qu'obéir à la
nature. Mais elles oublient que cette égalité qu'elles
réclament dépend d'elles encore plus que des hommes;
qu'on n'est sur un pied d'égalité qu'avec ceux qu'on
atteint par la science et par l'instruction, et que c'est
seulement en passant par tous les replis de l'esprit qu'on peut arriver à l'âme d'une façon solide et
durable. Les murs des harems ne pèsent plus sur elles,
les prescriptions religieuses ne leur font plus un devoir de l'ignorance; qu'elles s'abreuvent aux sources
vives de la science, qui s'offrent à elles faciles et

attrayantes, et elles deviendront pour l'homme des
amies précieuses, des associées utiles, tandis que jusqu'à ce jour elles n'avaient été que des esclaves mé-
prisées ou des maîtresses capricieuses.

VIII

LES FEMMES ET LA POLITIQUE

Nos contemporains, qui disputent gravement sur la question de savoir s'il sera permis aux femmes de s'occuper de politique, ressemblent assez à M. Jourdain apprenant un beau jour que depuis quarante

années il faisait de la prose sans s'en douter. Ainsi
faisons-nous, lorsque nous contestons aux femmes un
droit qu'elles possèdent et qu'elles exercent dans sa
plénitude depuis un temps immémorial. La politique ! mais cherchez donc le jour où la femme n'y a
pas été mêlée ; regardez donc si vous trouverez un
seul événement qu'elle n'ait pas ostensiblement di-
rigé ou secrètement inspiré. Mais sa main, mais son
influence se font sentir dans tous les actes de l'homme
public, que la femme sait ramener à ses caprices et à
ses convoitises. Et cela sous toutes les latitudes, aussi
bien chez les peuplades sauvages que chez les nations
civilisées. La femme de la tribu barbare, qui accueille
par ces mots son mari revenant de la guerre : « Tu
n'es pas un homme, tu reviens sans butin ! » est de
la même nature que la comtesse de la Marche forçant
le sien à refuser l'hommage au comte de Poitiers.

Il faut citer la scène tout entière, car elle est le modèle de celles qui se jouent chaque jour au foyer du
bourgeois comme dans l'alcôve des princes. Quand
son mari, le comte de la Marche, alla la rejoindre à
Angoulême, il la trouva passant tour à tour de la colère aux larmes et des larmes à la colère : « N'avez-
vous pas vu, lui dit-elle, à Poitiers, où j'avais attendu trois jours pour satisfaire à votre roi et à sa
reine, que, lorsque j'ai passé devant eux, dans leur
chambre, le roi était assis d'un côté du lit, et la reine
avec la comtesse de Chartres et sa sœur l'abbesse, de
l'autre côté ; ils ne m'ont pas appelée ni fait asseoir
avec eux ; et cela à dessein, pour m'avilir devant tant
de gens. Et, ni à mon entrée ni à ma sortie, ils ne se

sont seulement levés un peu de leur siège, me vili-
pendant à plaisir comme vous l'avez vu vous-même.
Je ne puis parler tant j'ai de douleur et de honte. Et
j'en mourrai, bien plus encore que de la perte de
notre terre qu'ils nous ont indignement ravie; à
moins que, par la grâce de Dieu, ils ne se repentent,
ou que je ne les voie désolés à leur tour et perdant
quelque chose de leur propre terre. Pour moi, ou j'y
perdrai tout ce que j'ai, ou j'en mourrai à la peine. »

Le correspondant de la reine Blanche, qui lui
transmettait ces détails, ajoute : « Le comte, qui est
bon, comme vous le savez, voyant la comtesse en
larmes, et vivement ému à cet aspect, lui dit : Madame, ordonnez, je ferai tout ce que je pourrai : sa-
chez cela. — Autrement, lui dit-elle, vous n'appro-
cherez plus jamais de ma personne et je ne vous verrai
plus. » Et le comte a déclaré avec anathème qu'il ferait ce que voulait sa femme.

La manière dont cette menace fut mise à exécution peint, à la fois, et l'époque et l'âpre jouissance
que trouve toute femme à satisfaire sa rancune et ses
vengeances. Dans cette même année 1241, le nouveau comte de Poitiers, qui tenait sa cour pour la
première fois, ne manqua pas de convoquer à ses
fêtes toute la noblesse de son apanage, et, en première
ligne, le comte et la comtesse de la Marche. Ils se
rendirent à Poitiers. Mais quatre jours avant Noël,
lorsque la cour du comte avait reçu tous ses hôtes, on
vit le comte de la Marche monté sur son cheval de
combat, sa femme en croupe derrière lui, escorté de
ses hommes d'armes, également à cheval, l'arbalète

au poing et comme prêts à la bataille, s'avancer en
présence du prince.

Tout le monde était attentif à ce qui allait se passer. Alors le comte de la Marche s'adressant d'une
voix forte au comte de Poitiers : « J'ai pu dans un
moment d'oubli et de faiblesse, lui dit-il, songer à te
rendre hommage; mais je te jure maintenant d'un
cœur résolu que jamais je ne serai ton homme lige.
Tu te dis injustement mon seigneur, tu as indécem-
ment dérobé ce comté à mon beau-fils Richard, tandis qu'il combattait les infidèles en Terre sainte et
qu'il délivrait nos captifs par sa prudence et sa mi-
séricorde. » Après cette insolente déclaration, le comte
de la Marche fit violemment écarter par ses hommes
d'armes ceux qui lui barraient le passage, courut par
une dernière insulte mettre le feu au logis que le comte
Alphonse lui avait assigné, et, suivi de ses gens, il
sortit de Poitiers au galop.

Une guerre civile qui déchira la France, l'amoin-
drissement du domaine du comte de la Marche furent les résultats de cette lutte engagée pour donner
satisfaction à la vanité d'une femme ambitieuse, qui
n'a eu que trop d'imitatrices. Ne sont-ce pas les
plaintes et les insinuations, sans cesse répétées, de la
belle-mère et de la femme de Moreau qui l'ont engagé
dans la voie où périrent son honneur et son patriotisme? N'est-ce pas la femme du maréchal Ney,
blessée du peu d'accueil qu'elle trouvait à la cour de
Louis XVIII, qui le poussa à une défection dont
l'issue devait lui être si fatale? Dans toute l'histoire
on ne trouverait peut-être qu'une seule femme qui

ait retenu son mari dans la voie de l'honneur et du
devoir, au lieu de le pousser sur celle de l'ambition :
c'est Vittoria Colonna, qui écrivait à Pescaire, alors
que les princes italiens lui offraient le royaume de Naples pour l'attirer à leur parti : « Ce n'est point par la
grandeur des États ou des titres, mais par la vertu
seule que s'acquiert cet honneur qu'il est glorieux de
laisser à ses descendants. Pour moi, je ne souhaite
point d'être la femme d'un roi, mais de ce grand ca-
pitaine qui a su vaincre les plus grands rois, non
seulement par sa valeur pendant la guerre, mais dans
la paix, par sa magnanimité. » Aussi, cette noble
femme avait raison de dire en mourant : « Les corps
furent stériles, les âmes furent fécondes ! » Mais combien peu l'ont imitée ! La plupart ressemblent à Ber-
trade de Toscane, qui disait à son mari : « Je ferai de
vous un roi ou un âne. » Hélas ! le plus souvent elles
n'arrivent qu'à faire un âne, et elles se consolent en
répétant ces paroles de Germaine de Foix à son
époux : « En vérité, si j'avais été un homme et vous
une femme, les choses eussent été bien mieux ainsi. »

Ce désir de pousser leur mari en avant, de dominer
par lui, quand elles ne peuvent le faire directement,
est commun à presque toutes les femmes. L'exemple
d'Olympia Madalchini montre ce qu'elles peuvent
faire en semblable circonstance. Ambitieuse, avide
de domination, elle s'aperçut bien vite qu'elle vivait
dans un pays où tout avenir était fermé aux gens
mariés, où il n'y avait pas de place pour une Montespan ou une Maintenon. Alors elle jeta les yeux
sur son beau-frère, humble et modeste prêtre, étran-

ger aux intrigues et aux ambitions; elle éveilla en
lui le désir de parvenir, elle le façonna, le modela,
pour ainsi dire, au point de le rendre un instrument
docile entre ses mains, puis le fit successivement élever
au cardinalat et à la papauté. Il faut lire dans Gré-
gorio Leti l'habileté déployée par Olympia dans toute
cette affaire; il faut voir surtout l'espèce d'âpreté et
d'emportement avec lequel elle jouit de ce pouvoir
si longuement convoité, la cupide avidité avec laquelle elle l'exploita.

Car c'est là un des traits distinctifs de l'ambition
féminine, reines ou favorites, elles montrent un grand
amour pour l'argent : Marie-Anne ruine l'Espagne
de concert avec sa nourrice la Berlips et fait passer
tout cet argent en Allemagne; Diane de Poitiers
pousse à la persécution des huguenots pour se faire
adjuger leurs dépouilles; Élisabeth d'Angleterre pleure
d'un œil la mort du comte d'Essex, tandis qu'elle fait
vendre ses biens pour payer les amendes auxquelles
il a été condamné. C'est l'histoire en main qu'il faudrait compter toutes celles qui ont suivi l'exemple
d'Olympia Madalchini; pour une femme ambitieuse,
et presque toutes le sont, un mari, des enfants ne
sont que des moyens dont elles se servent pour arriver
à leur but. « Eh quoi! il faudrait vous quitter dès
que je vous aurais épousée? disait le jeune prince de
Galles à mademoiselle de Montpensier, la cousine de
Louis XIV. — Oui, répliqua celle-ci, je vous verrais
avec peine dansant le tricolet, au lieu d'être en passe
ou de vous faire casser la tête, ou de vous remettre
la couronne dessus. »

Mais encore qu'est-ce cela auprès de ce que fit Catherine de Médicis la veille de la Saint-Barthélemy ? Pour assurer le succès de son coup d'État, elle exposa les jours de sa fille, Marguerite de Navarre, et lui commanda de gagner la maison de son mari, au moment où le massacre allait commencer. « Comme je faisais la révérence, raconte Marguerite dans ses Mémoires, ma sœur de Lorraine me prend par le bras, m'arrête, se met à pleurer, et me dit : « Mon Dieu ! ma sœur, n'y allez pas. » A ce moment Catherine s'irrite, reproche à sa fille son imprudence. « Quelle apparence, répond celle-ci, de l'envoyer ainsi sacrifier, s'ils descouvrent quelque chose, ils se vengeront sur elle. » Cette altercation finit par de nouveaux ordres à Marguerite de se retirer. Sa sœur l'embrasse toute en larmes. « Et moi, dit-elle, je m'en allai toute transie et toute esperdue, sans savoir ce que j'avais à craindre. »

On a répété bien souvent, et beaucoup de gens ont affecté de le croire, que la femme est faite pour l'amour, que la galanterie est sa seule et principale occupation. C'est là un de ces paradoxes bons à figurer dans les *Lettres à Émilie* ou dans la littérature grivoise du dix-huitième siècle. L'histoire lui donne à chaque page un éclatant démenti. La galanterie est pour la femme une distraction, lorsqu'elle n'a pas la possibilité de se livrer aux intrigues politiques, et, le plus souvent, un moyen pour y pénétrer. L'Italie n'est galante que sous ces tyrans changés en sbires qui prêtent l'oreille au moindre battement de son cœur, au plus léger mouvement de sa langue. La

corruption des mœurs est un moyen de gouvernement : allez voir si vous reconnaîtrez dans l'Italie moderne l'Italie de Casanova, du président de Brosses
ou même de lord Byron. L'Espagne devient galante
le jour où Charles-Quint et Philippe II ont confisqué
toutes les libertés, brisé toutes les résistances. Les
Françaises du dix-septième et du dix-huitième siècle,
tout en s'adonnant à la galanterie, ne renonçaient
pas à intriguer, cabaler, comploter, attendant le moment de prendre dans le gouvernement une part plus
active. « Ces animaux sont étranges, disait Richelieu ; on croit parfois qu'ils ne sont pas capables de
grand mal, parce qu'ils ne le sont d'aucun bien. Mais
je proteste en ma conscience, qu'il n'y a rien qui soit
si capable de perdre un État que de mauvais esprits
couverts de la faiblesse de leur sexe. » A ce panégy-
rique, Mazarin ajoutait : « Les Françaises, soit pru-
des, soit galantes, soit vieilles ou jeunes, soit sottes
ou habiles, veulent se mêler de toutes choses ; elles
veulent tout voir, tout connaître, tout savoir, et, qui
pis est, tout faire et tout brouiller. »

Et ce n'est pas seulement en France, c'est toujours, c'est partout que la femme fait sentir dans les
affaires publiques son influence néfaste et dominatrice. On parle de l'Orient, on croit que la reclusion
les a annulées ; mais il n'est pas de pays où leur esprit brouillon se donne plus libre carrière, et c'est là,
malgré l'opinion généralement admise, que tout se
fait par elles. La solitude du harem augmente le goût
pour les intrigues que toute femme apporte avec elle.
Toutes les révolutions de palais sont le fruit de mille

intrigues sourdes et enchevêtrées; qu'importe à celles qui les trament de risquer leur vie! le fatalisme, qui est leur seule croyance, leur a appris dès longtemps à en faire bon marché; et la perspective de se voir cousue dans un sac, puis précipitée dans le Bosphore, ne saurait entrer en balance avec une distraction qui fait paraître moins longues ces heures oisives, qui amène le sang plus rapide vers le cœur, les roses plus brillantes sur les joues.

Ah! s'il s'était trouvé des Saint-Simon ou des Dangeau pour nous raconter les mystères de ces demeures étranges, à quelles révélations n'assisterions-nous pas, de quelles vengeances raffinées et terribles ne serions-nous pas les témoins? Deux exemples seulement pour donner une idée de ce monde qui nous est inconnu : une sultane, vaincue par sa rivale, est assommée à coups de galoche par les femmes du harem; à une autre on coupe les seins et on la force à les manger.

Les rares détails que nous possédons à cet égard permettent de dire hardiment que dans les pays orientaux, chez les anciens Perses, où les fureurs de Parysatis sont restées célèbres, comme chez les Turcs modernes, l'influence de la femme est considérable, et d'autant plus pernicieuse que celle-ci est plus ignorante, plus abandonnée de tout sens moral. C'est vainement qu'Amurath fait venir devant ses familiers sa sultane favorite et lui tranche la tête en leur présence, pour bien montrer qu'il n'est pas mené par elle, comme le bruit s'en est répandu. Inutile effort! Le lendemain, une autre prendra sa place et exercera le même ascendant sur lui. Chez les musulmans, qui semblent s'être défendus avec tant de soin contre la domination féminine, puisque le prophète a dit : « Malheur au peuple gouverné par la femme ! » une d'elles a trouvé le moyen de régner de longues années; une autre, la propre femme de Mahomet, a failli compromettre son œuvre pour satisfaire une vengeance. Aïescha a divisé les musulmans en deux camps, livrant une bataille terrible à Ali, qui l'avait accusée d'infidélité; et depuis ce moment la scission a subsisté.

Quel est l'État qui n'a souffert de cette immixtion? quel est le souverain qui n'a eu à lutter contre sa femme au moins autant que contre ses ennemis? Avant de passer sous la domination de la princesse des Ursins, d'Élisabeth Farnèse, de Marie-Anne et de Valenzuola, de l'impérieuse et coupable moitié du débonnaire Charles IV, l'Espagne avait eu des reines qui excitaient chaque jour à la guerre civile, levaient l'étendard contre leur mari, et dont dona Urraca est restée la plus célèbre. Le Portugal a eu sa princesse Charlotte, la Catherine de Médicis des rives du Tage. Qui donc pourrait oublier la lutte d'Eudoxie avec Jean Chrysostome? les aventures de Théodora et de son amie Antonine, la femme de Bélisaire? L'histoire du Bas-Empire est pleine d'exemples de ce genre, qu'on retrouve également à toutes les pages de celle de Russie, et c'est contre sa propre sœur que Pierre le Grand est obligé de soutenir la lutte la plus terrible.

Mais c'est en France, le pays de la galanterie par excellence, que les femmes ont exercé la domination

la plus facile et la plus universelle. Vous n'avez qu'à
ouvrir chacune des pages de notre histoire pour en
avoir la preuve. C'est Chilpéric, sur lequel Frédégonde
exerce une telle influence, que le vieux chroniqueur
est obligé de dire de lui : *Magis uxorius quam cru-
delis*. C'est le pieux roi Robert, qu'un pape voulait
canoniser pour sa mansuétude avec sa terrible Constance. Quand il accordait quelque grâce, il avait
soin de dire : « Tâchez que Constance n'en sache
rien; ce serait un bruit à n'y pas tenir. » Et pour se
consoler de ces scènes conjugales, il composait des
hymnes pieux. Sa femme, qui voulait tyranniser
jusqu'à sa pensée, lui demanda d'en faire un en son
honneur; et le bon roi écrivit celui qui commence
par ces mots : *O constantia martyrum!* C'est
Louis XII, qui avait dit à ses familiers lui reprochant sa condescendance pour Anne de Bretagne :
« Il faut beaucoup pardonner à une femme qui aime
son mari et son honneur! » Pourtant vint un jour où
il dut résister à ses prétentions, lorsqu'elle voulut
l'empêcher de repousser les injustes agressions du
pape; et surtout lorsqu'elle s'obstina à marier sa fille
à Maximilien, mariage qui eût fait passer entre les
mains de l'Autriche nos plus riches provinces.

Alors il lui conta l'apologue des cerfs et des biches. « Dieu, lui dit-il, avait au commencement
donné des cornes aux biches tout aussi bien qu'aux
cerfs; celles-ci ayant voulu dominer, il les leur ôta et
les condamna à la dépendance. » En vain on l'a répété à toutes les Françaises, peu leur a importé; pas
une fronde, pas une ligue, pas une opposition jan-

séniste qui n'ait eu ses Montpensier, ses Chevreuse, ses Longueville; pas une favorite qui n'ait voulu, comme Pompadour, devenir premier ministre et justifier le mot de Courier. La douce et timide Lafayette elle-même se laisse tenter par cette autre pomme du paradis terrestre, et veut renverser Richelieu, qu'elle croit nuisible aux intérêts de la France et à la gloire de Louis XIII. Les grilles du cloître ne défendent même pas contre cette fureur de s'occuper des affaires de l'État : lorsque Anne d'Autriche, passant à Tours, va visiter une religieuse célèbre par sa sainteté, celle-ci lui enjoint de chasser Mazarin, disant que des visions répétées le lui ont ordonné. Aussi, à notre histoire, il ne faut pas donner le titre trouvé par le moine de Saint-Denis : *Gesta Dei per Francos*; mais il faut le corriger de cette façon : *Gesta fœminarum per Francos.*

Certes, les hommes sont ambitieux, mais ils ne mettent pas à la conquête et à la conservation du pouvoir la même âpreté, la même passion immodérée que les femmes. Souvenez-vous d'Anne Comnène se précipitant aux genoux de son père et le priant, avec larmes et supplications, de déshériter son frère Alexis, et de lui donner le pouvoir à elle et à son mari.

Ce même mari, elle le pousse deux fois à la révolte; puis, le trouvant trop mou, trop indolent, ne pouvant en faire qu'un âne et non un empereur, elle se résigne à régner sur la société lettrée de Constantinople, donnant un exemple qui, dix siècles plus tard, sera suivi par la duchesse du Maine, car dans l'histoire les mêmes faits se retrouvent sous des noms différents.

On a parfois révoqué en doute le mot d'Agrippine : « Qu'il me tue, mais qu'il règne ! » Il est trop conforme à la nature féminine pour ne pas être vrai de tous points. Rappelez-vous qu'un jour Clotilde, réfugiée sur la montagne Sainte-Geneviève, se voit enlever ses petits-fils, les enfants de Clodomir, sur lesquels elle veillait avec une tendresse jalouse. Un moment après, un messager arrive lui présentant une épée nue et des ciseaux, lui disant de choisir le sort qu'elle veut pour eux, ou le cloître ou le tombeau : « Plutôt morts que tondus ! » s'écrie-t-elle avec une énergie sauvage et sans hésiter un seul instant. Anne de Boleyn, cette autre victime de l'ambition, s'avance vers le billot fatal ; toutes les femmes de la cour sont rangées sur son passage, et le sourire insultant qui effleure leur bouche est une revanche des soumissions qu'hier encore elles lui prodiguaient. Anne passe la tête haute et fière : « Je meurs reine malgré vous ! » leur dit-elle, et ce cri de triomphe la venge et la console.

Aussi, à ce pouvoir si vivement ambitionné, elles sacrifient leurs sentiments les plus chers et les plus naturels. On dit la femme jalouse par nature, c'est une erreur et un préjugé. La jalousie est un aveu de faiblesse et d'infériorité, et elle ne la ressent que lorsqu'elle est faible et opprimée ; or, celle qui a le pouvoir se sent forte et supérieure à tous les événements. A soixante-deux ans l'impératrice Zoé épouse un soldat de fortune pour consolider sa puissance, et,

loin de lui demander de l'affection, elle introduit elle-
même sa maîtresse dans le palais impérial. Livie choisit
des maîtresses à Auguste, comme madame de Pompadour à Louis XV : que leur importe de régner sur
les sens? ce qu'elles veulent, c'est conserver l'influence et le crédit. La femme de Cromwell lui conquiert les femmes des généraux et lui livre celles qui
lui plaisent. Caroline de Naples envoie chaque matin
le roi Ferdinand à Caserte, qui est devenu son Parc
aux cerfs; de cette façon elle a toute la journée pour
mener les affaires de l'État en compagnie de son fa-
vori Acton. Comme il faut que la femme se retrouve
toujours et partout, elle exile toutes les femmes de sa
cour qui ont plu au roi : les unes parce qu'elles lui
ont cédé, les autres parce qu'elles lui ont résisté,
manquant ainsi au respect dû à la dignité royale. Il
eût fallu d'ailleurs être bien inaccessible à la tentation du pouvoir, lorsqu'on avait, comme Caroline,
un contrat de mariage portant que la naissance d'un
premier enfant lui donnerait entrée dans le conseil.

Un autre sentiment bien plus fort chez la femme
que l'amour et la jalousie, c'est le sentiment religieux, qui tient une si large place dans sa vie, qui
commande à presque toutes ses actions. Eh bien, ce
sentiment n'a pas résisté à la tentation du pouvoir;
transportée sur la montagne, comme Jésus-Christ,
la femme a écouté la voix de Satan. Rappelez-vous
Marie Tudor, dont le sombre fanatisme faisait frémir
Philippe II lui-même, et qui allumait des bûchers
que son époux essayait en vain d'éteindre. Cette religion catholique, au nom de laquelle elle se livrait à

de si atroces persécutions, elle l'avait reniée solennellement pour gagner la faveur d'Henri VIII, pour ne pas perdre son droit au trône d'Angleterre. Elle ne s'était pas contentée d'une simple soumission, elle avait fait une adhésion éclatante en traduisant le Commentaire d'Érasme sur saint Jean, livre qui avait été distribué à toutes les paroisses. La reine Élisabeth avait fait même chose sous le règne de Marie; sa piété à entendre la messe, ses nombreuses communions édifiaient tous les courtisans.

Mais Élisabeth était un homme d'État; elle appartenait à la famille de Henri IV, qui disait un jour à ses familiers : « De tous les canons, celui qui m'a rapporté le plus, c'est le canon de la messe. » Presque toutes les princesses qui ont épousé des grands-ducs de Russie ont dû auparavant embrasser la communion grecque. Et, en Allemagne, plusieurs souverains ne donnaient pas de religion à leur fille, pour qu'elles pussent embrasser plus facilement celle de leur futur mari. Toutes ces femmes, si elles avaient vécu sous les empereurs romains, seraient descendues dans l'amphithéâtre plutôt que de brûler un grain d'encens devant les idoles; si elles avaient été les compagnes de la mère Angélique Arnaud, elles se seraient laissé traîner de prison en prison plutôt que de signer le formulaire; ou bien, pour assister à un prêche dans le désert, elles auraient couru le risque de passer leur vie enfermées dans la tour de Constance, cet affreux cachot auprès duquel la Bastille était un paradis. Mais le pouvoir est venu avec ses tentations, avec le plaisir de régner, de comman-

der, de se voir souveraine maîtresse, et à cette perspective aucune force féminine ne saurait résister.

Mais ce n'est pas seulement de leurs sentiments,
c'est d'elles-mêmes que les femmes font abnégation,
c'est de leur personne qu'elles paient la possession
du pouvoir ou de son ombre. L'antiquité avait une
très jolie légende pour peindre l'impétuosité des
désirs féminins : Vénus, disait-elle, à la recherche
de Psyché dont elle voulait se venger, fit proclamer
qu'elle donnerait sept baisers à celui qui lui indique-
rait sa retraite. Ainsi font les femmes : pour obtenir
l'objet de leur convoitise, rien ne leur coûte, rien ne
les arrête, et elles se servent des armes que la nature
leur a données. La femme de Candaule se donne à
Gygès pour qu'il tue le roi; Rosamonde se fait, par
supercherie, la maîtresse d'un soldat pour se venger
d'Alboin; la veille de la Saint-Barthélemy, Marguerite de Valois s'abandonne, dans l'église de Saint-
Germain des Prés, à un de ses soupirants, en échange
de la promesse de massacrer un jeune seigneur dont
elle a à se plaindre.

Dans toutes les frondes, dans toutes les émeutes
où les femmes jouent un rôle, elles conquièrent cette
place à ce prix-là seulement. Madame de Chevreuse,
l'amie d'Anne d'Autriche, essaya de plaire au cardinal avant de conspirer contre lui; celui-ci, subjugué
par sa beauté, recula devant les hardiesses de cet esprit remuant et prêt à tout oser. La duchesse de
Longueville voulut agiter le petit monde janséniste
comme elle avait agité celui de la Fronde; et c'est
d'elle qu'on peut dire ce qu'un poète satirique disait

de toutes les femmes, que Dieu avait résolu de leur
refuser l'entrée de son paradis, afin d'y conserver la
paix et la tranquillité. Les espionnes de tous les
rangs, et dans le grand monde elles sont plus nombreuses qu'on ne le croirait (il serait facile d'en apporter des témoignages, à commencer par celui de
Chateaubriand), ont des moyens presque infaillibles
d'arriver à leur but; un certain nombre se livrent à
ce métier, moins encore par intérêt que pour obéir
au besoin d'intriguer qui les tourmente et qui les
possède.

Mais ce ne sont là que des portes dérobées pour
entrer au pouvoir; la grande porte, celle que toutes
recherchent, c'est la porte du mariage : c'est là arriver
sur le pied d'égalité. On s'est longuement apitoyé
sur le sort des reines et des princesses; on a versé des
larmes sur ces victimes de la politique; en agissant
ainsi, on a montré plus de sensibilité que de connaissance du cœur humain. L'histoire ne nous présente
pas les choses de cette façon, et, loin de se laisser traîner à l'autel languissantes et éplorées, elles y vont, au
contraire, fières et joyeuses, même dans les mariages
les plus disproportionnés.

Souvenez-vous de mademoiselle de Montpensier,
qui est presque fiancée au jeune prince de Galles;
l'empereur d'Allemagne devient veuf, et elle se met
dans la tête de l'épouser. Il est vieux, infirme, peu
lui importe, elle commence à devenir dévote pour lui
plaire. Rappelez-vous mademoiselle d'Elbeuf se jetant à la tête du prince de Gonzague, venu à Versailles
pour recevoir une femme des mains de Louis XIV.

Une des plus grandes dames de la cour a refusé sa main à ce vieux maniaque, grotesque dans sa personne et dans ses mœurs, et qui tient sa femme séquestrée, à la mode italienne. Accepter de le suivre, c'est se condamner à une prison, à une mort anticipée. Peu importe, il est prince souverain ; avant de quitter Versailles on recevra les honneurs dus à ce rang, ces satisfactions de vanité ne suffisent-elles pas pour racheter toute une vie de tortures ? Et mademoiselle d'Elbeuf s'éprend de lui ; et, de peur que sa proie ne lui échappe, elle fait bénir le mariage dans l'hôtellerie d'une petite ville de province. Germaine de Foix, âgée de dix-huit ans, accorde sa main à Ferdinand le Catholique, qui en a plus de soixante, mais qui fait briller à ses yeux la couronne de Naples, dont il lui promet la complète et entière possession.

Si des mères ambitieuses ont besoin de vaincre la résistance d'une fille que la vanité ne stimule pas assez, elles lui disent comme la reine de Prusse à la margrave de Bareith, pour l'engager à épouser le prince de Galles : « Pourvu que vous ayez la complaisance de souffrir ses débauches, vous le gouvernerez entièrement, et vous pourrez devenir plus roi que lui lorsque son père sera mort. Voyez un peu quel rôle vous jouerez : ce sera vous qui déciderez du bien et du mal de l'Europe, et qui donnerez la loi à la nation. » Mais il n'est pas besoin de faire miroiter devant leurs yeux ces scintillantes perspectives ; toutes font comme Marie de Gonzague, à qui l'on présente le portrait du roi de Pologne et qui le repousse en disant : « Ce n'est pas lui que j'épouse, c'est sa couronne. » La hauteur, si naturelle à la femme, s'augmente encore chez les princesses de l'orgueil du rang et de la naissance, et Marie-Thérèse répond à ceux qui lui demandent si, à la cour de son père, elle n'avait distingué personne : « Il n'y avait pas de rois ! »

Aussi quelle déception pour celles qui, au lieu d'épouser une couronne, ont pour partage un prince ou un simple gentilhomme. Comme elles lui font sentir la distance qui les sépare, et l'état de sujétion dans lequel il doit se tenir. Placidie pensait avoir dérogé en épousant Ataulphe, roi des Lombards, et, dans les cérémonies publiques, elle s'asseyait sur un trône plus élevé que le sien. Antonine, épouse de Bélisaire, surprise par lui en conversation criminelle, le fait accuser de conspiration, et n'intercède en sa faveur auprès de Théodora qu'après qu'il lui a demandé pardon à genoux. Les filles des sultans qui épousent des vizirs les font bâtonner quand ils n'agissent pas à leur guise. Le droit féodal donnait à la femme noble qui avait épousé un roturier le droit de le bâtonner. Oh ! quelles réalités douloureuses cache la farce de Georges Dandin, qui souvent tourne au tragique au lieu de se maintenir dans la gamme comique !

D'ailleurs, ce n'est pas seulement par la couronne royale, c'est par tout ce qui brille, par tout ce qui reluit, par tout ce qui fait du bruit que la femme est invinciblement attirée, comme si elle voulait éprouver la force de toutes les supériorités dont sa beauté est la pierre de touche. Toutes les femmes sont comme Basine, qui du fond de la Thuringe vient retrouver Childéric et lui dit : « Je suis venue vers toi, si j'en avais connu un plus brave, j'aurais voulu dormir avec lui. »

Le plus brave, le plus beau, le plus riche, le plus puissant possèdent un talisman qui attire tous les cœurs, ou plutôt toutes les curiosités; du fond des déserts de l'Arabie, la reine de Saba accourt visiter Salomon et lui poser une énigme; elle emporte en souvenir de son voyage un fils et les germes de la religion judaïque. Honorie, poussée par l'exaltation de la jeunesse, envoie son anneau de fiançailles à Attila, qui ne s'en servit que pour déclarer la guerre à l'empire romain; Catherine Bora s'éprend de Luther en lisant ses écrits; une jeune Anglaise, après avoir lu les romans licencieux de Crébillon, passe le détroit pour lui offrir sa main et sa fortune; lorsque Jean Cavalier a une entrevue, à Nîmes, avec le maréchal de Villars, toutes les dames de la ville se pressent sur son passage, et celles qui auraient applaudi à son exécution, s'écrasent pour toucher son justaucorps : en 1815, lorsque Alexandre, le héros de l'Europe, va à Londres, les Anglaises séduisent à prix d'or son valet de chambre, et l'attendent au moment où il rentre pour lui presser et lui baiser la main. La courte durée de ces transports égale leur fougue première; la curiosité est vite satisfaite et éteinte; toutes, après avoir constaté que leur idole n'était qu'en bois doré, la rejettent, en répétant ce qu'une des admiratrices de Rousseau lui disait avec une sorte de rage : « Tenez, vous êtes un homme comme les autres! »

Si les femmes recherchent le pouvoir avec passion, elles le détiennent avec une âpreté qui ne semble jamais être satisfaite. Les hommes les plus ambitieux, Sylla, Dioclétien, Charles-Quint, ont abdiqué ; jamais femme n'a quitté la puissance que lorsqu'elle en a été violemment séparée. Napoléon, au retour de l'île d'Elbe, était en partie désabusé, l'ennui et l'inaction eurent plus de part à sa folle équipée que le désir de remonter sur un trône qu'il appelait un tronc de bois couvert d'un morceau de velours ; Catherine de Médicis, après les nombreuses péripéties de sa vie agitée, était aussi avide de domination qu'au lendemain de la mort de Henri II ; Élisabeth, mourante, n'avait qu'un souci, non la pensée de l'autre vie, mais le désir de voir ses derniers ordres obéis.

Aussi, rien de plus faux que le mot de la duchesse de Bourgogne : « Ma tante, disait-elle à madame de Maintenon, dans le pays où les hommes règnent, ce sont les femmes qui gouvernent ; et lorsque les femmes règnent, les hommes gouvernent à leur tour. » Les hommes laissent les femmes gouverner, mais la réciproque n'est pas vraie ; les hommes sont faibles avec les femmes et ne savent rien leur refuser ; les femmes accordent leurs faveurs, leur personne à celui qu'elles aiment, mais ne les laissent pas régner à leur place. Sémiramis et Catherine II permettent tout à leurs nombreux amants ; elles les laissent dépouiller, pressurer, torturer leurs peuples, mais elles ne leur permettent pas de toucher au pouvoir. La voluptueuse Élisabeth de Russie se roule aux pieds de Biren pour obtenir la grâce de gens que ce féroce soudard veut faire mourir ; mais, quand elle croit son autorité menacée, elle sait sortir de son apathie et commander en impératrice. Marie Stuart s'est aliéné l'opinion par son mariage avec Henri Darnley qu'elle aimait avec passion; mais le jour où celui-ci veut empiéter sur ses droits de souveraine, elle le chasse de son cœur, et ainsi se prépare la tragédie qui aura un si funeste dénouement. Marie d'Angleterre voudrait ramener à elle son jeune époux Philippe II, elle lui sacrifie tout, hormis son pouvoir; et ce prince ambitieux quitte l'Angleterre pour n'y plus revenir lorsqu'il voit que ses ordres ne sont pas obéis; lorsqu'il entend les Anglais dire tout haut qu'on n'a besoin de lui que pour donner un enfant à la reine, et que, cette œuvre faite, il peut partir quand il voudra.

Voulez-vous savoir la différence entre l'homme et la femme? Rappelez-vous le beau tableau tracé par Plutarque d'Antoine fuyant à Actium, assis à la proue de son navire, la tête cachée dans ses mains : Cléopâtre l'a abandonné, rien n'existe pour lui au delà, et c'est en pensant à lui que Chateaubriand a dit : « Un trône ne console pas! » Vous chercheriez vainement un pendant à ce tableau dans l'histoire féminine : la femme de condition servile s'enfuit avec son amant, elle quitte son mari, parce que c'est le maître; la reine ne quitte pas le pouvoir, parce que là elle est maîtresse. Marie-Anne laisse partir Valenzuola; Marie Stuart laisse égorger Rizzio.

Mazarin disait : « Quand on a le cœur on a tout! » Oui, tout, excepté cette partie la plus intime de la femme, qui est un mélange de fierté et de superbe, et qui subsiste toujours, dernier vestige de la personnalité la plus effacée. Cet orgueil n'a fléchi que rarement, et encore non devant l'amant, mais devant le confesseur, ce qui fait encore plus d'honneur à la femme. Mais on compterait seulement deux ou trois exceptions de ce genre, comme Marie de Portugal et Charlotte de Savoie. Chez la plupart, comme chez Élisabeth d'Angleterre, la fierté, la hauteur sont la suprême loi. Cette reine, apprenant qu'on essayait de négocier le mariage de dona Juana avec Philippe II, se roulait par terre avec rage en s'écriant : « Et moi, personne ne veut de moi! » Puis, lorsque les prétendants venaient demander sa main, lorsque le roi de Pologne, le duc d'Anjou sollicitaient son alliance, elle hésitait, elle temporisait, elle demandait conseil à ceux qui l'entouraient : « Madame, lui dit un ambassadeur étranger, si vous vous mariez vous serez la reine, si vous ne vous mariez pas vous serez la reine et le roi! » Et elle voulut être la reine et le roi.

Il n'est besoin, d'ailleurs, que d'étudier l'histoire des régentes pour voir avec quelle frénésie les femmes détiennent le pouvoir. Quelle est la femme à qui il n'est pas arrivé de se demander ce qu'elle ferait dans le cas où elle deviendrait veuve : prévision ou désir, cette pensée est trop naturelle pour ne pas s'être imposée à tous les esprits, surtout lorsque le contrat signé la veille des fiançailles n'est fait qu'en vue de cet événement. Quelle est la reine qui ne s'est pas vue souveraine maîtresse par la mort de son mari et qui n'a pas mis toute son habileté à se faire décerner la régence?

De semblables préoccupations hantaient l'imagination d'Anne d'Autriche, et ce fut un des prin-

cipaux griefs que Richelieu fit valoir aux yeux de
Louis XIII.

S'il est doux de conquérir ce pouvoir, il est cent
fois plus dur d'y renoncer. Rappelez-vous Agrippine
et ses récriminations sans cesse renouvelées. Qui sait
si elle n'eût pas tourné contre Néron les armes dont
celui-ci se servit contre elle? Le fait n'est pas sans
exemple : l'impératrice Irène, mère de Constantin VI,
le fit d'abord fouetter et emprisonner pour ne pas lui
rendre le pouvoir; ensuite elle le combattit avec une
armée, et, l'ayant fait prisonnier, elle ordonna de lui
crever les yeux. Quant aux belles-mères, il n'en faut
point parler : Judith, Fausta et tant d'autres sont là
pour dire quelles sanglantes catastrophes la passion
du pouvoir a amenées dans toutes les familles.

Ce ne sont pas seulement les femmes scélérates et
impudiques qui sont touchées par la passion du pouvoir, les plus fortes natures n'y échappent pas et en
sont amoindries. Rappelez-vous Blanche de Castille,
femme d'élite, qui paya son tribut à la nature humaine, et que le besoin de dominer rendit injuste,
jalouse et tyrannique. Rappelez-vous Anne d'Autriche,
nature douce et apathique, mais habituée à cette satisfaction de vanité que donne le pouvoir, s'écriant, le
jour où Louis XIV lui signifia de ne plus se mêler
des affaires de l'État : « Je me doutais bien qu'il serait ingrat, qu'il voudrait régner à son tour. » C'est
qu'il est dur de descendre après avoir monté, d'obéir
après avoir commandé; il y a là pour la vanité un
échec que les femmes supportent plus difficilement
que les hommes. Le jour où Brienne vend sa charge

de secrétaire d'État, sa femme ne lui parle plus et meurt de chagrin; il en est de même pour la femme de Desmarest. Quant à la marquise de Prie, précipitée du pouvoir par la disgrâce du duc de Bourbon, elle sèche, elle dépérit, elle devient noire et meurt en moins d'un an.

Les femmes, il faut l'avouer, ont montré des qualités précieuses dans l'exercice du pouvoir. Là où il faut plus de décision que de sang-froid, plus de spontanéité que de réflexion, elles l'emportent sur la plupart des hommes; elles ont l'obstination, l'ardeur, la vivacité pour rassurer les faibles, rallier les indécis, séduire les hostiles. Lorsque Wyatt se présente aux portes de Londres, accompagné d'une armée victorieuse, Marie Tudor laisse ses conseillers effarés discuter sur la gravité de la situation; pour elle, elle court vers les bourgeois de la cité, elle se présente à eux éplorée, les cheveux épars, leur demandant de défendre leur maison et leur famille, et c'est ainsi qu'elle sauve son trône. C'est de la même façon que Marie-Thérèse conquiert l'aide des Hongrois, et Catherine II les suffrages des soldats de la caserne de Préobajinski.

Réfléchissant moins que l'homme, prévoyant moins les obstacles, la femme va droit au but qu'elle veut atteindre; c'est pour cela que son conseil est souvent précieux à suivre, et qu'elle excelle plutôt à conseiller qu'à diriger les événements. Prends le premier conseil d'une femme et non le second, dit un ancien proverbe; ce premier conseil est toujours chevaleresque, généreux; comme l'épée d'Alexandre, il tranche les nœuds qu'on ne peut défaire.

Une autre qualité des femmes, c'est de supporter courageusement les peines, les fatigues physiques et morales attachées au pouvoir. Catherine de Médicis était sans cesse en litière et à cheval, sans cesse à la tête des armées, assistant aux batailles et aux sièges. Catherine II montait sans cesse à cheval; Agrippine, femme de Germanicus, accompagnait son mari à l'armée, visitait les soldats, pansait leurs blessures.

D'ailleurs, il faudrait ne pas trop prendre au sérieux la qualification de sexe faible donnée à la femme. Sa capacité de résistance à la fatigue, à la douleur, est bien plus grande que celle de l'homme, et la nature la lui a donnée en prévision des rudes épreuves de la parturition. La femme a fait tout ce que l'homme a fait, elle a fait la guerre avec les Amazones, elle a été aux croisades, elle a entrepris les pérégrinations les plus lointaines : madame Ida Pfeiffer n'est pas une exception, la femme de Baker, celle d'Agassiz et bien d'autres ont suivi leurs maris dans leurs expéditions les plus périlleuses, tandis que l'homme n'a jamais éprouvé les angoisses de l'enfantement. Aujourd'hui que la facilité des communications a transformé les habitants du globe en une population nomade, il est facile de voir combien les femmes sont plus résistantes à la fatigue que les hommes; bien peu pourraient supporter la vie de juif errant menée par les Anglaises et les Américaines.

Rien d'étonnant alors à les voir se plier aux assujettissements et aux ennuis de la vie des cours. « Elles sont comme moi, elles regrettent leur bourbe », disait

madame de Maintenon en regardant les carpes de
Fontainebleau; puis aussitôt elle courait vers le roi,
qu'elle ne perdait de vue ni jour ni nuit, qu'elle accompagnait jusqu'à sa chaise percée, faisant bonne
garde pour que personne ne pût approcher de lui et
lui parler. Ainsi agissait la princesse des Ursins, qui
séquestrait Philippe V, qui ne lui laissait passer les
revues que des fenêtres de son palais. Et, pendant
que les courtisans enviaient sa félicité, elle écrivait :
« Madame de Maintenon rirait bien, si elle savait
tous les détails de ma charge. Dites-lui, je vous sup-
plie, que c'est moi qui ai l'honneur de prendre la
robe de chambre du roi d'Espagne lorsqu'il se met
au lit, et de la lui donner avec ses pantoufles lorsqu'il se lève. Jusque-là, je prendrais patience; mais
que tous les soirs, quand le roi entre chez la reine
pour se coucher, le comte de Benavente me charge
de l'épée de Sa Majesté, d'un pot de chambre et d'une
lampe, que je renverse ordinairement sur mes habits :
en vérité, cela est trop grotesque. »

Des surprises de ce genre n'attendent-elles pas tous
ceux qui d'en bas lèvent les yeux pour regarder au-
dessus d'eux ? Le jour où Josèphe de Saxe épousa le
dauphin, fils de Louis XV, toute la cour admira la
magnificence de sa robe. Le soir, le roi la mit dans
la main du maréchal de Saxe : « Elle pesait plus
qu'une de nos cuirasses, écrit le maréchal, et la princesse l'avait portée se tenant debout dix heures con-
sécutives. » A celui qui se serait apitoyé sur son
sort, elle aurait peut-être répondu comme Charles IX
à sa mère, qui le plaignait de ses fatigues le soir de

son couronnement : « Je consens à en supporter de semblables toutes les fois qu'il m'arrivera une nou-velle couronne. »

Mais cette rapidité dans la décision, cette énergie dans l'action, cette ténacité dans la poursuite du but ne forment qu'un côté du caractère féminin, et tous les autres la rendent impropre au maniement des affaires publiques. C'est d'abord sa nature passionnée, qui l'éloigne de toute modération, de toute sagesse, de toute équité. Pour l'homme d'État, un adversaire est une force qu'il faut utiliser à son profit ou neutraliser; pour la femme, qui ne sait qu'aimer ou haïr, c'est un ennemi qu'il faut torturer et écraser. Les plus cruels tyrans ne se sont jamais montrés aussi ingénieux que les femmes qui ont eu à venger une blessure faite à leur cœur ou à leur amour-propre, à punir une résistance opposée à leurs désirs. « Je me baigne dans une rosée de sang », disait l'impitoyable Marguerite vengeant le meurtre de son époux sur des centaines d'innocents. La belle-sœur de Cicéron voit entre ses mains celui qui a livré aux assassins son beau-frère et son mari; elle le coupe en morceaux, et le force à manger les fragments de son corps qu'elle fait rôtir sous ses yeux.

C'est une frénésie semblable qui la guide dans toutes ses actions. La duchesse d'Angoulême, voyant une gravure qui représentait le Tasse enchaîné dans un cachot, s'écrie avec passion : « J'espère que nous verrons bientôt Chateaubriand ainsi ! » Or, Chateau-briand, qui avait plus que tout autre contribué à la restauration des Bourbons, était coupable alors de vouloir l'arrêter sur le chemin des fautes irréparables. Un autre fait montre mieux que tout autre l'involontaire spontanéité des impressions chez la femme. Madame Vigée-Lebrun voit entrer dans un salon une femme admirablement belle : « Oh ! la belle femme, s'écrie-t-elle, entraînée par son sens artistique. — C'est la duchesse de Bassano, lui dit-on. — Fi ! l'horreur ! » fait-elle en se levant, poussée par l'éloignement qu'elle, légitimiste, éprouve pour une bonapartiste.

Eh bien, voilà l'histoire de toutes les femmes ; entendez-les causer dans les salons, vous les verrez se prononcer aussi affirmativement sur la politique, sur la religion, sur la littérature, questions qu'elles ne connaissent pas, mais sur lesquelles elles tranchent en souveraines, imposant leurs opinions à ceux qui les entourent. Si elles exercent déjà une si grande influence sur les affaires publiques, en se contentant de parler et de se faire applaudir, sans avoir la peine d'étudier et de chercher à connaître les questions sur lesquelles elles tranchent ; si aucune élection académique ou politique ne se fait en dehors de leur action (et elles se plaignent de se voir éloignées de la vie politique) ; combien plus dangereuse est leur légèreté, leur mobilité d'impression, leur tendance à tout rabaisser au niveau de leurs petites passions, lorsqu'elles sont appelées à se prononcer directement sur les affaires de l'État !

C'est alors qu'on voit Catherine de Médicis s'allier aux Guises et poursuivre de sa haine le connétable de Montmorency, qui a dit à Henri II que sa fille naturelle était la seule qui lui ressemblât ; le désir de se

venger d'une épigramme a conduit la branche des
Valois à sa perte. Diane de Poitiers lui avait donné
l'exemple en poursuivant de sa haine ceux qui l'avaient
appelée la vieille ridée. Si Anne de Beaujeu tient dans
une dure prison le futur Louis XII, c'est moins parce
qu'il est factieux, qualification applicable alors à tous
les grands vassaux, que parce qu'il a dédaigné sa
main. Si la princesse Dasckoff aide Catherine II à
faire la révolution qui précipite Pierre III, c'est par
jalousie, et pour ne pas voir sa sœur devenir impératrice.

Mazarin a raison de dire que près des souveraines
qui a le cœur a tout. Séjan veut faire mourir Drusus
pour se frayer un chemin à l'empire; un seul moyen
s'offre à lui, c'est de séduire sa femme et de le faire
empoisonner par elle; mais, ce cœur, il faut le garder.
Le maréchal de Saxe, en quête d'une couronne, est
en Courlande auprès de la grande-duchesse Elisabeth,
qui va lui donner sa main et partager sa principauté
avec lui. Une intrigue qu'il a imprudemment avec
une femme de chambre lui coûte le trône de Russie.
Cette impressionnabilité se manifeste parfois d'une
façon puérile: la duchesse de Châteauroux fait renvoyer le ministre Ancelot parce qu'il est bègue, et
qu'il lui déplaît d'être exposée à le rencontrer. Les
ministres ou les généraux dont tout le mérite consistait à avoir une tournure gracieuse ou à bien danser
le cotillon, ne sont malheureusement pas des exceptions. D'ailleurs lisez l'histoire des favoris, depuis
ceux que Faustine allait choisir sur les bords du Tibre,
jusqu'à ceux des reines d'Espagne, comparez cette

histoire à celle des maîtresses et des favorites, et vous verrez que sur ce point aussi les hommes ont sur les femmes une supériorité morale, si l'on peut employer un pareil mot dans un sujet semblable; vous consta‑ terez du moins qu'ils ont montré plus de pudeur et de retenue.

Les femmes n'ont pas seulement contre elles une mobilité d'impression qui les assujettit à tous les évé‑ nements extérieurs; elles ont une hauteur naturelle, une insolente fierté qui les pousse à abuser de la for‑ tune et à braver ouvertement l'opinion. Le succès a toujours été le grand écueil des ambitieux, qui sup‑ portent mieux la chute que la réussite; la loi du monde physique, qui entretient les corps dans un mouvement perpétuel, qui ne souffre pas même une seconde l'immobilité absolue, semble régner égale‑ ment dans le monde moral. A l'homme arrivé au plus haut degré de la faveur et de la fortune il sera im‑ possible de s'y maintenir sans désirer aller encore plus haut; eût-il la sagesse de le vouloir, ceux qui cher‑ chent à le précipiter lui feraient une nécessité de chercher de nouveaux points d'appui.

Cette modération qui n'est point donnée à l'homme, appartient encore moins à la femme, qui est plus vaine, plus hautaine, qui ne se contentera jamais d'être la seconde, mais voudra toujours devenir la première. Antonine, favorite de Théodora, à laquelle la liait la communauté d'origine et d'intérêts, était souvent en désaccord avec elle; leur vie se passait en brouilles et en raccommodements. Les deux exemples les plus frappants de l'aveuglement singulier produit par la faveur sont ceux de la princesse des Ursins et de la duchesse de Marlborough. La princesse des Ursins lisait les dépêches envoyées à Versailles par l'ambassadeur de France : cette violation du secret des lettres était si générale que quelques ambassadeurs, désirant éviter tout retard, envoyaient les dépêches à la chancellerie du pays où ils étaient accrédités, pour qu'on en prît copie et qu'on n'eût pas besoin d'arrêter leurs courriers.

De souverain à souverain la chose passait encore, mais venant de la part d'une sujette, cet acte devait confondre l'orgueil olympien de Louis XIV. Or, en lisant une de ces dépêches, la princesse des Ursins vit la phrase suivante qui la concernait : « On croit qu'elle est mariée avec l'écuyer Aubery qui demeure chez elle. » Sans hésiter, sans se rendre peut-être compte de l'audace de son action, elle écrivit en marge : *Pour mariée, non!* et elle envoya le paquet à Versailles. Ce jour-là sa perte fut résolue.

Plus étrange est encore l'impérieuse duchesse de Marlborough ; abusant de l'amitié et de la faiblesse de la reine Anne, elle prit plaisir à la contrecarrer, à l'irriter, à lui imposer une politique qui lui déplaisait, jusqu'au jour où celle-ci, à bout de patience, lui fit redemander la clef d'or, insigne de sa dignité de surintendante des maisons royales. Une ressource dernière restait à la duchesse ; la reine et elle avaient l'habitude de s'écrire tous les jours, de se communiquer ainsi leurs pensées les plus secrètes et les plus intimes ; une lettre faisant appel à tant de souvenirs, à tant de jours passés ensemble, eût triomphé de la colère de la reine ; l'impérieuse duchesse ne voulut pas : elle resta trois jours sans écrire sa lettre accoutumée, disant comme Guise à ceux qui voulaient le détourner d'aller à Blois : « Elle n'oserait pas ! » Ce mot est celui de tous les favoris, qui tous rencontrent le même sort. « Les dieux sont jaloux du bonheur de l'homme », disaient les anciens, qui ne s'apercevaient pas que c'est au contraire l'homme qui est jaloux de son propre bonheur et qui prend plaisir à détruire de ses mains un édifice qu'il a eu tant de peine à élever.

Ce même besoin de domination, cette même vanité sans bornes les pousse à braver l'opinion, à repousser ses exigences les plus légitimes. La politique est par excellence la science des tempéraments, l'habileté à savoir se plier aux circonstances, à agir d'accord avec elles : le doctrinarisme arrive à des résultats grotesques dans les périodes de calme et de tranquillité ; il devient monstrueux et sanglant aux époques de trouble et de commotion : l'Inquisition, la Révocation de l'Édit de Nantes, la Terreur de 93 sont les résultats ordinaires. Or les femmes sont doctrinaires, non par amour pour les principes dont elles se soucient fort peu, qu'elles ne connaissent même pas, mais par prédilection pour l'autorité absolue. Elles n'admettent pas qu'elles puissent être contredites ou désobéies ; la résistance, elles la punissent comme une injure personnelle qui leur est faite, elles la poursuivent avec passion, et pour assurer leur vengeance elles sacrifient et elles-mêmes et leur royaume.

Christine de Suède a été obligée de promettre au

sénat qu'elle se marierait avec son cousin; pour ne
pas tenir cette promesse, pour ne pas être forcée dans
sa volonté, elle aime mieux abdiquer, laisser le trône
à son cousin, et mener une vie errante à travers l'Europe. Marie Tudor est très anxieuse de savoir si elle
acceptera la main de Philippe II, elle est même sur
le point de refuser cette alliance à laquelle elle trouve
de nombreux inconvénients; survient une députation
très respectueuse du Parlement lui demandant de se
marier avec un sujet anglais; elle l'écoute d'un air
hautain et dédaigneux, et pour mieux attester son
souverain pouvoir, ainsi que le mépris dans lequel
elle tient la volonté de ses sujets, elle écrit le soir
même au roi d'Espagne qu'elle lui accorde sa main.
Anne d'Autriche a fait emprisonner le conseiller
Broussel; l'émeute gronde autour du palais royal, et
on lui conseille de le relâcher: « J'aimerais mieux
l'étrangler de mes propres mains », répond-elle, et de
fait elle eût souffert de voir son palais incendié plutôt
que de céder, ce qu'elle dut pourtant faire le soir
même.

Pour une Blanche de Castille, pour une Elisabeth,
pour une Catherine II, que de femmes comme Marie
de Médicis, comme Caroline de Naples, comme Do-
rothée de Prusse, brouillonnes, intrigantes, sortes de
concierges couronnées qui changent leur palais en
une loge hantée par les cancans et les commérages;
femmes ennemies d'elles-mêmes, redoutables à leurs
confidents qu'elles trahissent et qu'elles abandonnent,
funestes aux peuples dont elles prodiguent le sang
avec une insouciance qui n'a d'égale que leur igno-

rance. Un jour, dans une de ces brillantes escar-
mouches qui servirent de prélude à la guerre à mort
que se firent Napoléon et madame de Staël, l'auteur
de *Corinne* avait soutenu sur la politique une thèse
aussi brillante que vide ; quand elle eut fini de parler,
se tournant vers Bonaparte : « Qu'en pensez-vous,
général ? lui demanda-t-elle. — Moi, madame, je
n'admets pas que les femmes se mêlent de politique.
— Pardon, général, dans un pays où on leur coupe
la tête, elles ont bien le droit de savoir pourquoi. »

Les femmes n'ont pas tous les jours de semblables
excuses, tandis que tous les jours elles peuvent méditer l'aventure arrivée, au siècle dernier, à sir Tir-
conel. Ce noble anglais retournait à Londres après
avoir passé plusieurs années à Paris, après avoir fréquenté ces salons qui ont fait la réputation de l'esprit
français, après avoir goûté les charmes de cette société dont Talleyrand disait qu'on ne connaissait pas
les douceurs de la vie quand on n'y avait pas vécu.
Partout où il se présente, il entend parler du ministère, des colonies, et d'une foule d'autres questions
qui n'auraient pas dû s'agiter hors de la Chambre des
communes. Fatigué d'entendre traiter ces questions
ministérielles par de jolies bouches dans lesquelles il
croyait trouver des discussions d'un tout autre genre ;
désirant se trouver au milieu de femmes qui ne s'occupent pas de politique, il commande un souper ma-
gnifique auquel il invite les courtisanes les plus
renommées de Londres. Quand il arrive au milieu
d'elles, la première conversation qu'il entend, c'est
une discussion sur le ministère qui venait de tomber.

« A Paris! » crie-t-il en montant dans sa chaise de poste, et en fuyant ces salons empestés par la politique. Il pouvait le faire au siècle dernier. Mais aujourd'hui, où irait-il ? A Taïti ! mais depuis l'annexion toutes les femmes ne vont-elles pas se mêler de politique ?

L'AVENIR DE LA FEMME

« Donner de l'instruction à une femme, c'est augmenter le venin d'une vipère. » — L'éducation lacédémonienne. — Saint Jérôme pédagogue. — Les femmes médecins. — Stéphanie et Crescentius. — Un baiser pour l'amour du grec — Le maître à danser. — Protestantes et catholiques. — Les matrones hollandaises. — Le conte de la *Barbe-Bleue* renversé. — Les bas-bleus. — Les Amazones. — Les femmes avocats. — Revendication de la supériorité du sexe féminin. — Influence de l'esprit de contradiction sur la vocation artistique. — Les conférencières au moyen âge. — La comtesse de la Suze trouvant le moyen de ne voir son mari ni dans ce monde ni dans l'autre. — Force d'initiative de la femme — Des cartes et de la vertu des femmes dans l'ancienne société. — Un triomphe inattendu de la philosophie. — La femme de l'avenir. — Conclusion.

« Que doit apprendre l'enfant? — Ce qu'il doit faire étant homme. » Cette phrase de Plutarque qui doit être la règle de toute éducation, montre que celle de la femme ne doit pas être aujourd'hui ce qu'elle était autrefois. L'Athénien ne demandait à sa femme que de lui donner des héritiers légitimes, des enfants qui pussent jouir de tous les droits du citoyen ; et il l'enfermait, la condamnant par sa reclusion à tous les vices de la servitude ; ce qui permettait à Ménandre de dire : « Donner de l'instruction à une femme, c'est augmenter le venin d'une vipère. » La même cause fait dire aux Arabes : « Leurs têtes sont de bois ; si on leur donnait la liberté, elles ne sauraient en user. » Le Lacédémonien ne cherchait également qu'une femme capable de lui donner de beaux enfants bien constitués ; mais de plus il la voulait assez forte pour supporter les fatigues du ménage, tirer de l'eau, porter des fardeaux ; aussi à Sparte, exerçait-on les jeunes filles à la lutte et à la course.

Le christianisme voulut faire de la femme une vierge et une religieuse ; de là le système d'éducation préconisé par saint Jérôme, qui défendait à la jeune fille de faire de la musique ; qui voulait qu'on la privât de vin et de viande, la condamnant à se nourrir de légumes et à souffrir sans cesse de la faim. Elle devait fuir les assemblées, elle ne devait même pas fréquenter les églises, par crainte de rencontres capables de troubler son repos. Enfin, l'usage des bains lui était formellement interdit, prescription encore en vigueur dans beaucoup de couvents et de pensionnats de jeunes filles. En un mot, ce système d'éducation contrariait autant qu'il était en lui l'œuvre et le but de la nature.

La châtelaine du moyen âge, qui allait être l'ornement du manoir féodal, dut satisfaire à d'autres exigences. Pour se conformer à l'esprit de son temps et aux nécessités de sa position, il lui fallut connaître le latin, les Pères de l'Église, savoir faire la correspondance ; à cette éducation sérieuse la chevalerie vint ajouter des arts d'agrément : la récitation des fabliaux et des romans, les jeux de dés et d'échecs, la harpe et la viole.

Mais une science était nécessaire par-dessus toutes, parce qu'elle était d'un usage journalier, celle de la médecine et de la chirurgie. A la femme de panser et de guérir, non seulement son mari et les gens de sa maison, mais encore tous les chevaliers blessés qui venaient demander l'hospitalité. Et les châtelaines n'étaient pas les seules à étudier cet art : beaucoup de jeunes filles suivaient des cours spéciaux, elles servaient d'aides aux médecins, qui les envoyaient faire les pansements, comme aujourd'hui ils envoient leurs internes. Beaucoup exerçaient pour leur propre compte, semblables à nos médecins modernes. C'est grâce à ses connaissances en médecine que Stéphanie, femme de l'agitateur Crescentius, put venger sa mort : elle se fit introduire auprès du lit de l'empereur Othon, et, sous prétexte de le guérir, lui donna du poison dont il mourut. Les modernes étudiantes en médecine n'ont innové en aucune façon ; elles avaient des émules à Athènes et à Rome, qui, elles aussi, excitaient l'indignation du corps médical. De tout temps les médecins ont répété avec Guy Patin : « C'est un sot animal que la femme qui se mêle de notre métier ; cela n'appartient qu'à ceux qui ont un haut-de-chausses et la tête bien faite. »

Quand les conditions sociales changèrent, l'éducation changea également ; lorsqu'à la tristesse du manoir féodal succéda la vie des cours, la femme, poussée également et par son esprit d'imitation, et par son désir de plaire, adopta toutes les innovations, se fit l'apôtre de toutes les idées nouvelles, chose qu'elle a toujours faite. Quand la Renaissance eut mis à la mode les hautes études, celle du grec en particulier, on la vit devenir savante et helléniste. La reine Élisabeth traduisait le grec avec une grande facilité, et les filles de Thomas Morus pouvaient rivaliser avec elle sur ce terrain. Jeanne Grey lisait le *Phédon* à treize ans. En France, les deux Marguerite, celle de la cour de François Ier et celle de la cour de Henri III, adressaient aux ambassadeurs étrangers des discours en langue latine. Et le vers des *Femmes savantes*.

Ah! pour l'amour du grec souffrez qu'on vous embrasse!

est une allusion à cette érudition déjà passée de mode.

En effet, la direction des esprits a changé; et lorsque dans la même comédie le bonhomme Chrysale affirme qu'une femme en sait assez lorsqu'elle sait écumer le pot-au-feu et raccommoder les chausses de son mari, il n'est que l'écho de madame de Maintenon écrivant aux dames de Saint-Cyr : « Apprenez-leur à être extrêmement sobres sur la lecture, à lui préférer toujours le travail des mains. Il faut élever vos bourgeoises en bourgeoises; il n'est pas question de leur orner l'esprit, il faut leur prêcher les devoirs de la famille, l'obéissance pour le mari, le soin des enfants. Les livres font de beaux esprits et donnent une curiosité insatiable. » Et Fénelon, allant plus loin encore, posait ce principe qui est en contradiction directe avec nos idées modernes : « Retenez vos jeunes filles, et apprenez-leur qu'il doit y avoir, pour leur sexe, une pudeur de la science presque aussi délicate que celle qu'impose l'horreur du vice. »

L'exemple de madame de Sévigné était là pour prouver le contraire; mais les Sévigné étaient rares, la plupart se laissaient aller à cette molle incuriosité de l'esprit qu'on leur recommandait, et elles la poussaient jusqu'à ignorer l'orthographe; à ce point de vue, certaines lettres écrites par les plus spirituelles et les plus nobles dames de la cour de Louis XIV font encore notre étonnement. Le souci de plaire, les délicatesses de la conversation formaient leur seule préoccupation; et le maître le plus écouté, le plus indispensable de tous, c'était le maître de danse, qui joue un grand rôle dans l'éducation aux dix-septième et dix-huitième siècles, et qu'on retrouve jusque dans les collèges de jésuites.

Il devait enseigner non seulement les danses si compliquées alors en usage, mais il devait donner des leçons de maintien, il devait apprendre aux femmes à faire la révérence, art qu'elles ont totalement oublié. Les Mémoires du siècle dernier parlent du fameux maître de danse Marcel, devant lequel viennent défiler tous les personnages de la cour; il est assis dans son fauteuil, et chacun en passant fait la révérence. Aux plus grandes dames il dit : « Vous venez de faire la révérence comme une servante! » ou bien : « Vous vous présentez comme une femme de la halle; que la gloire de vos ancêtres se peigne dans chacun de vos actes, dans chacune de vos actions! » Tous passent ensuite devant la cheminée, et mettent un écu de six livres dans un vase d'argent.

Mais le jour où son importance est sans égale, c'est celui où une femme de la cour s'adresse à lui pour la cérémonie de la présentation : ce jour-là la leçon est de trois cents francs. Ne vous en étonnez pas! la France est une monarchie absolue, tempérée par les chansons et régie par l'étiquette; le plus sûr moyen de se perdre, c'est de commettre une faute contre le cérémonial : Roland fait scandale quand il arrive à Versailles avec des souliers sans boucles; madame de Staël fait un faux pas le jour de sa présentation, et cet accident, en apparence léger, l'éloigne pour jamais de la cour. Le duc de Talleyrand-Périgord s'enfuit en criant que la monarchie est perdue, le jour où il voit Marie-Antoinette briser avec les traditions de l'étiquette.

Aujourd'hui plus de castes, plus de distinctions sociales; il ne faut plus faire de triage entre les femmes qui doivent peupler les demeures aristocratiques et celles qui resteront de simples bourgeoises. Il n'y a plus qu'une seule classe de femmes; et à toutes il faut donner cette instruction qui, désormais, sera seule à les distinguer et qui, depuis deux siècles, a déjà établi entre elles une ligne de démarcation facile à saisir. Regardez, par exemple, la différence qui existe entre la protestante et la catholique. Cette dernière a été tenue dans une sorte d'ignorance systématique. Saint Paul lui a dit: *Mulieri docere non permitto, neque imperare in virum*, je ne permets pas à la femme d'enseigner ni de commander à l'homme; et en Espagne on a été jusqu'à déférer à l'Inquisition celles qui lisaient la Bible.

Devant la protestante, au contraire, on a ouvert les saintes Écritures, la forçant de les lire et de les

méditer, et surtout de les défendre par la controverse.

Cet exercice a assoupli son esprit, il lui a fourni des
armes pour établir ensuite sa domination dans l'intérieur conjugal; du moins, pour l'établir d'une façon
plus logique et plus sensée, car ignorantes ou pédantes
savent également se rendre maîtresses au logis. « La
liberté chrétienne dont se vante la religion protestante forme un esprit de résistance qui défend mieux
les femmes contre les attaques du dehors. La soumission qu'impose la catholique semble disposer
l'âme à se laisser persuader ce qui la flatte et ce qui
lui plaît », dit Saint-Évremont. Longtemps avant lui,
Érasme avait parlé de la docilité des maris hollandais,
laquelle a toujours été renommée.

Chose curieuse! la Hollande, qui ignore les usages
de la galanterie, où les hommes semblent tous grossiers et rustres, est celui où les femmes sont le plus heureuses, celui où elles exercent la domination la plus
incontestée. William Temple est reçu par Van Hoopt
avec toute la déférence que mérite son titre d'envoyé
anglais; mais ce dernier, loin de mettre sa maison
tout entière en l'air pour lui faire honneur, comme
n'eût pas manqué de le faire un Français, lui dit avec
un flegme tout hollandais : « Voilà le dîner qui
sonne; allons, ma femme l'ordonne, et il faut lui
obéir, selon la coutume. » Chemin faisant, il lui
montre deux pièces qu'on n'ouvre jamais que pour
les nettoyer; ajoutant qu'il n'oserait y entrer sans la
permission de sa femme. C'est le conte de *Barbe-
Bleue* renversé; mais l'opinion le veut ainsi, et le

mari qui voudrait agir autrement aurait contre lui les hommes et les femmes.

Dire que ces imposantes matrones sont d'un commerce aussi agréable, d'une conversation aussi séduisante que les marquises du dix-huitième siècle, ce serait beaucoup exagérer. Mais élégance n'est-il pas souvent le synonyme de futilité, voire même de fragilité ? « Nous autres protestants, on nous accuse de rigidité, parce que nous tenons essentiellement et avant tout à la rigidité dans la conduite des femmes. Nous sommes moins aimables peut-être, mais nous sommes plus sûres », écrivait la baronne d'Oberkirch à la fin du siècle dernier, en voyant la légèreté de toutes ces grandes dames qui couraient en riant au précipice entr'ouvert sous leurs pas. Et ne pourrait-on pas appliquer également aux femmes cette réponse faite par Benjamin Constant à Napoléon qui se plaignait de l'ingratitude des courtisans : « Sire, on ne s'appuie que sur ce qui résiste. »

Cette instruction, qui seule peut apporter une résistance solide, il faut la donner à la femme, malgré les assurances des physiologistes, qui affirment sérieusement, et comme s'ils en étaient certains, que jamais son cerveau n'acquerra les cent trente grammes qui lui manquent pour être d'un poids égal à celui de l'homme. Malgré les philosophes moroses qui prétendent que ce sera simplement augmenter le nombre des bas-bleus, comme s'il n'y avait point parmi les hommes des pédants et des cuistres; au contraire, plus le nombre des femmes instruites augmentera, et plus diminuera le nombre de celles qui feront un précieux étalage de leur science. Aujourd'hui que tous tiennent une plume, que tous sont plus ou moins journalistes ou écrivains, il est bien restreint le nombre de ceux qui se présentent comme un objet d'admiration parce qu'ils ont vu leur pensée reproduite par l'imprimerie. A ceux-là on pourrait répéter la réponse faite par Cicéron à un de ses concitoyens, qui se vantait de savoir bien parler : « Si tu ne parlais pas bien, non seulement tu ne serais pas un citoyen romain, mais encore tu ne serais pas un homme. »

Il ne faut pas non plus écouter ceux qui prétendent que la femme est un esprit inférieur, qu'elle ne comprendra rien à ce qu'on lui enseignera, qu'elle ne pourra en tirer aucun profit. Ce sont là des phrases toutes faites, des opinions qu'on a pu émettre avec quelque justice, alors que la servitude dans laquelle elle était tenue avait voilé ses plus brillantes qualités. Rien au contraire de moins justifié, et par le raisonnement, et par l'exemple du passé. Les femmes ont fait tout ce que les hommes ont fait, elles ont été partout où ils ont été, elles ont été guerrières : sans compter les Amazones qui se sont retrouvées sur plusieurs parties du globe, presque toutes les armées en ont vu dans leurs rangs. Le forum a retenti plusieurs fois de leurs arguments; et c'est parce que l'une d'elles, Calpurnia, se montra par trop prolixe qu'on leur interdit d'y reparaître. Les subtilités de la philosophie n'ont pas rebuté leur esprit : c'est Diotime qui enseigne la philosophie à Socrate; Arété, fille d'Aristippe, continue son enseignement; Dodane écrit un manuel à l'usage de ses enfants; Ésara, fille de Pythagore, compose un traité sur la nature humaine. La jurisprudence et la législation les ont charmées par leurs déductions logiques. Dans l'Italie du moyen âge, alors que les universités de Padoue, de Bologne voyaient accourir de nombreux étudiants, souvent les professeurs les plus illustres se faisaient suppléer par leurs filles : Agnesi faisait un cours de mathématiques, Catherine Bassi enseignait la physique expérimentale, Andréa et Novella Caldierini commentaient les Institutes de Justinien : ces deux dernières mettaient un léger rideau entre elles et leurs auditeurs, pour ne pas les troubler par le spectacle de leur beauté.

Grande serait la nomenclature de toutes les femmes qui ont aidé leurs maris dans leurs travaux et dans leurs recherches, qui ont été leurs collaboratrices, souvent même leurs guides et leurs inspiratrices. La femme du juriste Dumoulin compulsait pour lui tous les vieux livres de jurisprudence; celle de Dansse de Villoison se livrait à l'érudition grecque la plus ingrate. Et tant d'autres, qui savaient garder et retenir leurs maris près d'elles, tandis que la femme de Diderot chassait le sien en lui parlant pot-au-feu.

Quant aux femmes qui ont écrit des ouvrages, leur nombre est illimité; le sentiment romanesque ou le désir de soutenir le privilège de leur sexe sont les motifs qui leur mettent le plus souvent la plume à la main. Ou bien elles éprouvent le besoin de s'épancher, de montrer leur cœur; ou bien elles veulent revendiquer leurs droits. Toutes, sans exception, ont touché à ce sujet; leurs raisonnements, qui ne varient pas, sont ceux qu'on trouve dans une brochure d'Anne Radcliffe, intitulée : *L'avocat des femmes, tentatives pour recouvrer les droits des femmes usurpés par les hommes.*

Une remarque à faire, c'est que le caractère des ouvrages composés par les femmes varie selon leur nationalité. Les Françaises écrivent des romans et des vers; les Anglaises, des romans et des livres de théologie; les Italiennes, des livres de mathématiques et d'astronomie. Enfin, dernier trait qui distingue la production intellectuelle de la femme : c'est que l'esprit de contradiction y joue un grand rôle. La défense ou l'impossibilité supposée d'aborder un genre spécial ont fait souvent entreprendre à la femme ce dont elle ne se serait jamais avisée sans cela. Et beaucoup ressemblent à Anna Daner, qui entend dire que la sculpture est un domaine interdit à son sexe, qui se met à l'étudier et parvient à s'y distinguer.

Tous ces motifs n'existeraient-ils pas, qu'il faudrait donner à la femme l'instruction la plus large, la plus libérale, dans l'intérêt de la vie conjugale, dans l'intérêt de la société, dans l'intérêt de la femme elle-même.

Le mariage, tel que nous l'avons établi, tel que nous le concevons aujourd'hui, est une périlleuse entreprise devant laquelle plus d'un reculerait, si la nature n'avait pris soin de nous aveugler et de pousser les deux sexes l'un vers l'autre par un penchant irrésistible. Le sacrifice continuel de ses goûts, de ses préférences, de son humeur est une œuvre difficile, et qu'il est donné à bien peu de pouvoir accomplir. La chose est pourtant possible à ceux qui possèdent les mêmes idées, qui s'appuient sur les mêmes principes ; mais, lorsque cet accord n'existe pas, lorsque, entre deux époux, il y a rivalité des croyances, la vie commune devient un supplice dont on cherche à s'affranchir par tous les moyens.

C'est là qu'aboutit notre système actuel d'éducation, qui enseigne aux femmes le contraire de ce que l'homme a appris. Elles arrivent dans le mariage avec des idées entièrement opposées à celles que les hommes se sont faites, à celles que la pratique de la vie leur a révélées. Comme elles sont avides de domination, comme elles sont d'autant plus attachées à leurs croyances qu'elles ne les ont ni choisies ni discutées, elles mettent tout en œuvre pour les faire prévaloir. Aussi, dès le premier jour, une cause irrémédiable de discorde entre et s'assied au foyer conjugal. C'est alors que l'on voit des femmes imiter la comtesse de la Suze, qui change de religion afin de ne se trouver avec son mari ni dans ce monde ni dans l'autre.

L'instruction largement donnée, et la même pour tous, peut seule ramener la concorde et la bonne harmonie. Seule elle fera de la femme, non plus un aveugle instrument d'opposition, mais une collaboratrice utile pour son mari, dont elle partagera les peines et les travaux, dont elle accroîtra le bien-être et la félicité ; aux yeux duquel elle se parera de nouveaux attraits plus durables et plus solides que les autres. L'amour est tout entier dans l'imagination ; or, ce ne

sont pas les plus belles femmes qui font naître les
passions les plus violentes et les plus nombreuses, ce
sont celles qui s'élèvent au-dessus de la foule, qui
deviennent célèbres par leur habileté dans un art
quelconque. Le jour où leur esprit sera aussi sédui-
sant que leur figure, leur possession deviendra plus
désirable, leur conquête plus précieuse.

La société tout entière est intéressée dans cette
grave question de l'instruction des femmes. N'est-ce
pas elle qui exerce la première et la plus durable influence sur l'enfant? et Montaigne n'a-t-il pas dit :
« L'enfantement est l'œuvre de la nature, l'éducation
est l'œuvre de la mère »? La femme n'exerce-t-elle
pas aussi sur les idées et sur les mœurs une influence
à laquelle il est impossible de se soustraire? Toutes
les révolutions politiques, littéraires, artistiques se
font à son instigation, sont les instruments dociles de
ses caprices. Elle a pour tout ce qui est nouveau une
curiosité que rien ne saurait éteindre; elle possède un
esprit d'initiative que nul effort ne saurait réfréner.
Ce ne sont pas les missionnaires qui ont introduit le
christianisme chez les divers peuples européens, ce
sont les femmes qui, à l'exemple de Clotilde, l'ont
amené sur le trône où le hasard les avait fait asseoir.
Ce sont elles qui, exilées dans des pays barbares, y
ont introduit les arts et la civilisation qui avaient
charmé leur enfance. Il y a là une force considérable,
qu'il serait dangereux de laisser aller à l'aveugle, au
lieu de la diriger vers un but déterminé.

Enfin, l'intérêt de la femme elle-même ne de-
mande-t-il pas qu'on lui donne l'instruction la plus

étendue, qu'on lui apprenne la science du bien et du mal, qui seule peut la protéger efficacement? Le règne des Agnès est passé : il faut des femmes fortes qui résistent par vertu et non par ignorance ou par timidité.

L'étude a un autre avantage pour la femme ; elle la préserve de ces entraînements, de ces écarts d'imagination auxquels sont sujettes les femmes qui ne lisent pas, ou celles qui ne lisent qu'un seul livre ; elle leur ôte de cette intolérance qui est le partage de la jeunesse et de l'ignorance ; elle les préserve contre ces enthousiasmes et ces engouements qui sont certainement une force, mais qui deviennent souvent un péril. Elle atténue la longueur de ces jours d'ennui qui abondent même dans la vie la plus heureuse et la plus remplie, et que madame Necker combattait en écrivant l'éloge de Fénelon. Pour elle comme pour l'homme, elle est une compagne précieuse, une amie à laquelle on a trop rarement recours. « Je n'ai pas eu de chagrins qu'un quart d'heure de lecture ne m'ait fait oublier », disait Montesquieu ; et cette idée était celle de l'antiquité, qui avait gravé sur un hermès : *Mélété pan*, l'étude est tout.

Enfin, l'étude est une sauvegarde contre les tentations de l'amour, auxquelles la femme est plus exposée, parce qu'elle a une vie moins occupée. « Le diable tente l'homme, mais la femme oisive tente le diable », disent les Italiens, chez lesquels la paresse et le *far-niente* ont toujours régné en maîtres. Pendant les derniers siècles, dans les classes oisives qui vivaient au milieu des cours, le jeu servait de déri-

vatif à la galanterie. « De combien de femmes les
cartes ont sauvé la vertu ! » disait lady Marlborough.
Aussi les maris se montraient-ils très faciles vis-à-vis
de leurs femmes sur l'article du jeu, les y poussant,
au contraire, afin d'écarter un danger plus redou-
table. Bien peu imitaient madame de Staal, qui oubliait une passion violente dans la lecture de Des-
cartes ; ou madame de Sévigné, qui devait à une
lecture, à une étude assidue, de mener, quoique
jeune et belle, une vie entourée du respect et de la
considération de tous.

De cette façon nous verrons disparaître des abus
qui nous choquent, des contradictions qui nous scan-
dalisent chaque jour. La manie du vitriol et des
coups de revolver prendra fin, car depuis quelques
années elle est devenue une véritable épidémie.
Comme les enfants qui abusent de la tolérance qu'on
leur montre, les femmes ont abusé de la faiblesse de
leur sexe, confondant trop souvent une blessure faite
à leur amour-propre avec une atteinte portée à leur
honneur.

Les Orientaux sont peut-être moins chevaleresques
que nous, mais ils montrent parfois une sagacité et
un bon sens dont nous devrions faire notre profit.
Un jour, une femme arrive devant le cadi, traînant
un homme après elle : « Juge, s'écrie-t-elle, rends-
moi justice, cet homme m'a fait violence. » Le juge
réfléchit un moment, puis il dit à l'accusé d'une voix
terrible : « Donne ta bourse à cette femme. » Celui-
ci, qui s'attendait au moins à la bastonnade, s'empresse de s'exécuter. « Maintenant, dit le juge, re-

prends-lui ta bourse. » Le prévenu se jette aussitôt
sur la femme qui l'accusait, et par tous les moyens
en son pouvoir il cherche à reconquérir ce qu'il vient
de donner; mais ses efforts restent inutiles. « Femme,
dit alors le cadi, si tu avais défendu ton honneur
comme tu as défendu ta bourse, tu n'aurais pas eu
besoin de venir devant moi. » N'est-ce pas là l'histoire
de tous les jours? Quelle est la femme qui, en
échange des serments les plus solennels, a cédé la plus
légère partie de son autorité et de sa richesse? Pourquoi se montre-t-elle moins soucieuse de son honneur et de sa réputation? Pourquoi se plaint-elle
d'avoir été trompée par des promesses qu'elle n'é-
coute que lorsqu'elles lui plaisent?

Ainsi la femme aura reconquis son indépendance.
Après avoir été une esclave humiliée et rabaissée,
après avoir été traitée comme une idole par ceux qui
trouvaient de plus grandes satisfactions à l'adorer à
genoux qu'à la fouler aux pieds, elle deviendra véri-
tablement l'égale de l'homme.

Trois liens la rattachaient à lui :

Le désir d'être protégée. L'adoucissement des
mœurs, le progrès des idées ont rendu cette protection inutile : dès aujourd'hui sa vie et son honneur
sont également en sûreté, et les Américaines tra-
versent seules la vaste étendue des Etats-Unis sans
rencontrer autre chose que des égards et des préve-
nances.

Les nécessités de la vie matérielle; mais dès maintenant elle gagne sa vie elle-même; et il est permis
de prévoir qu'un jour viendra où elle pourra acquérir

d'aussi grandes richesses que lui, puisque la fortune est accordée à l'intelligence, à l'économie, à la patience plus encore qu'à la force musculaire.

Enfin le désir d'avoir des enfants, car la femme est plutôt mère qu'épouse ; et la crainte de la servitude conjugale est la seule cause qui l'empêche de satisfaire à cet impérieux besoin. Se sentant affranchie de la tutelle qui a pesé sur elle jusqu'ici, se voyant libre et maîtresse d'elle-même par le travail et par l'instruction, qui sait si elle ne trouvera pas, comme les Amazones, un moyen de céder au vœu de la nature sans courber son front sous un joug inéluctable ? On sait comment faisaient les Amazones qui désiraient assurer la perpétuité de leur république, et qui ne voulaient admettre aucun homme dans leur pays. Chaque printemps elles accomplissaient un voyage sur leurs frontières, elles flirtaient avec les peuples voisins, et s'en retournaient chez elles dès qu'elles se sentaient mères.

Qu'on n'attache pas à ce souvenir rétrospectif une importance que nous ne voudrions pas lui donner ; si nous avons fait ce rapprochement, c'est uniquement pour montrer que dans l'avenir l'organisation de la famille subira d'aussi importantes modifications que celles qu'elle a subies depuis le commencement des siècles. Y a-t-il le moindre trait de ressemblance entre cette famille américaine où le père et le fils se rencontrent par hasard, se serrant la main comme deux connaissances ; où la femme se promène sur le continent tandis que son mari est à la chasse des dollars, et cette famille romaine dont les liens forment un faisceau si serré entre les mains du père, qui peut à son gré vendre ou tuer les membres qui la composent; ou bien cette famille féodale dans laquelle on voit la femme demander permission à son mari pour parler, et les enfants se montrer soumis et respectueux comme des esclaves ?

Pourquoi prétendre avoir réalisé le dernier progrès dans l'ordre social et dans l'ordre moral ? Pourquoi surtout prétendre imposer un frein à la mobilité de l'esprit humain, ce malade qui change sans cesse de lieu et de place, espérant que le lendemain vaudra mieux que la veille ?

Pourquoi supposer que la position sociale de la femme ne subira pas encore un de ces revirements qui ont complètement transformé la société? L'antiquité paraît ignorer son existence, et dans les dix conditions de bonheur énumérées par Pline son nom est à peine prononcé. Dans le monde chevaleresque du moyen âge, dans le monde galant du dix-septième siècle, son amour et sa possession sont comptés pour le premier des biens.

L'avenir se chargera de résoudre toutes ces questions; et bien présomptueux serait celui qui essaierait de soulever un coin du voile pour deviner ce qu'il dira et ce qu'il fera. Ce qui est certain, c'est qu'il dira et qu'il fera autrement que nous, l'humanité ne reprend jamais deux fois la même route; et que nos idées lui sembleront aussi étranges que le sont pour nous celles du temps passé.

Ce qui est certain aussi, c'est que, malgré les variations sans nombre intervenues dans la nature de leurs rapports, l'homme et la femme, poussés par le besoin mutuel qu'ils ont l'un de l'autre, continueront à s'éloigner et à se rapprocher, ce qui constitue tout le mécanisme de la vie. Chaque matin les hommes répéteront ces paroles du censeur Métellus : « Si l'on pouvait vivre sans femmes, nous nous passerions tous de cet embarras; mais puisque la nature a voulu qu'il fût aussi impossible de s'en passer qu'il est désagréable de vivre avec elles, sachons sacrifier les agréments d'une vie si courte aux intérêts de la république qui doit durer toùjours. » Et chaque soir ils viendront faire amende honorable, courbant le front sous cette autorité qu'ils avaient voulu ébranler.

Le vrai mot de la situation, car il faut envisager toutes les questions au point de vue pratique; celui qui pourrait servir d'épilogue à ce livre; celui qui explique pourquoi, dans les divers états qu'elle a traversés, la femme est toujours restée maîtresse et dominatrice, lors même qu'elle paraissait esclave et tyrannisée, c'est que l'homme a un plus grand besoin de la femme que la femme n'a besoin de l'homme, et qu'elle a toujours su profiter de cette supériorité que lui donnaient les circonstances : « Sans la femme, les deux extrémités de la vie seraient sans secours et le milieu sans plaisir », dit un vieux proverbe, répété de siècle en siècle et qui le sera tant que l'humanité subsistera.

FIN.

TABLE DES CHAPITRES

I

LA JEUNE FILLE

II

LA FEMME MARIÉE

III

LA VEUVE

IV

LA FEMME FÉODALE

V

LA COURTISANE

VI

LA GALANTERIE FRANÇAISE

Une explication ingénieuse. — La femme et la prédication
chrétienne. — La presqu'île du mont Athos. — Quels sont
les hommes qui aiment le plus les femmes. — Les écoles
américaines. — Hospitalité du manoir féodal. — Triple origine de la galanterie française. — Des différentes façons
d'aimer. — Une scène de galanterie dans un placer de Californie — Les trois *Art d'aimer* : Ovide, le chapelain André,
Gentil-Bernard. — *Casta est quam nemo rogavit.* — L'antiquité plus morale que le monde moderne. — « Quel dommage que ce ne soit pas un péché ! » — Galanterie et dévotion. — Le *service* des dames. — Les vieilles coquettes de
Molière. — Un conseil de madame de Tencin. — « Elle fera
le bec à un jeune homme. » — Usage de baiser la main des
dames. — La politesse du baiser. — Prédilection des femmes
pour les hommes vaillants. — La sélection sexuelle de
Darwin. — « Donnez ! c'est la grosse cloche en amour. » —
Etymologie du nom de Vénus. — La duchesse de Bourgogne
et la reine Marie Leczinska. — En amour argent fait tout. —
De la discrétion en amour. — Un chevalier trop respectueux.
— Un aveu de mademoiselle de Montpensier. — Amour et
mariage ne peuvent exister ensemble. — Le troubadour
Cabestaing et la comtesse de Roussillon. — Les variations de
l'opinion. — « Il en sera parlé dans la chambre des dames ! »
— Les cours d'amour. — Les *Arrests d'amour* de Martial
d'Auvergne. — Les jeux innocents au douzième siècle. — Il
ne saurait y avoir de femmes laides. — Les femmes tiennent
plus à leurs agréments qu'à leurs passions. — La vanité
plus forte que l'amour. — Pétrarque et la poésie amoureuse.

VII

LA JALOUSIE ESPAGNOLE

LE SIGISBÉISME ITALIEN

L'AMOUR AU DIX - HUITIÈME SIÈCLE

VIII

LES FEMMES ET LA POLITIQUE

IX

L'AVENIR DE LA FEMME

FIN DE LA TABLE.

11107 — Imprimerie de CH. NOBLET, rue Cujas, 13, Paris.